Grundkurs

Perlen-Schmuck

Alles über Grundlagen,
Techniken, Anwendungen

Das komplette Nachschlagewerk
für den Hobby-Künstler

Sara Withers und
Stephanie Burnham

OZ creativ

Inhalt

EINFÜHRUNG

Perlen haben seit prähistorischer Zeit im Leben vieler Völker eine wichtige Rolle gespielt. Archäologen und Historikern liefern sie wichtige Informationen über die menschliche Gesellschaft der Frühzeit. Perlen zeigten den Status ihres Trägers an, sie waren transportable Werte und Tauschgut. Seit Jahrhunderten werden aus Perlen Schmuck und Kleidungsstücke hergestellt. Ein eindrucksvolles Beispiel sind die komplizierten ägyptischen Perlenarbeiten, die schon um 2500 v. Chr. entstanden. Viele ausgezeichnete Bücher beschäftigen sich mit der Geschichte der Perlen und den vielen Varianten, die in aller Welt hergestellt wurden. In diesem Buch soll es jedoch darum gehen, mit welchen Werkzeugen, Materialien und Techniken kreative Menschen unserer Zeit Kunstwerke aus der Fülle der heute verfügbaren Perlen herstellen können.

Bevor Sie beginnen

Viele Perlenfans spezialisieren sich auf eine besondere Technik. Manche gestalten Schmuck oder andere Dinge aus Perlen, die auf Fäden oder Drähte gefädelt sind. Andere weben mit winzigen Perlen oder einer Mischung aus kleinen und größeren. Darum werden in diesem Buch die wichtigsten Techniken in separaten Kapiteln vorgestellt. Wir möchten Sie zum Experimentieren anregen, damit Sie spüren, wie viel Spaß die Arbeit mit Perlen machen kann. Als Ergänzung zu den praktischen Anleitungen finden Sie im hinteren Teil des Buches ein Galeriekapitel, in dem beispielhafte, kreative Arbeiten renommierter „Perlenschmuck-Designer" vorgestellt werden.

Perlen, Werkzeuge, Drähte und Garne sind heute leicht zu bekommen. Viele Bastelläden halten ein gutes Sortiment bereit, darüber hinaus gibt es spezielle Perlenläden. Faszinierend ist, dass die Perlen aus verschiedenen Kulturen der Welt stammen. In vielen Ländern gibt es Perlengesellschaften, über die man Interessantes über die Geschichte der Perlen, Bezugsquellen und mehr erfahren kann.

Eigene Ideen

Dieses Buch möchte Ihnen nur das Rüstzeug mitgeben, das Sie brauchen, um einen eigenen Stil zu entwickeln. Alle vorgestellten Techniken lassen sich abwandeln, um damit Dekorationen oder Schmuckstücke in den verschiedensten Stilrichtungen zu kreieren. Die Designer, die in der Galerie vorgestellt werden, zeigen in eindrucksvoller Weise, was möglich ist, wenn sich kreative Geister der Grundtechniken annehmen. Beginnen Sie also mit den einfachen Techniken – und entdecken Sie dabei die Vielseitigkeit dieses Materials.

TEIL 1 Werkzeuge und Materialien

Das Tolle an Perlenarbeiten ist, dass man beeindruckende Stücke gestalten kann, ohne viel Geld in Werkzeug und Material zu investieren. Fangen Sie einfach mit einer kleinen Grundausstattung an und erweitern Sie Ihre Sammlung allmählich. Wenn Sie sich die verschiedenen Techniken in diesem Buch ansehen, werden Sie bald erkennen, welche Ihnen besonders zusagen und welche Utensilien Sie für den Anfang benötigen. Achten Sie beim Arbeiten mit Perlen darauf, dass Sie einen bequemen Sitzplatz mit gutem Licht wählen. So vermeiden Sie, dass Augen und Rücken über Gebühr belastet werden, wenn Sie einmal länger über einem Werkstück sitzen.

Perlen, Garne, Drähte, Werkzeuge, Verschlüsse und andere Kleinteile bekommt man im gut sortierten Bastelfachhandel. Es lohnt sich auch, sich einmal in Kurzwarenabteilungen großer Kaufhäuser und speziellen Perlenläden umzusehen.

Werkzeuge

Nicht alle Werkzeuge für Perlenarbeiten muss man im Spezialhandel kaufen. Viele gibt es auch im Baumarkt zu günstigen Preisen. Billigwerkzeuge sollten Sie allerdings meiden, weil sie oft nicht lange halten und weil man mit vielen nicht präzise arbeiten kann.

1 Rundzange
2 Spitzflachzange
3 Flachzange
4 Kalottenzange
5 Spaltringzange
6 Drahtschneider
7 Reibahle
8 Feilen
9 Hammer und Amboss
10 Steckbrett
11 Perlenwebrahmen
12 Nadeln
13 Pinzette
14 Reinigungsdraht

RUNDZANGE

Wer mit Draht arbeitet, braucht eine Rundzange **(1)**. Wählen Sie ein Modell mit glatten, kurzen Spitzen, mit dem sich auch kleine Schlaufen und Schlingen sauber und kontrolliert biegen lassen.

SPITZFLACHZANGE

Dies sind Flachzangen, die zu flachen Spitzen auslaufen **(2)**. Man braucht sie für Arbeiten mit Draht und zum Befestigen von Quetschperlen und Kalotten. Wichtig ist, dass die Innenseiten der Backen glatt sind. Ob Sie eine Zange mit oder ohne Feder wählen, ist eine Frage der persönlichen Vorliebe.

FLACHZANGE

Normale Flachzangen **(3)** laufen an den Enden nicht spitz zu. Sie sind praktisch zum Befestigen von Leder-, Band- und Spiralendstücken an Fäden und Schnüren.

KALOTTENZANGE

Diese Spezialzange **(4)** braucht man nicht unbedingt, sie ist aber sehr nützlich zum Schließen von Quetschkalotten an Ketten und Armbändern.

SPALTRINGZANGE

Auch dies ist eine Spezialzange **(5)**. Wer häufig mit Spaltringen arbeitet, sollte die Anschaffung erwägen, um die Fingernägel zu schonen.

DRAHTSCHNEIDER

Zum Schneiden von Draht und speziellen Perlenschnüren ist ein Drahtschneider nötig **(6)**. Wählen Sie ein Modell mit kleinen, spitzen Backen, mit dem man sauber und präzise schneiden kann. Zum Schneiden von Memorydraht braucht man einen stärkeren Drahtschneider oder ein Spezialwerkzeug.

REIBAHLE

Eine Reibahle **(7)** benutzt man zum Glätten von Drahtenden. Sie ist nützlich, wenn Sie Drähte für Ohrringe selbst zuschneiden.

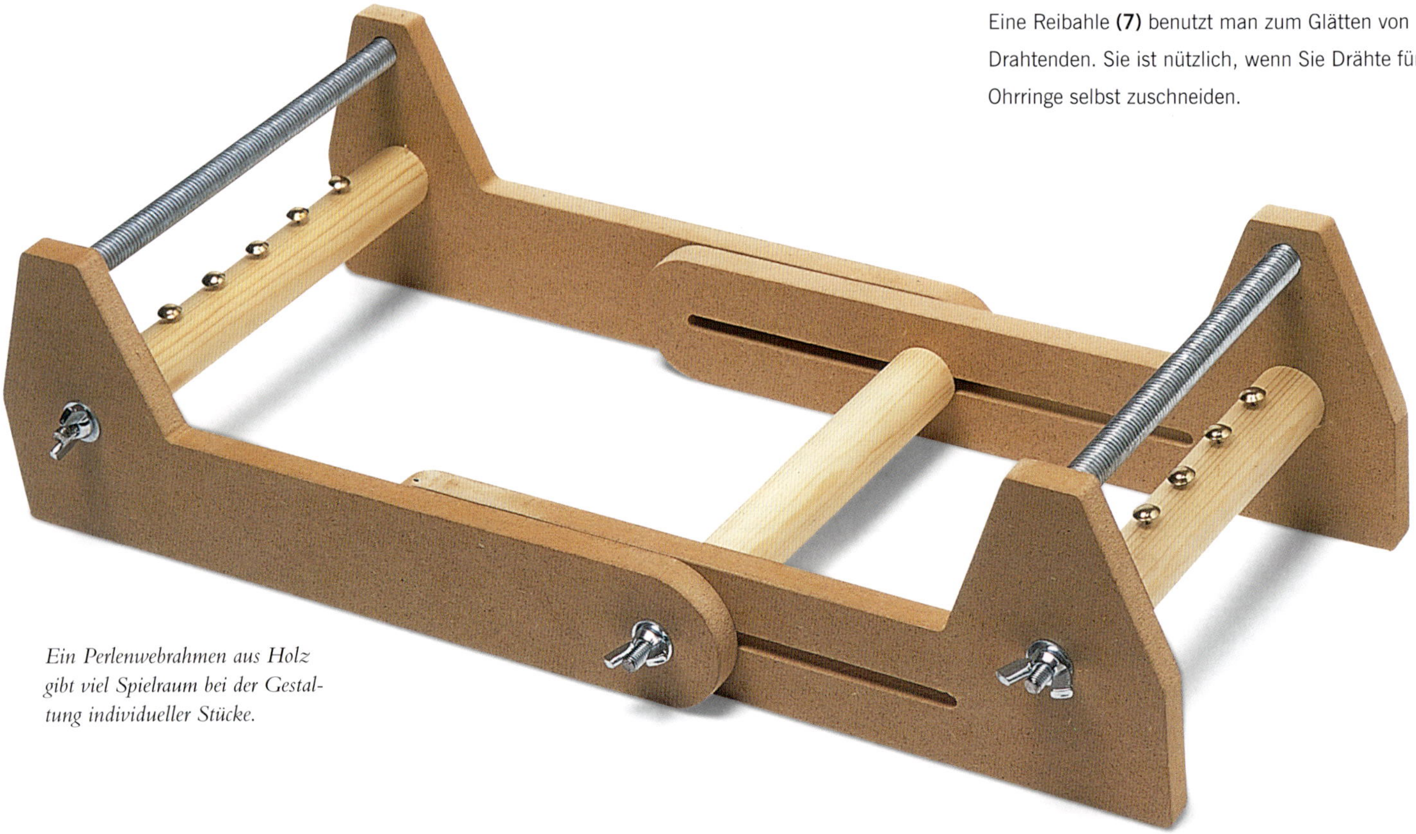

Ein Perlenwebrahmen aus Holz gibt viel Spielraum bei der Gestaltung individueller Stücke.

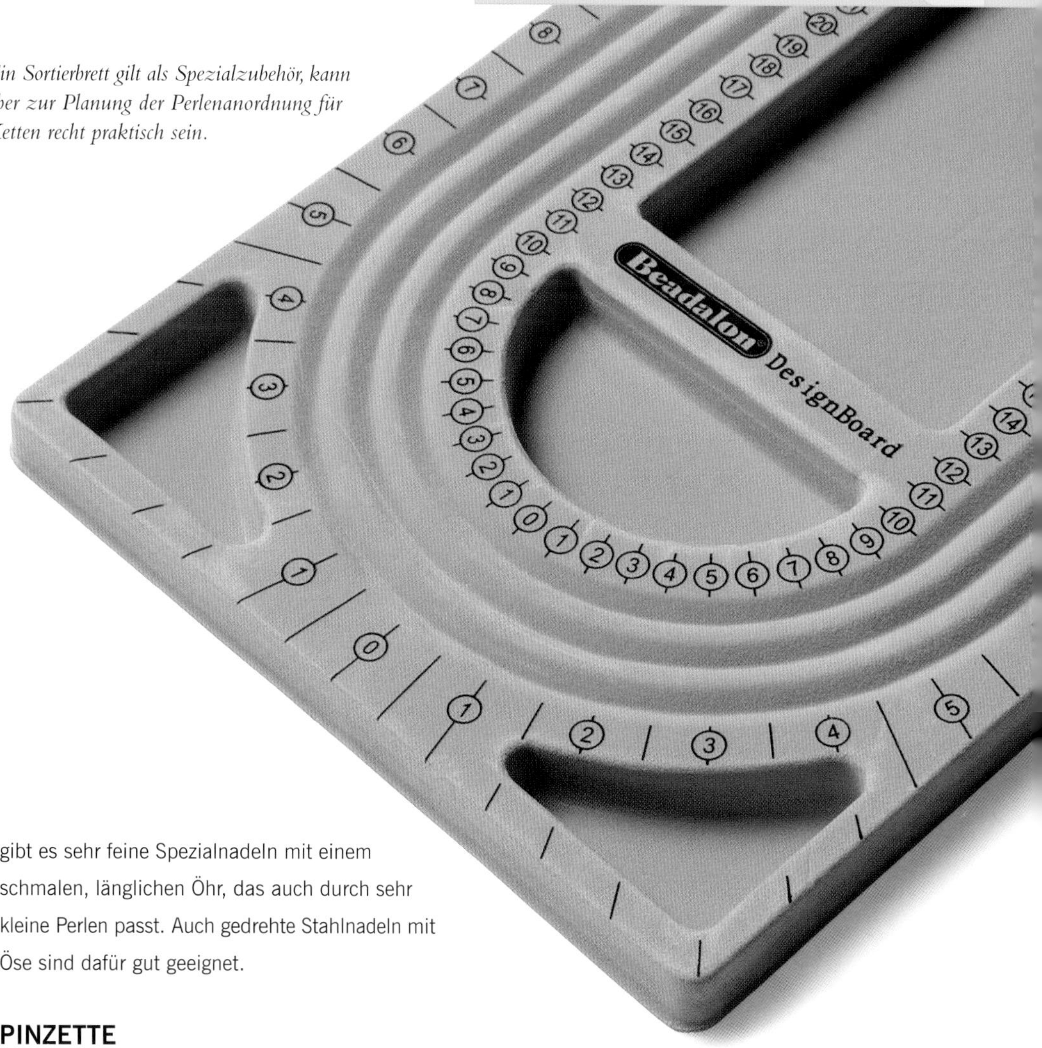

Ein Sortierbrett gilt als Spezialzubehör, kann aber zur Planung der Perlenanordnung für Ketten recht praktisch sein.

FEILEN

Auch Feilen **(8)** können zum Glätten von Drahtenden verwendet werden.

HAMMER UND AMBOSS

Obwohl dies eigentlich Werkzeuge zur Metallverarbeitung sind **(9)**, eignen sie sich gut zum Flachhämmern von Draht. Experimentieren Sie mit Hämmern, die im Haushalt vorhanden sind, und vergleichen Sie die Strukturen, die sie erzeugen.

STECKBRETT

Steckbretter **(10)** für Arbeiten mit Draht wurden erst in den letzten Jahren entwickelt und sind nur über Spezialanbieter zu bekommen.

PERLENWEBRAHMEN

Perlenwebrahmen **(11)** gibt es in verschiedenen Formen – von einfachen Einsteigermodellen bis zu schönen Holzrahmen. Allgemein sind die preiswerten Metall- oder Kunststofftypen nicht so angenehm in der Handhabung. Wer öfter mit Perlen weben will, sollte sich einen guten Webrahmen leisten. Für einfache Webereien genügt oft auch ein selbst gebauter Rahmen mit Nägeln an beiden Enden, um die die Kettfäden gelegt werden.

NADELN

Für Perlenwebereien – ob frei oder auf dem Rahmen – brauchen Sie eine größere Auswahl von Nadeln **(12)**. Zum Bespannen eines Webrahmens und für Knoten zwischen Perlen ist eine kräftige Nadel ohne Spitze sinnvoll. Für das Weben selbst gibt es sehr feine Spezialnadeln mit einem schmalen, länglichen Öhr, das auch durch sehr kleine Perlen passt. Auch gedrehte Stahlnadeln mit Öse sind dafür gut geeignet.

PINZETTE

Spezielle Perlenpinzetten **(13)** aus dem Fachhandel haben gekrümmte, abgerundete Spitzen, mit denen man auch Fehler in Knoten beheben oder Knoten verschieben kann. Die Spitzen müssen behutsam behandelt werden, denn sie verbiegen leicht.

REINIGUNGSDRAHT

Reinigungsdrähte **(14)** verwendet man, um das Innere von Perlen zu glätten, damit sie den Faden nicht so leicht durchscheuern.

SORTIERBRETT

Manche Kreative finden ein Sortierbrett **(siehe Abbildung oben)** hilfreich, um die Perlenanordnung für Ketten zu planen. Es ist praktisch, weil es verhindert, dass die Perlen wegrollen. Für den Anfang ist es jedoch nicht unbedingt notwendig.

Drähte und Fäden

Fäden, Schnüre, Drähte und Bänder bekommt man dort, wo man Perlen und Endstücke kaufen kann. Sehen Sie sich aber auch einmal im Kurzwaren- und Handarbeitshandel um. Bei der Wahl eines Fadens müssen immer das Perlengewicht und die Größe des Lochs berücksichtigt werden. Der Faden sollte möglichst stabil sein, aber dabei flexibel, sonst wirkt das fertige Werkstück starr.

Polyesterfäden und spezielle Perlendrähte sind sehr haltbar. Nähere Angaben zu den geeigneten Fäden und Drähten finden Sie bei den Anleitungen zu den verschiedenen Techniken. Wie immer können Sie Varianten mit anderen Materialien ausprobieren, wenn Sie die Grundtechnik einmal beherrschen.

1 Perlendraht
2 Tigertail
3 Polyesterfaden
4 Perlonfaden
5 Seidenfaden
6 Leinenfaden
7 Baumwollschnur
8 Lederschnur
9 Hanfschnur
10 Elastikfaden, transparent
11 Bienenwachs
12 Fadenveredler
13 Memorydraht

PERLENDRAHT UND TIGERTAIL

Perlendraht **(1)** und Tigertail **(2)** sind sehr feine, mehradrige Drahtseile mit einer Kunststoff- oder Nylonummantelung. Beide sind in verschiedenen Stärken erhältlich und eignen sich gut zum schnellen Fädeln ohne Nadel. Einige Drähte lassen sich knoten, normalerweise verwendet man aber statt Knoten kleine Quetschperlen. Tigertail ist preiswerter und vielseitig einsetzbar, knickt aber bei der Arbeit leichter ab und kann beim Tragen ausfransen.

SYNTHETISCHE PERLENFÄDEN

Polyesterfaden **(3)** ist stabil und wird normalerweise mit einer Nadel verarbeitet. Weil die Enden ausfransen können, muss er großzügig zugeschnitten werden. Es gibt solche Fäden in verschiedenen Stärken. Dickere Fäden sind oft gewachst, um die Gleitfähigkeit zu erhöhen.

Feiner Perlonfaden **(4)** ist stabil und für Perlenarbeiten gut geeignet.

NATURFASERFÄDEN

Fäden aus Seide **(5)** und Leinen **(6)** sind in verschiedenen Stärken und Farben erhältlich. Sie sind nicht so stabil wie Synthetikfäden. Seidenfaden wird manchmal mit integrierter Nadel auf Pappdocken angeboten.

Fäden aus Baumwolle **(7)** und Leder **(8)** sind ebenfalls in verschiedenen Farben und Stärken zu haben.

Hanfschnur **(9)** ist ein Naturmaterial, das vorwiegend zum Knüpfen und Flechten mit größeren Perlen verwendet wird.

ELASTISCHE SCHNÜRE

Dünne, transparente Elastikschnüre **(10)** gibt es im Perlenfachhandel. Dickeres Gummigarn und Hutgummi bekommt man im Kurzwarenhandel.

FADENVEREDLER UND BIENENWACHS

Manche Perlenfäden kommen bereits gewachst in den Handel. Andere kann man selbst mit Bienenwachs **(11)** oder Fadenveredler **(12)** behandeln, damit sie gleitfähiger werden.

MEMORYDRAHT

Diesen kräftigen, in Spiralform gebogenen Draht **(13)** gibt es in verschiedenen Durchmessern für Halsreifen, Armbänder und Ringe. Zum Schneiden braucht man ein kräftiges Werkzeug. Wir stellen ihn im Kapitel über Fädeltechniken als Alternative zu Fäden und Schnüren genauer vor. Für Drahtbiegearbeiten eignet er sich nicht.

METALLDRÄHTE

Perlendrähte bekommt man im Bastel- und Perlenfachhandel. Ketten und Drähte aus Edelmetallen kann man auch in Geschäften für Goldschmiedebedarf kaufen.

Metalldrähte gibt es in vielen Stärken, Formen und Oberflächen. Das gängige Sortiment umfasst Drähte aus Kupfer **(14)**, Messing, Silber **(15)** und Gold sowie vergoldete und versilberte Drähte **(18)** und Drähte mit farbiger Ummantelung **(16)**. Im Gegensatz zu Perlendrähten sind Metalldrähte nicht mit Kunststoff ummantelt. Achten Sie beim Einkauf darauf, den richtigen Draht für Ihr Vorhaben zu wählen.

Abgesehen von der Herstellung von Ohrhängern haben wir für alle Drahtarbeiten in diesem Buch versilberten Runddraht verwendet. Er ist ideal für Einsteiger und eignet sich für viele verschiedene Modelle. Besonders vielseitig sind die Stärken 20 und 22 (0,6 und 0,8 mm Durchmesser). Die Tabelle rechts zeigt, welche Drahtstärke welchem Durchmesser in Millimetern entspricht. Die feinsten Drähte sind zerbrechlich und nur für Dekorationen geeignet. Dicke Drähte sehen interessant aus, sind aber schwierig zu verarbeiten.

Farbige Drähte eröffnen weitere kreative Möglichkeiten. Einige färben aber während der Verarbeitung auf die Hände ab, außerdem kann sich die farbige Ummantelung beim Tragen abreiben.

Wer Drähte aus Edelmetall verarbeitet, sollte eine härtere Version wählen, die sich leichter handhaben lassen. Weicher Draht „weicht aus“ und lässt sich nicht gut präzise verarbeiten.

Tragen Sie beim Abschneiden von Drahtenden immer eine Schutzbrille. Schneiden Sie Drähte großzügig zu, damit Sie sich nicht an kurzen Enden die Hände zerkratzen oder zerstechen. Reste von Edelmetalldraht sollten Sie aufbewahren, weil man sie einschmelzen kann.

METALLKETTEN

Ketten **(17)** gibt es aus Edelmetall und in veredelten Qualitäten. Achten Sie darauf, einen zur Gliedergröße passenden Verschluss zu wählen. Denken Sie auch an Ihr Budget, denn Ketten sind nicht immer ganz preiswert.

DRAHTSTÄRKEN UND DURCHMESSER

Stärke	Durchmesser (ca.)
• 26	0,4 mm
• 24	0,5 mm
• 22	0,6 mm
• 20	0,8 mm
• 18	1,0 mm
• 16	1,3 mm
• 14	1,6 mm

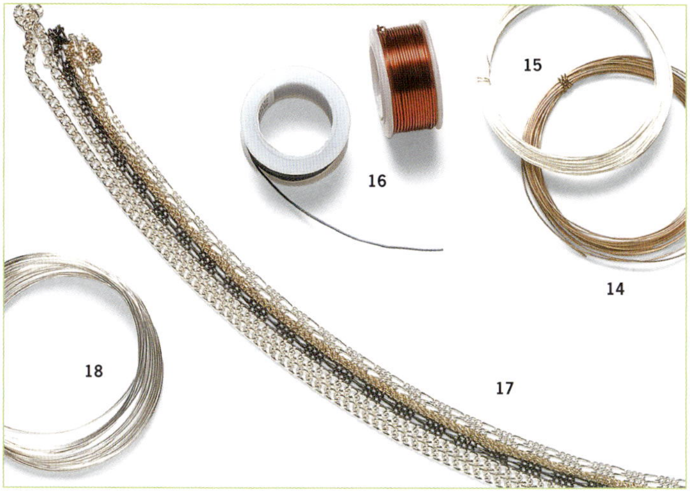

14 Kupferdraht
15 Silberdraht
16 farbig ummantelter Draht
17 Metallketten
18 versilberter Draht

Perlen

Das Angebot an Perlen in verschiedenen Formen, Größen, Farben und Oberflächenstrukturen ist riesig – und für Einsteiger, die sich zum ersten Mal mit diesem Material beschäftigen, manchmal auch verwirrend. Bei Perlen stehen Qualität und Preis oft in direktem Verhältnis, darum sollte man nicht zu sparsam sein. Wer Billigware kauft, muss damit rechnen, dass viele verformt oder zerbrochen sind, sodass letztlich nur ein Teil verwertbar ist. Billige Perlen sind oft auch weniger sorgfältig verarbeitet und haben scharfe oder raue Kanten, die Schnüre und Drähte schneller durchscheuern.

PERLEN HISTORISCH

Seit Historiker und Archäologen die Ursprünge und die Entwicklung der Menschheit erforschen, beschäftigen sie sich auch mit Perlen. Zu allen Zeiten haben sich die Menschen mit den Materialien geschmückt, die sie verarbeiten konnten, etwa Knochen oder Muscheln. Perlen waren in vielen Kulturen auch als Tauschwährung beliebt.

Die hier vorgestellten Perlentypen geben nur einen Überblick über das riesige Angebot. Wer sich ausführlicher informieren möchte, sollte einmal ein Buch über die Geschichte der Perlen durchblättern oder Kontakt zu einer Perlengesellschaft aufnehmen.

GLASPERLEN

Am größten ist vermutlich die Vielfalt der Formen, Größen und Herkunftsländer bei den Glasperlen. Das Spektrum reicht von großen, ausgefallenen Millefiores bis zu den winzigen Rocailles (siehe Seite 20). In der Schmuckgestaltung lassen sich Glasperlen auf vielerlei Weise einsetzen. Man kann eine einzelne, attraktive Perle als Anhänger verwenden oder viele winzige Perlen zu einer aufwändigen, mehrsträngigen Kette aufziehen. Die meisten Glasperlen sind robuster als sie aussehen, dennoch sollte man die Stabilität einmal testen, ehe man ein kompliziertes Werkstück in Arbeit nimmt. Manche sind auf der Innenseite oder an den Rändern des Lochs etwas rau, darum sollte man sie mit einem möglichst strapazierfähigen Faden verarbeiten. Sehr raue Stellen glättet man am besten zuerst mit einem Reinigungsdraht.

◄ Schillernde Perlen
Weil immer mehr Glaskünstler sich mit der Perlengestaltung beschäftigen, kommen neue Glasqualitäten auf den Markt.

► Tschechische Perlen
In der Mitte des 19. Jahrhunderts war die damalige Tschechoslowakei der größte Perlenhersteller. Hier sind matte Facettenperlen **(1)** abgebildet, davon einige mit einer irisierenden Oberfläche, die man Aurea borealis nennt. Moderne Perlen aus Pressglas für muslimische Pilger **(2)**.

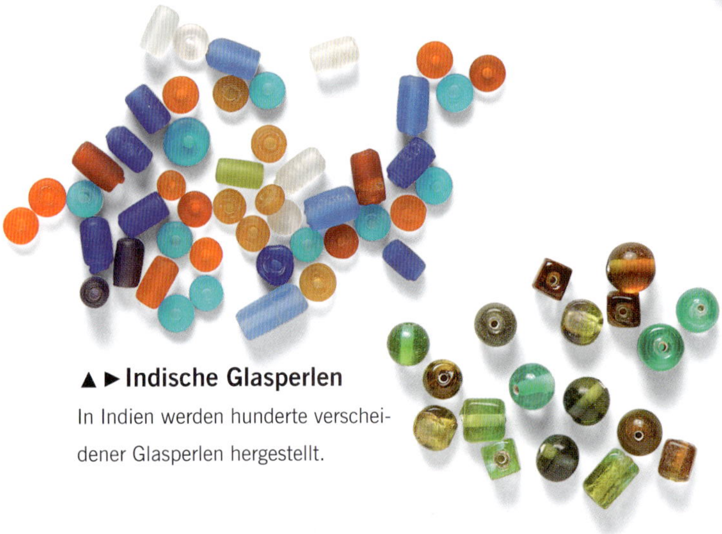

▲► Indische Glasperlen
In Indien werden hunderte verschiedener Glasperlen hergestellt.

◄ **Swarovski®-Perlen**
Die berühmte Firma Swarovski stellt seit vielen Jahren Perlen her.

◄ **Mundgeblasene Perlen**
Diese Perlen werden von Glasbläsern hergestellt und dann mit Oberflächenverzierungen versehen.

▲ **Venezianische Glasperlen**
Entwickelt aus einem historischen Glasmosaik-Typ.

▲ **Venezianische Millefiori-Perlen**
Wurden hauptsächlich im 19. Jahrhundert hergestellt, einige datieren jedoch schon von weit früher.

▲ **Matte Glasperlen aus Ghana**
Diese Perlen werden aus Altglas hergestellt, das geschichtet und nochmals gebrannt wird.

▼ **Schmelzperlen**
Gezogene Hohlperlen, hauptsächlich von amerikanischen Künstlern.

KUNSTSTOFFPERLEN

Die Bandbreite der Kunststoffperlen reicht von billigem Kinderspielzeug bis zu seltenen Kunststoffen wie Bakelit. Dazwischen liegen verschiedene Acryl- und Polymerprodukte. In den letzten Jahren sind viele interessante Kunststoffperlen mit Metallummantelungen auf den Markt gekommen.

► **Metallisierter Kunststoff**
Europäische Kunststoffperlen mit durablem Metallic-Überzug in verschiedener Gestaltung.

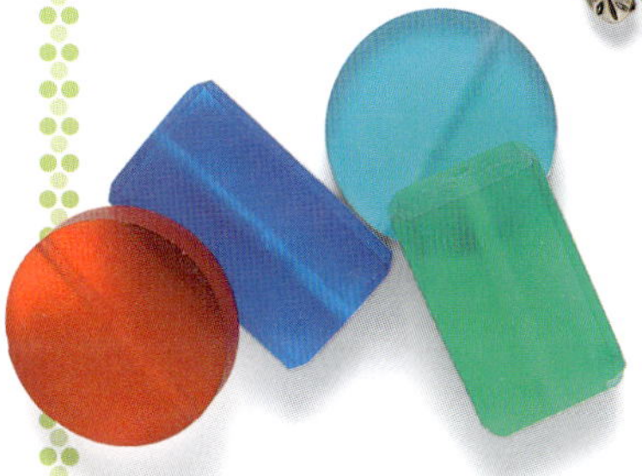

▲ **Harz aus Indonesien**
Ein relativ neues Material zur Herstellung von Perlen in vielen Formen und Farben.

▼ **Buntes Plastik**
Billige Plastikperlen in vielen Farben.

▲ **Polymer-Modelliermasse (FIMO)**
Überwiegend im Fernen Osten einzeln oder als Massenware produziert.

▼ **Kinderperlen**
Plastikperlen, die gern für Kinder (und von Kindern) verarbeitet werden.

MINI-GLASPERLEN

Diese kleine, runden Perlen nennt man auch Rocailles. Sie werden in Japan, Tschechien, Indien, Frankreich und China hergestellt und sind in verschiedenen Größen (z. B. 6, 8, 11 und 15 mm) und mit unterschiedlichen Oberflächen erhältlich. Sie eignen sich für die meisten Webtechniken und ergeben wegen ihrer runden Form sehr geschmeidige, anschmiegsame Werkstücke.

Japanische Perlen in den Größen 8, 11 und 15.

▼ Dreieckige Perlen

Diese Perlen werden normalerweise in den Größen 5, 8 und 10 mm in verschiedenen Farben und Oberflächen angeboten. Trotz der Dreiecksform haben manche ein rundes Loch. Das wirkt sich aber auf den interessanten Effekt, den diese Perlen einem Werkstück verleihen, nicht nachteilig aus. Wenn man sie mit Peyote- oder Hexenstich verarbeitet, liegen sie geordnet und nah beieinander, fast wie Schuppen.

▼ Stiftperlen

Diese röhrenförmigen Perlen gibt es in verschiedenen Längen. Gängig sind 4 und 6 mm. Im Gegensatz zu anderen Perlen werden sie während des Herstellungsprozesses nicht geglättet, darum haben sie oft recht scharfe Kanten, die einen Faden schnell durchscheuern. Schon darum ist es sinnvoll, für gute Qualität etwas mehr Geld auszugeben. Japanische Stäbchen sind meist recht glattrandig, dennoch sollte man genau hinschauen und nicht am falschen Ende sparen.

▲ Würfelperlen

Leicht zu verarbeiten (und zu bekommen) sind Würfel mit 4 mm Kantenlänge. Es gibt sie in vielen Farben und Oberflächeneffekten, fast immer mit einem runden Loch in der Mitte. Bei Schmuckdesignern sind sie beliebt, weil die glatten Kanten den Werkstücken zusätzliche Stabilität geben.

▲ Japanische Röhrchen

Diese kleinen, zylindrischen Perlen haben ein etwas größeres Loch. Sie sind außerordentlich regelmäßig geformt. Weil sie eine sehr geschlossene Oberfläche bilden, eignen sie sich gut für Motive und Muster. Wegen ihrer sehr hohen Qualität sind sie unverwechselbar.

FARBEN UND GRÖSSEN

Es mag verlockend sein, Perlen in sanften, abgestimmten Farben zu kaufen, weil sie in den Döschen so schön aussehen. Aber Vorsicht: Sieht man viele Perlen gleichzeitig, wirken die Farben intensiver. Verwendet man sie dagegen einzeln, erscheinen die Farben blasser und zarte Farben können fade wirken. Auch schrille Farben sind längst nicht so frech, wenn man sie auf einer einzelnen Perle betrachtet. Zeigen Sie ruhig etwas Mut. Wenn es möglich ist, nehmen Sie eine oder zwei Perlen auf die Hand, um die Farbe besser beurteilen zu können.

WIE VIELE PERLEN?

Selbst wenn eine Vorlage angibt, wie viel Gramm von jedem Perlentyp benötigt werden, kaufen Sie reichlich ein. Perlen werden in Partien hergestellt und gefärbt. Wenn Sie also später Perlen nachkaufen müssen, kann es sein, dass der Farbton von dem des ersten Einkaufs abweicht. Außerdem liegen Perlenarbeiten gerade weltweit im Trend, und es wäre doch ein Jammer, wenn Ihnen das Material mitten in einem Projekt ausgeht und der Händler es nicht mehr vorrätig hat oder – was zum Glück selten vorkommt – nicht beschaffen kann.

METALLPERLEN

Seit die Menschen Metall verarbeiten können, wurden in verschiedenen Kulturen Metallperlen hergestellt – manche aus Edelmetallen wie Gold und Silber, andere aus einfacheren Materialien wie Kupfer, Messing oder Aluminium. In Kenia recycelt man alte Kochtöpfe zur Herstellung von Perlen, in Bali und anderen asiatischen Ländern werden edle Gold- und Silberperlen hergestellt. Kambodschanische Flüchtlinge haben in Thailand eine Methode zur Herstellung von Teerperlen mit einer Umhüllung aus Gold oder Silber entwickelt. Auch in einigen europäischen Ländern werden interessante Perlen mit Metallüberzug hergestellt.

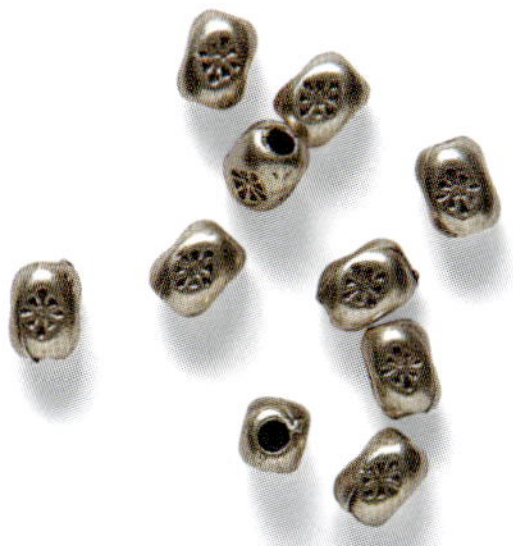

►Messing aus Indien

Messingperlen in vielen Formen und Größen werden in aller Welt hergestellt. Diese Beispiele stammen aus Indien.

▲►Metall aus Griechenland

Diese Perlen in verschiedenen Größen und Mustern bestehen aus preiswertem, unedlem Metall.

◄Metall aus Wales

Wie multikulturell das Perlen-Kunsthandwerk ist, zeigen auch diese Perlen von einer kleinen Firma in Wales.

◄Silber aus Bali

Silberperlen werden in vielen Teilen der Welt produziert, doch balinesische Kunsthandwerker stellen besonders schöne Exemplare her.

◄▼Thai-Silber

Diese Perlen mit einem Kern aus einer teerartigen Substanz und einer Ummantelung aus Silber oder Gold werden in Thailand nach einer alten kambodschanischen Methode hergestellt.

►Aluminium aus Indien

Diese Perlen in verschiedenen schlichten Formen werden aus recyceltem Aluminium in Indien hergestellt.

NATURMATERIALIEN

Es gibt viele Naturmaterialien, die zur Herstellung von Perlen geeignet sind. Muscheln, Holz, Knochen, verschiedene Nüsse und Samen sowie natürlich Süß- und Salzwasserperlen sind nur einige, die seit Urzeiten zu Schmuck verarbeitet werden.

◄ Bunte Holzperlen

Diese Perlen werden von einem Spielzeughersteller produziert.

◄ Kukui-Nüsse

Nur eine von vielen Samen- und Nussarten, die gebohrt, poliert und manchmal lackiert als Perlen verwendet werden.

► Muscheln

Seit Anbeginn der Zivilisation werden Muscheln gebohrt, aufgezogen und als Schmuck getragen.

▼ Bernstein

Millionen Jahre altes, fossiles Baumharz ist ein begehrtes Material für die Perlenherstellung.

▲ Holzperlen

Überall auf der Welt werden Perlen aus verschiedenen Hölzern hergestellt. Die gesprenkelten Perlen bestehen aus Palmholz. Andere Hölzer werden poliert, gebeizt, geschnitzt oder bemalt. Sandelholzperlen duften herrlich, der Baum steht jedoch unter Naturschutz.

▼ Horn

Das Material aus Hörnern von Rindern oder Wasserbüffeln kann man schnitzen, beizen und polieren. Gelegentlich wird es als Bernsteinimitat verwendet.

▲ Süßwasserperlen

Um diese etwas unebenen Perlen zu „züchten“, schiebt man Kieskörnchen zwischen die Schalen von Muscheln, die diese Fremdkörper mit Perlmutt umhüllen.

► Knochen

Knochen wird ähnlich wie Horn verarbeitet. Man kann ihn bemalen und in verschiedene Formen schnitzen. Diese Perlen haben ein Muster, das in die Lackierung geritzt ist.

► Naturstein

Neben Edelsteinen und Halbedelsteinen gibt es auch bescheidenere Natursteine wie Kalkstein, die sehr attraktiv aussehen.

KERAMIKPERLEN

Auch Keramikperlen werden von verschiedenen Kulturen in großer Vielfalt hergestellt. Ägyptische Keramikperlen standen Pate für viele Typen, die es noch heute gibt. Auch in Peru, Kenia und Griechenland werden ausgesprochen schöne Keramikperlen produziert.

► Indische Keramik

Diese Perlen entstehen in kleinen Werkstätten in Rajasthan. Sie haben leuchtend bunte Glasuren, sind aber recht empfindlich.

▲ Kenianische Keramik

Die abgebildeten Perlen werden von Hand in einer Werkstadt in Nairobi hergestellt, die allein erziehende Mütter unterstützt.

▼ Griechische Keramik

Die traditionellen „Sorgenperlen", die griechische Männer tragen, haben zur Entstehung verschiedener Perlentypen geführt. Diese sind unter der Glasur mit Abziehbildern verziert.

▼ Peruanische Keramik

Diese zierlichen Perlen wurden ursprünglich in nur einem Dorf nach einer traditionellen Methode hergestellt. In den 1980er und 1990er Jahren waren sie sehr beliebt. Die Produktion wurde modernisiert und vergrößert, was aber Probleme nach sich zog, als die Mode wieder abebbte.

PERLEN AUS HALBEDELSTEINEN

In diese Kategorie fallen Perlen aus verschiedensten Materialien wie Türkis, Lapislazuli, Karneol oder Malachit, die in aller Herren Länder produziert werden. Sie sind nicht nur seit Urzeiten als Schmucksteine beliebt, sondern waren oft auch eine wichtige Tauschwährung.

▼ Türkis

Türkis wurde schon vor über 6000 Jahren in der Wüste Sinai abgebaut. Heute liegen die wichtigsten Fundgebiete im Südwesten Amerikas.

► Hämatit

Für die Perlenherstellung wird normalerweise die feinkristalline Form dieses attraktiven Minerals verwendet.

► Malachit

Das Kupfererz Malachit ist wegen seiner interessanten Streifenzeichnung als Halbedelstein beliebt. Perlen aus diesem Mineral sieht man häufig in Schmuck aus Sambia und Zimbabwe.

▼ Lapislazuli

Dieser Halbedelstein enthält Kalzit, der ihm die weißen Adern verleiht, und Pyrit, von dem die goldfarbenen Adern herrühren. Er wird in aller Welt abgebaut und geschätzt.

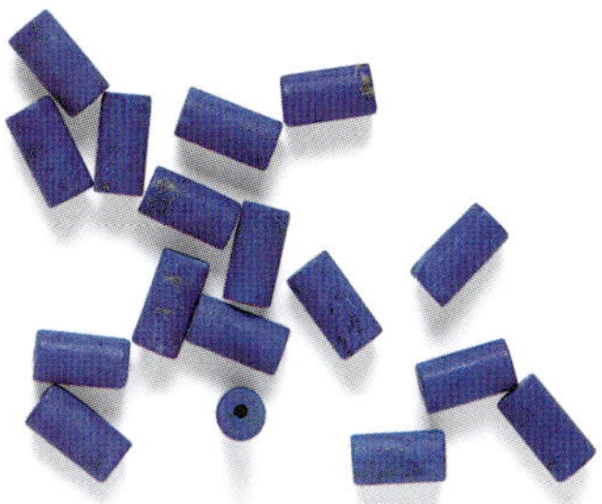

► Dalmatinerjaspis

Jaspis ist kein eigenständiges Mineral, sondern eine Abart des Quarz. Es gibt viele verschiedene Arten, darunter Landschaftsjaspis, Blutjaspis oder den hier abgebildeten Dalmatinerjaspis.

Endstücke

Endstücke wie Verschlüsse und andere Zusatzteile kann man im Bastelfachhandel oder bei Spezialanbietern kaufen. In diesem Buch können wir nur eine Auswahl der gängigsten Typen vorstellen. Bedenken Sie auch, dass sich viele der Teile für verschiedene Zwecke eignen. Es gibt Endstücke aus Edelmetall und aus plattierten Materialien. Für Ohrstecker sollte man immer Sterlingsilber oder Gold verwenden. Magnetverschlüsse mögen praktisch sein, sind aber für Menschen mit einem Herzschrittmacher ungeeignet.

Perlenkappen

Die Kappen werden zur Dekoration oder zum Schutz vor und hinter Perlen aufgefädelt.

Quetschperlen

Geeignet zum Befestigen von Verschlüssen an Perlenschnur und Draht, aber auch als Gestaltungselement.

Kegel-Endstücke

Sie eignen sich als dekorativer Abschluss für mehrsträngige Ohrringe, Ketten oder Armbänder.

Endriegel

Als dekorativer Abschluss für mehrsträngige Ketten und Armbänder.

Lederkalotten und Spiralenden

Zum Befestigen von Verschlüssen an Lederbändern **(1)** oder Baumwollschnüren und Kordeln **(2)**.

Kalotten und Quetschkalotten

Zum Befestigen eines Verschlusses an Schmuckstücken auf Faden oder Draht.

Abstandhalter

Um die Stränge mehrsträngiger Ketten und Armbänder auf Abstand zu halten.

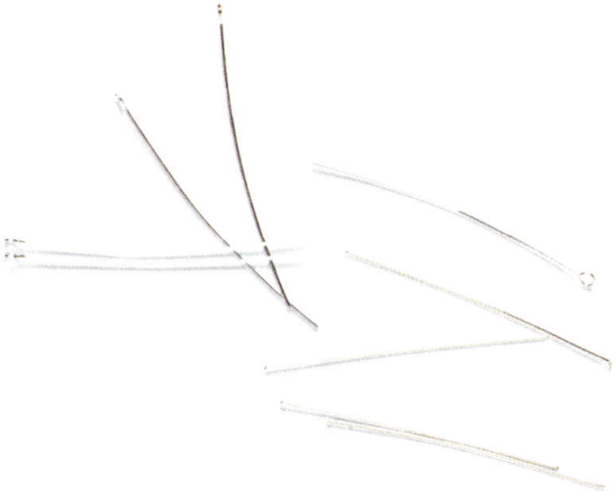

Kettelstifte und Nietpins

Zum Aufziehen der Perlen beispielsweise für hängende Ohrringe.

Ohrstecker

Zum Aufkleben von einseitig abgeflachten Perlen oder Halbedelsteinen.

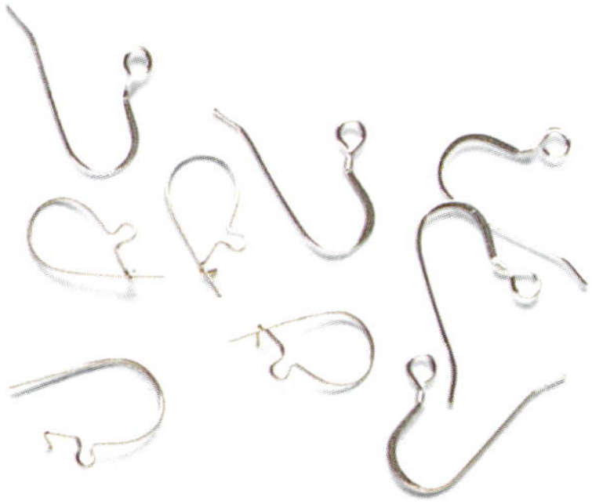

Ohrhänger

Für hängende Ohrringe.

Mehrreihige Verschlüsse

Spezielle Verschlüsse für Ketten und Armbänder aus mehreren Strängen.

Ohrmuttern

Werden hinter dem Ohrläppchen als Verschluss auf Ohrstecker geschoben.

Schraub- oder Clip-Ohrhänger

Für Ohrhänger in Ohren ohne Loch.

Verschlüsse

Schraubverschluss **(1)**, Federring **(2)**, Knebel **(3)**, Haken und Auge **(4)**, Magnetverschluss **(5)**. Alle eignen sich für Ketten und Armbänder.

Biegeringe

Metallringe als Verbindungselement oder zum Einhaken eines Karabiners oder Federrings.

Spaltringe

Doppelte Metallringe, stabiler als Biegeringe, aber für den gleichen Zweck.

Teil 2 Techniken

In diesem Buch werden die verschiedenen Techniken zum Verarbeiten von Perlen einzeln dargestellt. Alle Techniken lassen sich jedoch nach Belieben kombinieren. Versuchen Sie es auch einmal mit ganz anderen als den hier gezeigten Perlen – Sie werden vom Ergebnis überrascht sein! Mithilfe dieser Techniken kann man neben Schmuckstücken natürlich auch Dekorationen und sogar Gebrauchsgegenstände herstellen.

Wählen Sie Perlen, deren Farben auf den Stoff abgestimmt sind, sich aber dennoch ausreichend abheben.

PERLENSTICKEREI

Perlen können auf verschiedenen Untergründen befestigt werden. Man muss sie nicht einmal annähen, sondern kann sie auch kleben oder, wie auf viktorianischen Nadelkissen, anstecken. Weil Perlen in Mode und Innenarchitektur wieder im Trend liegen, nehmen sich auch Designer und Hobbykünstler dieses Mediums an und der Fachhandel bietet eine stetig wachsende Auswahl.

Perlenstickerei auf Stoff

Perlen kann man auf jeden Stoff sticken, der sich mit einer Nadel durchstechen lässt. Sie sind eine reizvolle Dekoration für Taschen, Mützen, Kleidungsstücke, Gürtel, Schuhe und vieles mehr. Hier wird ein Stoff mit Batikmuster mit Stiftperlen und Rocailles bestickt, deren Töne sorgfältig auf die Farben des Stoffes abgestimmt sind.

1 1 m Garn in eine kurze Perlennadel einfädeln und in das andere Ende einen Knoten machen. Die Nadel an der Position der ersten Perle zur Stoffoberseite durchstechen.

DAS BRAUCHEN SIE

- kurze Perlennadel
- Perlengarn oder Baumwollnähgarn
- Stiftperlen und Rocailles

2 Die erste Perle auffädeln und in kleinem Abstand zur Ausstichsstelle die Nadel zur Stoffunterseite stechen. Der Abstand zwischen Ein- und Ausstich sorgt dafür, dass die Perle gut anliegt. Auf diese Weise fortfahren, bis Ihnen das Ergebnis gefällt. Wenn eine größere Fläche bestickt wird und ein Faden nicht ausreicht, das Fadenende sorgfältig vernähen. Mit einem neuen, am Ende verknoteten Arbeitsfaden dort ausstechen, wo die nächste Perle sitzen soll.

Sie können auch zwei oder drei Perlen pro Stich annähen.

Schmuckpapiere eignen sich gut für Perlenstickereien.

Perlenstickerei auf Papier

Dass kreative Papierarbeiten wieder entdeckt werden, mag auch an den vielen schönen Papieren liegen, die es neuerdings zu kaufen gibt. Es gibt sogar maschinell besticktes Papier, das sich ausgezeichnet für weitere Verzierungen mit Perlen eignet, weil man durch die schon vorhandenen Einstichslöcher der Stickerei stechen kann. Für diese Technik eignen sich vor allem kleine Perlen wie Rocailles und Stiftperlen.

1 Legen Sie eine Perlennadel sowie Perlen und Baumwollnähgarn oder Perlengarn in Farben bereit, die auf die Töne des Papiers abgestimmt sind.

Der unbestickte Rand wird beim Einschlagen eines Buchs nach innen geschlagen.

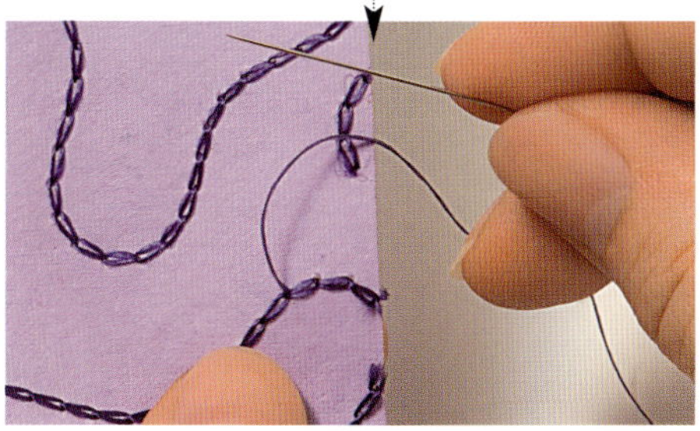

2 1 m Garn in die Nadel einfädeln und ins andere Garnende einen Knoten machen. Im Abstand von mindestens 2 cm zur Papierkante durch ein Loch der Maschinenstickerei durch das Papier nach oben stechen.

3 Schätzen Sie, wie viele Perlen zwischen dem Ausstich und dem nächsten Einstichsloch Platz finden. In diesem Fall konnten zwei Rocailles in Größe 11 verwendet werden. Die Perlen aufziehen und die Nadel im nächsten Loch der Maschinenstickerei wieder nach unten führen.

Lücken zwischen den Perlen können in der Rücktour gefüllt werden.

4 Im folgenden Loch wieder nach oben stechen und neue Perlen aufziehen. Die entstehenden Lücken können frei bleiben, sodass man stellenweise die Maschinenstickerei sieht. Sie können sie auch in einem zweiten Arbeitsgang in entgegengesetzter Richtung ausfüllen.

5 Weitere Perlen aufsticken. Am Ende einer Reihe oder eines Musterteils – immer in mindestens 2 cm Abstand zur Papierkante – können Sie das Papier drehen und in der Rückreihe die Lücken ausfüllen. Und natürlich können Sie auch an anderen Stellen zusätzliche Perlen auf das Papier sticken.

Kleine Blumen aus Stiftperlen.

DAS BRAUCHEN SIE

- Perlengarn oder Baumwollnähgarn
- Perlennadel

Eine Mischung aus Kristallperlen, Rocailles und Stiftperlen.

Perlenfransen

Dekorative Fransen schmücken Wohnaccessoires wie Kissen, Vorhänge und Decken, sehen aber auch an Kleidungsstücken und Accessoires ausgesprochen attraktiv aus. Je nach gewünschtem Stil kann die Länge der Fransen fast beliebig variiert werden. Hier wird ein Seidenschal mit Perlenfransen verziert.

1 Wählen Sie Perlen, die gut zu dem Stoff passen, den Sie verzieren möchten. Perlen in verschiedenen Größen können sehr interessant aussehen. Für dieses Modell wurden neben Stiftperlen und Rocailles einige Kristallperlen verarbeitet. Nehmen Sie dafür Perlen- oder Baumwollnähgarn, das auf die Stofffarbe abgestimmt ist, weil die Stiche winzig, aber doch sichtbar sind.

2 Den Stoff so auf einer Arbeitsfläche ausbreiten, dass die zu verzierende Kante direkt vor Ihnen liegt. Wenn Sie kein fertig gesäumtes Stück verwenden, arbeiten Sie zuerst einen 2 cm breiten Saum. Dann mit Lineal und Stecknadeln die Positionen der einzelnen Fransen markieren. Hier beträgt der Abstand 1 cm.

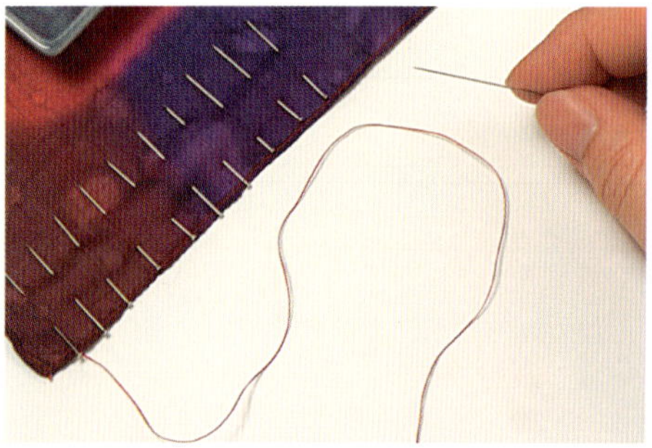

3 2 m Perlengarn in eine lange Perlennadel einfädeln. Durch die Stoffkante nach unten stechen und das Garnende mit einem Doppelknoten sichern.

DAS BRAUCHEN SIE

- Perlengarn oder Baumwollnähgarn
- Lineal, Stecknadeln
- lange Perlennadel
- Kristall- und Stiftperlen, Rocailles

4 Probieren Sie zuerst einige Perlenanordnungen für die Fransen aus. Die Kristallperlen beschweren die Fransen und sorgen dafür, dass sie schön fallen.

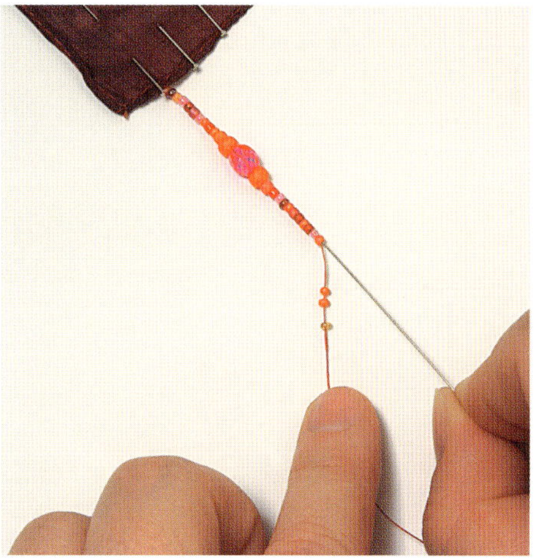

5 Die Perlen aufziehen, für den Rückweg der Nadel die letzten drei Perlen überspringen und die Nadel durch die übrigen wieder zum Stoff führen. Achten Sie auf die Fadenspannung. Ist sie zu lose, sieht man den Faden zwischen Stoff und Fransen. Ist sie zu fest, werden die Fransen steif oder wellig, statt weich zu hängen.

6 Die Nadel wieder durch den Stoffsaum stechen und auf der Unterseite mit kleinen Heftstichen zur nächsten Fransenposition nähen.

7 Sie können für alle Fransen die gleiche Perlenanordnung wählen oder nach Belieben variieren. Soll die Fransenborte eine Spitze bilden, zählen Sie die Nadeln und markieren die Mitte. Dann pro Franse einige Perlen mehr aufziehen, bis die Mitte erreicht ist, danach zum Rand hin wieder reduzieren.

8 Zum Schluss eine Reihe kleiner Heftstiche entlang der Saumkante arbeiten. Bei fertigen Stücken dient die Stepplinie des Saums als Orientierung. Dabei zwischen den Fransen jeweils drei Perlen aufnähen (Größe 8, Größe 6, Größe 8). So bekommt die Fransenborte einen schönen Abschluss.

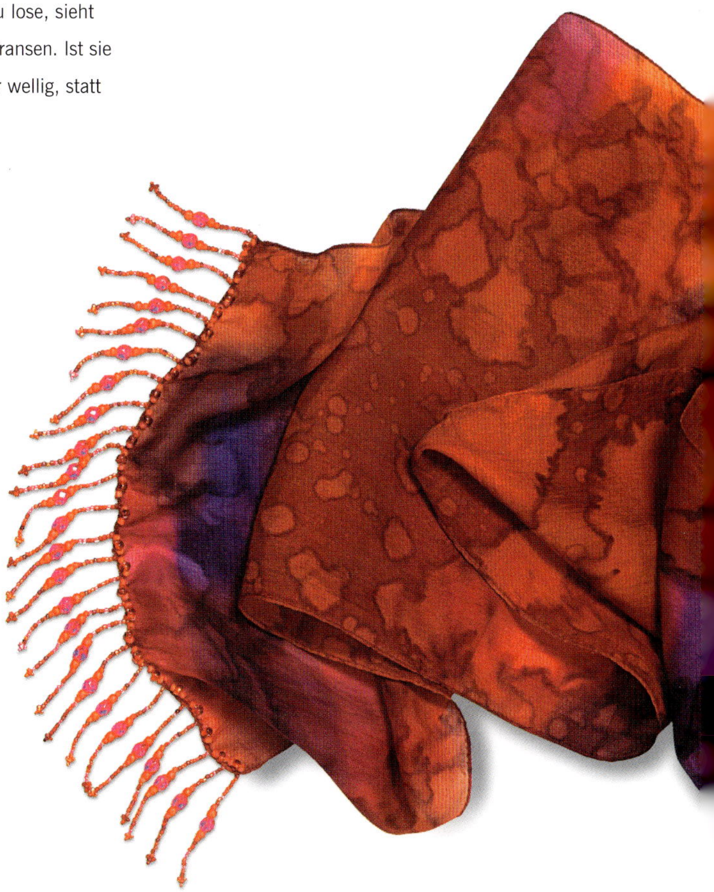

AUFZIEHEN

Wer zum ersten Mal Perlenschmuck gestalten will, stellt meist drei Fragen: Wie werden Verschlüsse angebracht? Welche Fäden und Schnüre sind geeignet? Müssen Knoten sein? Diese Fragen werden im folgenden Kapitel beantwortet. Anhand der Beispiele sehen Sie, dass schon einfachste Techniken viele Gestaltungsmöglichkeiten bieten. Außerdem erfahren Sie, wie sich die Arbeitsweisen individuell anpassen und variieren lassen.

Griechische Keramikperlen und „Abstandhalter" aus Knochen auf einer Lederschnur mit einer Schiebeperle aus Keramik.

Leder und andere Schnüre

Ein paar besonders schöne Perlen auf einer festen Schnur, etwa aus Leder oder Baumwolle: So sieht meist das erste Werkstück eines Einsteigers aus. Als Verschluss für solche Schnüre eignen sich Perlen und Knoten, aber auch spezielle Endstücke.

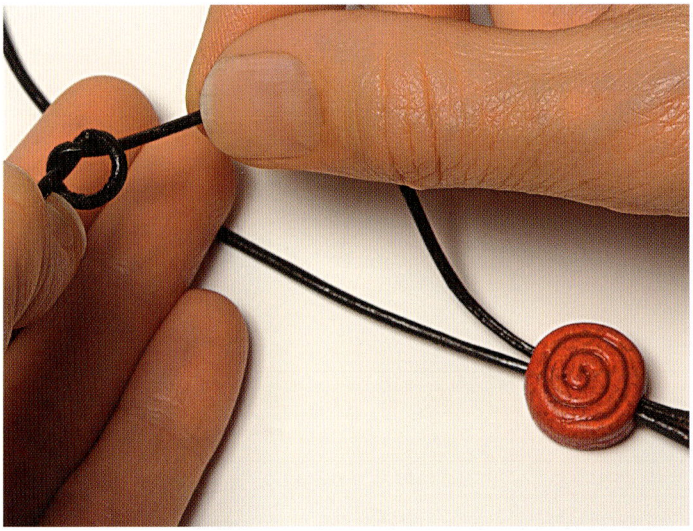

SCHIEBEPERLE

Der einfachste Verschluss für ein Armband, eine Halskette oder ein Fußkettchen.

1 Ein Stück Schnur zuschneiden, das lang genug ist, um über den Kopf zu passen. Die Perlen aufziehen und nach Wunsch die Schnur davor und dahinter abknoten. Beide Enden gemeinsam durch eine stabile Perle mit gerade passendem Loch schieben.

2 Jedes Schnurende verknoten, damit die Schiebeperle nicht abrutschen kann. Nun lässt sich nach dem Umlegen der Kette die Länge durch Verschieben der Perle auf den beiden Schnüren leicht verstellen.

EXPERTEN-TIPP

Bei der Schnurlänge etwas für die Endknoten zugeben.

SCHIEBEKNOTEN

Eine weitere, ganz einfache Verschlussmethode.

1 Ein Stück Schnur zuschneiden, das über den Kopf passt, und die Perlen aufziehen. Die Schnur zum Kreis legen, sodass die beiden Enden einander parallel überlappen.

2 Das linke Ende erst über, dann unter der rechten Schnur entlang führen. Dann das linke Ende über sich selbst kreuzen und durchziehen – es entsteht ein Knoten.

EXPERTENTIPP

Schiebeknoten eignen sich vor allem für Lederschnüre, da sie dort nicht von allein verrutschen.

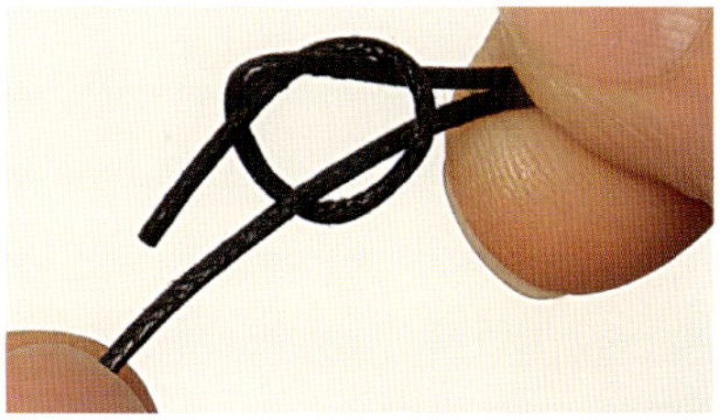

3 Das rechte Ende über die linke Schnur legen, dann über sich selbst kreuzen und durchziehen, sodass ein Knoten entsteht, der spiegelverkehrt zum ersten ist. Beide Knoten festziehen und dabei ein kleines Ende vorstehen lassen, damit sie sich nicht lösen. Die Knoten können nun auf der Schnur verschoben werden, um die Länge der Kette zu verstellen.

Indische Glasperlen auf einer Lederschnur mit Schiebeknoten.

SPIRAL-ENDSTÜCKE

Diese Endstücke wurden speziell für dickere Schnüre wie Leder entwickelt.

Am besten geht es mit einer kurzen Flachzange.

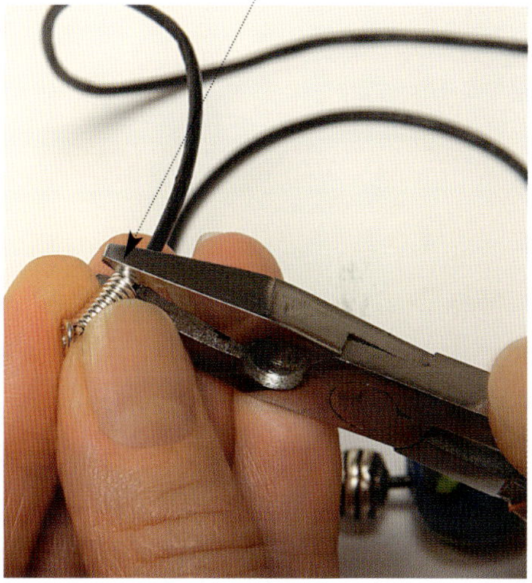

1 Ein Stück Schnur in der gewünschten Länge zuschneiden. Denken Sie daran, dass sie durch die Endstücke etwas länger wird. Die Perlen aufziehen und nach Wunsch die Schnur davor und dahinter abknoten. Ein Endstück aufsetzen und mit einer Flachzange die letzte Spiralwindung fest an die Schnur drücken. Sie soll die Schnur festklemmen, aber nicht beschädigen. Dann das zweite Endstück am anderen Schnurende befestigen.

DAS BRAUCHEN SIE

- Lederschnur
- zwei Spiral-Endstücke
- kurze Flachzange
- Haken, fertig gekauft oder selbst gebogen

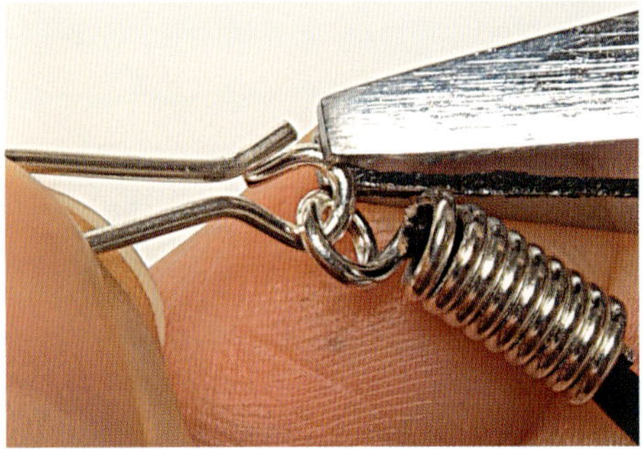

2 Mit der Zange die oberste Windung einer Spirale seitwärts aufbiegen. Den Haken leicht aufbiegen, ins Endstück einhängen und mit der Zange wieder zubiegen.

Kenianische Keramik und thailändische Silberperlen (rechts). Bernsteinimitat, italienische Millefiori-Perlen, Messing und Glas (links) auf Lederschnüren mit Spiralendstücken.

SIEHE AUCH

⇨ENDSTÜCKE SEITE 24–25

⇨VERSCHLÜSSE UND ENDSTÜCKE SEITE 69

LEDER-QUETSCHENDEN

Auch diese Endstücke werden speziell für Leder und andere dicke Schnüre angeboten.

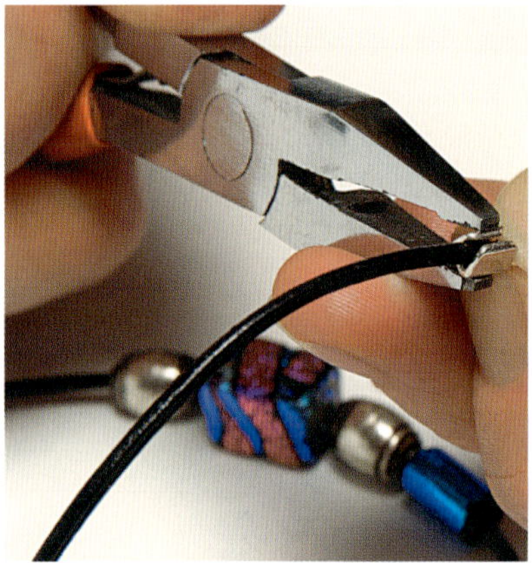

1 Die Schnur in gewünschter Länge zuschneiden und die Perlen aufziehen. Ein Schnurende in ein Quetschendstück legen und mit einer stumpfen, kurzen Flachzange zuerst eine Seite des Endstücks, dann die andere über die Schnur biegen. Fest zusammendrücken, damit das Endstück nicht abrutscht.

DAS BRAUCHEN SIE

- Lederschnur
- zwei Leder-Quetschenden
- kurze Flachzange
- Haken, fertig gekauft oder selbst gebogen

Der Verschluss wird an den Ringen der Endstücke befestigt.

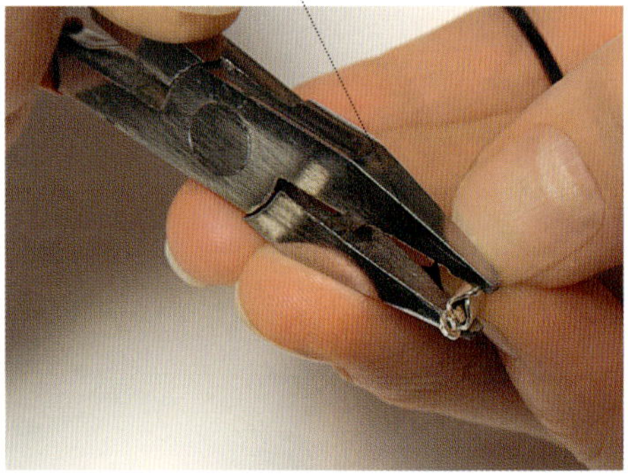

2 Das zweite Endstück ebenso anbringen. An einer Seite einen Haken befestigen (siehe rechts) oder beide Enden mit den Hälften eines Schraubverschlusses bestücken (siehe Endstücke, Seite 24–25).

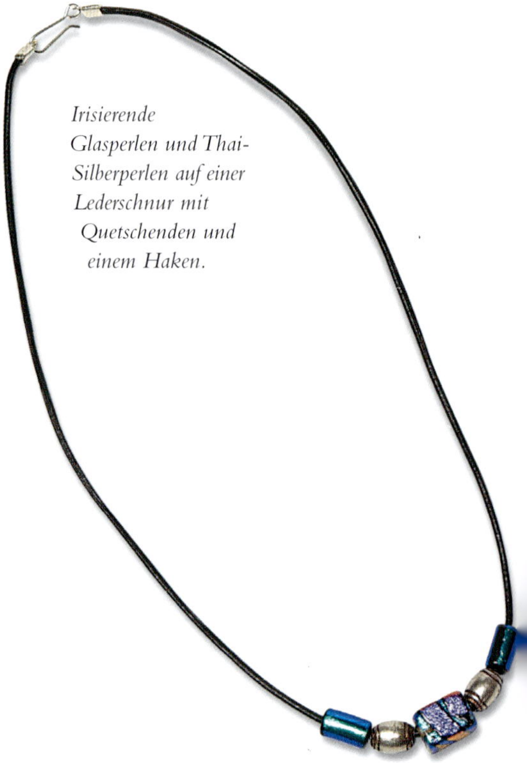

Irisierende Glasperlen und Thai-Silberperlen auf einer Lederschnur mit Quetschenden und einem Haken.

Halskette aus indischen Glasperlen und griechischen Metallperlen mit Quetschperlen und Verschluss.

Verschlüsse für Draht und Faden

Im Fachhandel findet man eine große Auswahl an Fäden zur Schmuckherstellung und natürlich verschiedene passende Verschlüsse. Die einzelnen Typen werden auf den Seiten 14–17 und 24–25 vorgestellt. Hier lernen Sie die Befestigungsmethoden kennen. Die meisten Techniken empfehlen sich für Perlendraht, eignen sich aber auch für stabile Synthetikfäden. Wenn Sie das Prinzip erst einmal beherrschen, werden Sie bald eigene Varianten entwickeln.

QUETSCHPERLEN

Wer Tigertail und andere Spezialfäden für seine Schmuckkreationen verarbeiten will, muss lernen, die Enden mit Quetschperlen zu fixieren, um einen Verschluss anzubringen.

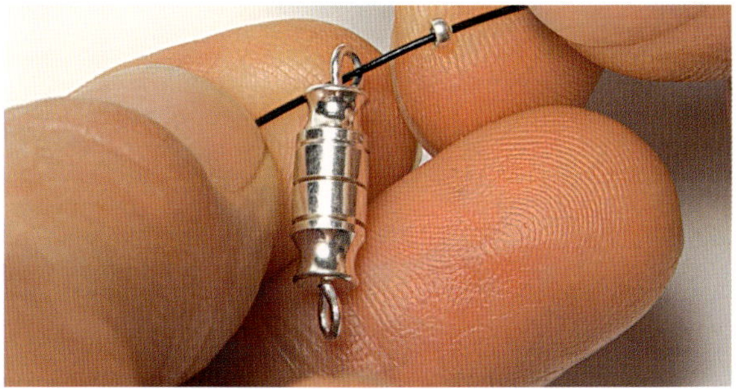

1 Die gewünschte Länge Perlendraht abmessen und an jedem Ende 3–4 cm zum Umbiegen und Anbringen des Verschlusses zugeben. Zum Schneiden eine Zange oder Drahtschere verwenden. Eine normale Haushaltsschere ist zum Schneiden von Draht ungeeignet. Die Perlen aufziehen. Auf ein Ende des Drahtes eine Quetschperle ziehen, dann den Draht durch die Öse des Verschlusses schieben.

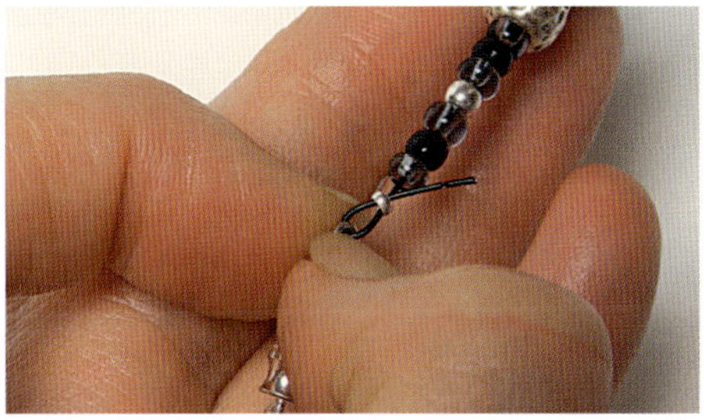

2 Den Draht umbiegen und zurück durch die Quetschperle schieben. Die Schlaufe am Ende soll so groß sein, dass sich der Verschluss noch bewegen kann.

Bei schweren Perlen die Drahtenden mit zwei Quetschperlen sichern.

3 Die Quetschperle mit einer kurzen Flachzange oder einer speziellen Crimpzange zusammendrücken. Das überstehende Drahtende in die Zierperlen schieben, um es zu verstecken. Ist das nicht möglich, das Ende nah an der Quetschperle abschneiden. Das Gegenstück des Verschlusses ebenfalls mit einer Quetschperle am anderen Ende des Drahts befestigen. Beim Umbiegen den Draht nicht zu straff ziehen, damit das Schmuckstück beweglich bleibt.

DAS BRAUCHEN SIE

- Seitenschneider oder Drahtschere
- Klebeband (bei Bedarf)
- Crimpzange oder kurze Flachzange

Schraubverschluss und Quetschperlen.

SIEHE AUCH

⇨ENDSTÜCKE SEITE 24–25

QUETSCHKALOTTEN

Flexiblere Drähte und Fäden kann man an den Enden und zwischen den Perlen verknoten. Dann bringt man über dem Knoten am Ende des Drahts eine Quetschkalotte an und befestigt daran die Verschlussteile. So lassen sich auch mehrsträngige Ketten auf einfache Weise mit einem Verschluss ausstatten.

Verschiedene Kalotten

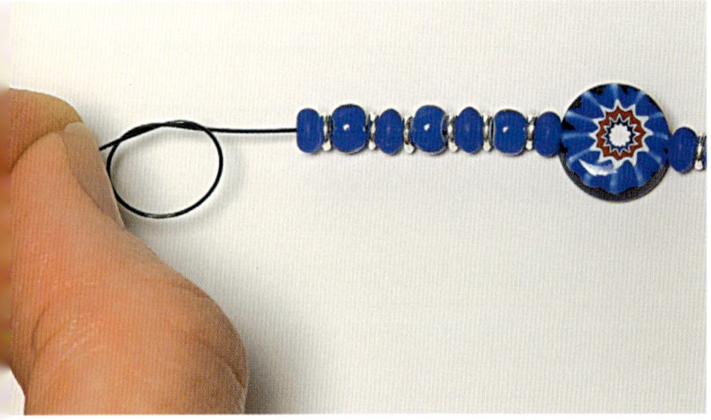

1 Ein Stück Perlendraht abmessen, an beiden Enden 4–5 cm zum Befestigen des Verschlusses zugeben und mit einer Zange oder Drahtschere abschneiden. Die Perlen aufziehen. Sie können nun ein Ende der Kette mit Klebeband auf dem Tisch fixieren, während Sie am anderen Ende den Verschluss anbringen. Einen Überhandknoten in das Drahtende binden.

Den Draht in die kleine Ausnehmung der Kalotte legen.

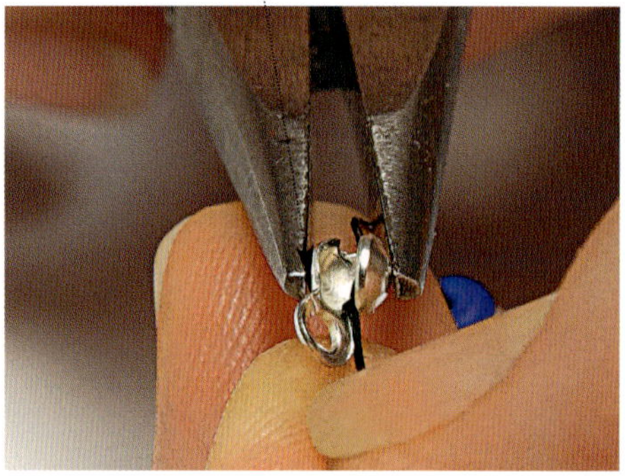

2 Den Knoten in die Kalotte legen und diese mit einer stumpfen Flachzange fest zusammendrücken.

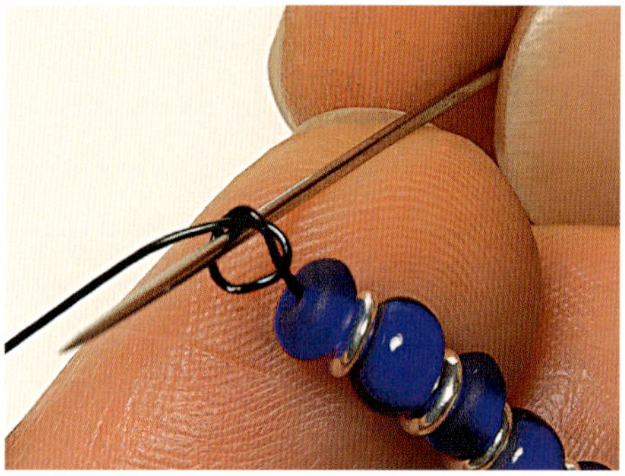

3 In das andere Drahtende einen Überhandknoten schlingen und eine Sticknadel ohne Spitze hinein schieben. Den Knoten nicht zu dicht an die Perlen schieben, in eine Kalotte legen und zudrücken.

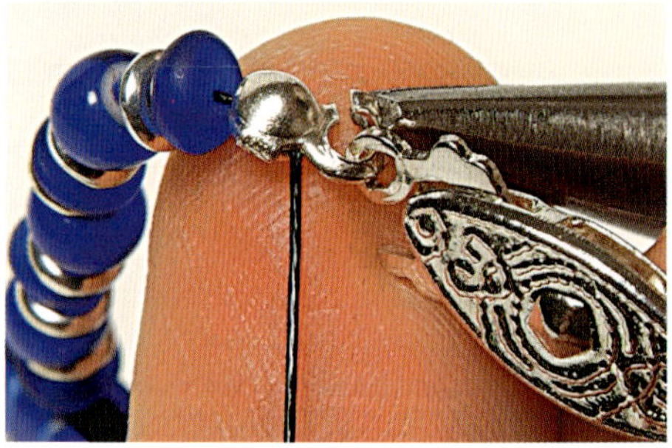

4 Je nach Verschlusstyp biegen Sie nun den Ring am Verschluss oder den an der Kalotte mit der Zange vorsichtig auf, hängen den Verschluss ein und biegen die Öse wieder zu. Dann die Enden des Perlendrahts abschneiden.

Halskette aus modernen venezianischen Perlen und Glasperlen mit Quetschkalotten und dekorativem Verschluss.

DAS BRAUCHEN SIE

- Perlendraht
- Seitenschneider oder Drahtschere
- Klebeband (bei Bedarf)
- zwei Quetschkalotten
- Flachzange
- Sticknadel ohne Spitze
- Verschluss

MEHRSTRÄNGIGE KETTE MIT QUETSCHKALOTTEN

Größere Kalotten verbergen auch Knoten oder Quetschperlen, mit denen die Drähte einer mehrsträngigen Kette verbunden sind.

Mehrsträngige Kette mit venezianischen Perlen.

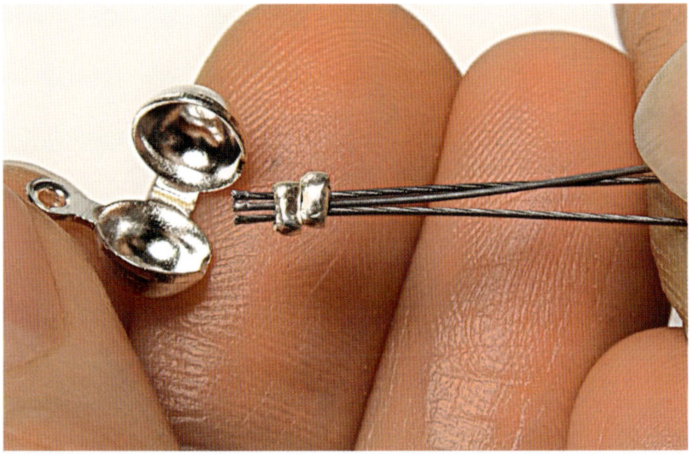

1 Die Drähte der Stränge einer Kette oder eines Armbands mit zwei Quetschperlen zusammenhalten, die Enden abkneifen und in eine Quetschkalotte legen.

Fest zusammendrücken – aber nicht so fest, dass die Perlendrähte beschädigt werden.

2 Die Kalotte mit einer Flachzange fest zusammendrücken, dabei die Perlendrähte aber nicht beschädigen. Die andere Seite ebenso verarbeiten, dann den Verschluss anbringen.

DAS BRAUCHEN SIE

- Armband oder Kette, mehrsträngig
- Quetschperlen
- Seitenschneider oder Drahtschere
- Klebeband (bei Bedarf)
- zwei Quetschkalotten
- Flachzange oder Crimpzange
- Verschluss

SIEHE AUCH

⇨KNÜPFEN SEITE 46–57
⇨QUETSCHPERLEN SEITE 35
⇨ENDSTÜCKE SEITE 24–25
⇨ABSTANDHALTER SEITE 41

SPEZIALVERSCHLÜSSE FÜR MEHRSTRÄNGIGE KETTEN

Es gibt verschiedene Verschlüsse, die mit mehreren Ösen zum Einhängen von Perlensträngen ausgestattet sind. Manche haben integrierte Verschlüsse. Unter den vielen dekorativen Varianten lässt sich leicht für jeden Schmuckstil das Passende finden.

Endriegel und Schnappverschluss.

Die Drähte mit Quetschperlen am Endriegel befestigen.

1 Sie können zuerst die Perlen aufziehen und dann die Endstücke befestigen. Bei Armbändern ist es oft aber einfacher, zuerst ein Endstück anzubringen. Fädeln Sie dann die Perlen auf allen Drähten gleichzeitig auf und überprüfen dabei regelmäßig die Verteilung der Perlen.

2 Nach dem Aufziehen der Perlen die Drahtenden mit Quetschperlen am anderen Endstück befestigen. Dann – falls nötig – einen Verschluss montieren.

DAS BRAUCHEN SIE

- Perlendraht
- Drahtschere oder Seitenschneider
- Quetschperlen
- zwei Endriegel oder ein Verschluss für mehrreihige Ketten
- Crimpzange oder Flachzange

Kunstperlen mit einem Schnappverschluss für mehrreihige Ketten.

MEHRSTRÄNGIGE KETTE MIT KEGEL-ENDSTÜCK

Eine zweite Möglichkeit besteht darin, mehrere Stränge in einem dekorativen Kegel-Endstück zu bündeln. Die Kegel verbergen die Verbindung der Stränge. Dafür sind Quetschperlen empfehlenswert, weil sie mehr Halt geben als Knoten.

Dekorative Kegel-Endstücke und Perlen.

1 Die Perlen auffädeln und die Stränge zur Probe zusammenhalten, um das Arrangement zu beurteilen. Die Drahtenden einzeln zu kleinen Schlaufen umbiegen und mit Quetschperlen fixieren.

2 Zwei neue Stücke Perlendraht abschneiden, je ein Ende zur Schlaufe biegen und mit einer Quetschperle sichern. Den Draht durch die Enden der Perlenschnüre ziehen, dann durch die Schlaufe am eigenen Ende.

Vor dem endgültigen Fixieren des Kegels nochmals die Gesamtwirkung prüfen.

3 Jetzt ein Kegel-Endstück auf den Draht schieben, das die Bündelstelle überdeckt.

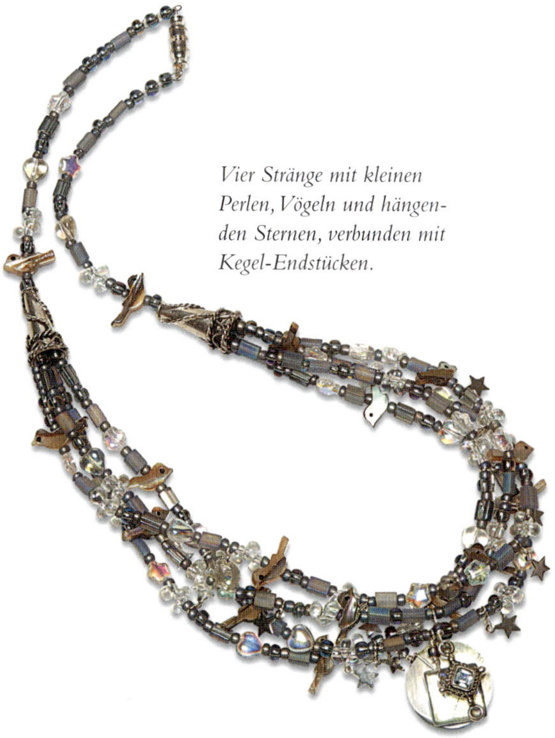

Vier Stränge mit kleinen Perlen, Vögeln und hängenden Sternen, verbunden mit Kegel-Endstücken.

4 Weitere Perlen auf den Draht ziehen und an den Enden mit Quetschperlen oder Kalotten einen Verschluss anbringen.

DAS BRAUCHEN SIE

- mehrere Perlenschnüre
- Quetschperlen
- Flachzange oder Crimpzange
- Perlendraht
- Seitenschneider oder Drahtschere
- zwei Kegel-Endstücke
- Verschluss

SIEHE AUCH

⇨QUETSCHPERLEN SEITE 35
⇨PERLEN UND DRAHT SEITE 58–85
⇨ENDSTÜCKE SEITE 24–25

Armreifen aus Memorydraht mit kleinen Glasperlen.

Arbeiten mit Memorydraht

Memorydraht ist ein spezieller Perlendraht, den man für Hals- und Armschmuck und sogar für Ringe verwenden kann. Das kräftige Material ist in drei Stärken erhältlich. Man kann es fortlaufend verwenden oder Elemente mit Distanzstücken zusammenfügen. Memorydraht wird immer in Spiralform verkauft. Seinen Namen trägt er, weil er nach der Verarbeitung diese Form immer wieder annimmt.

UMGEBOGENER ABSCHLUSS FÜR MEMORYDRAHT

Die einfachste Methode der Versäuberung der Drahtenden.

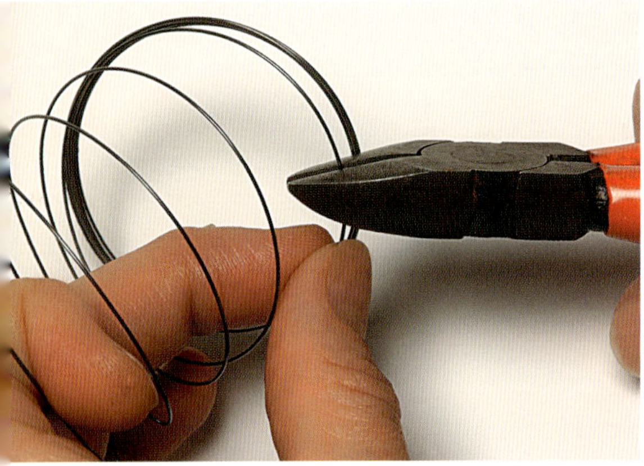

1 Die benötigte Menge Draht mit einem kräftigen Seitenschneider abschneiden. Verwenden Sie kein Feinwerkzeug – es würde durch den harten Draht Schaden nehmen.

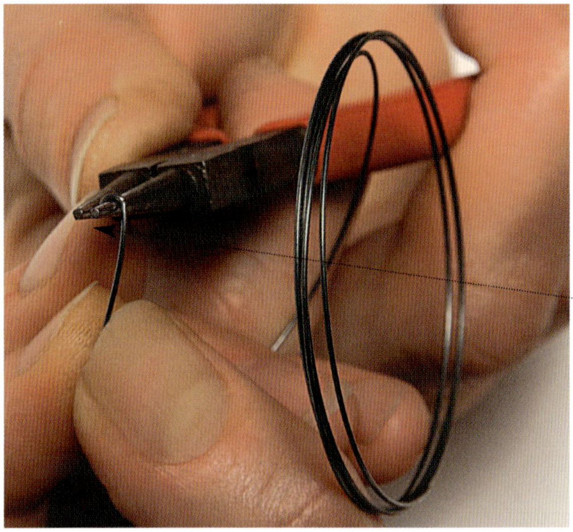

Vorsicht bei der Verarbeitung von Memorydraht: Die Enden sind oft sehr scharf.

2 Ein Ende des Drahts mit einer stabilen Rundzange umbiegen. Auch hierfür ist Feinwerkzeug ungeeignet.

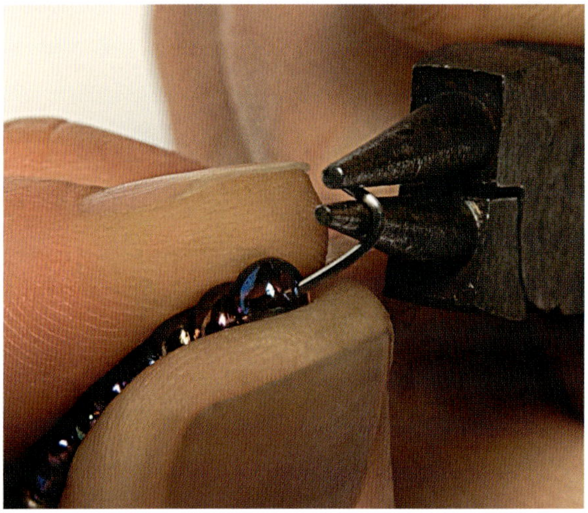

3 Die Perlen aufziehen und am Ende etwa 6–7 mm frei lassen, um auch hier den Draht umbiegen zu können.

DAS BRAUCHEN SIE

- sehr kräftiger Seitenschneider
- stabile Rundzange

EXPERTEN-TIPP

Im Fachhandel gibt es auch spezielle Endkappen, die als Abschluss auf die Enden von Memorydraht geklebt werden.

Halbedelsteine auf Perlendraht mit Quetschperlen zur Befestigung der Fransen und als Abstandhalter.

Fädel-Variationen

Der Reiz an der Schmuckgestaltung liegt auch darin, dass man ungeniert mit verschiedenen Entwürfen experimentieren kann. Sieht eine Perlenanordnung nicht gut aus, schiebt man die Perlen einfach vom Draht und probiert etwas Neues. In diesem Kapitel lernen Sie einige weitere Techniken kennen. Auch mit den Knüpf- und Knotentechniken (siehe Seite 46–57) sollten Sie sich einmal beschäftigen. Wenn Sie Halsschmuck gestalten, sollten Sie einen Spiegel bereit legen. Auf dem Tisch sieht ein Schmuckstück immer etwas abstrakt aus. Am Körper kann es verblüffend anders wirken.

QUETSCHPERLEN-VARIATIONEN

Quetschperlen benutzt man nicht nur zum Befestigen von Verschlüssen. Sie können auch eine eigenständige gestalterische Funktion erfüllen.

DAS BRAUCHEN SIE

- Seitenschneider oder Drahtschere
- Quetschperlen
- Flachzange oder Crimpzange
- Verschluss

Abstandhalter

Sollen Perlen auf ein- oder mehrsträngigen Ketten auf Abstand gehalten werden, sind Quetschperlen gefragt.

Bringt man Quetschperlen vor und hinter anderen Perlen an, können diese nicht verrutschen. Manchmal müssen zusätzlich kleine Perlen verwendet werden, die verhindern, dass die Quetschperle im Loch einer großen Perle verschwindet.

Sie können die Abstände messen oder nach Augenmaß festlegen.

SIEHE AUCH

⇨QUETSCHPERLEN SEITE 35

⇨ENDSTÜCKE FÜR DRAHT UND FADEN SEITE 35–39

⇨ENDSTÜCKE SEITE 24–25

Quetschperlen als Verzierung

Quetschperlen eignen sich auch, um Behänge an Ketten zu befestigen.

1 Für ein Fransendekor an einer Kette oder einem Armband kurze Drahtstücke umbiegen und mit einer Quetschperle fixieren. Perlen aufziehen und auch die Enden mit Quetschperlen sichern.

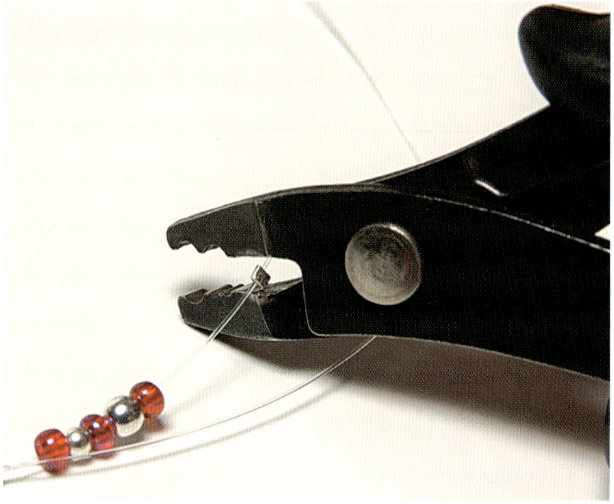

3 Hier werden einfache, kurze Perlenschnüre mit Quetschperlen an der Kette befestigt. Wieder sind auch die Enden mit Quetschperlen gesichert. Entscheiden Sie selbst, ob Sie ein regelmäßiges oder ein unregelmäßiges Muster bevorzugen.

Die Quetschperlen sollen stabil sein, aber nicht zu sehr ins Auge fallen.

2 Die vorbereiteten Fransen zwischen den Perlen auf die Kette ziehen.

Glasherzchen auf „unsichtbarem“ Nylonfaden.

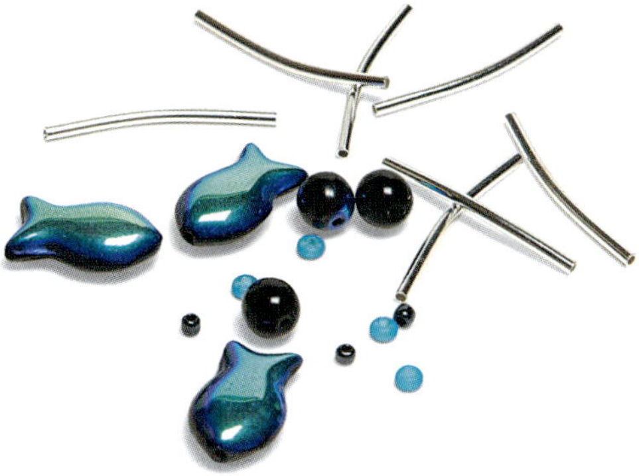

FÄDEL-VARIATIONEN

Noch einige Beispiele, die für Abwechslung sorgen.

Y-Kette

Diese ungewöhnliche Kettenform wird mit einem einzigen Draht oder Faden gearbeitet.

1 Schneiden Sie ein großzügiges Stück Perlendraht oder -faden zu und geben sie reichlich Länge für den unteren Hänger zu. Zuerst eine winzige, aber stabile Perle in die Mitte schieben. Beide Fäden gemeinsam durch die Perlen des Hängers ziehen. Die zuerst aufgezogene kleine Perle wirkt wie ein Stopper.

Nach dem Festziehen der Fäden können diese Perlen nicht mehr verrutschen.

2 Ist der Hänger lang genug, werden die Fäden einzeln weiter verarbeitet. Zuerst einige kleine Perlen aufziehen, damit die Teilungsstelle sauber ausfällt.

3 Die beiden Enden fertig aufziehen und den Verschluss anbringen.

Y-Kette mit Silberstäbchen und Glasfischen.

DAS BRAUCHEN SIE

- Seitenschneider oder Drahtschere
- Crimpzange oder Flachzange
- Verschluss

Zweifädige Arbeiten

Bei dieser Technik werden zwei separate Drähte oder Fäden verwendet, um die Lage der Perlen gezielt zu beeinflussen. Die Methode eignet sich für Armbänder und Halsketten.

1 Zwei Stücke Perlendraht oder -faden von der zwei- bis dreifachen Länge des geplanten Armbands zuschneiden. Auch die Länge der verwendeten Perlen spielt eine Rolle. Beide Drähte an einem Ende mit einer Quetschperle zusammenfassen und einen Verschluss anbringen. Auf jeden Draht so viele Perlen ziehen, dass zwischen ihnen eine lange Perle Platz hat.

2 Die Drähte von beiden Seiten durch eine lange Perle schieben, dann einige kleine Perlen aufziehen, um den Faden zwischen den quer liegenden Perlen zu verdecken. Ist die gewünschte Länge erreicht, das Ende wie den Anfang fädeln und einen Verschluss anbringen. Wie gut sich die Technik variieren lässt, zeigt der Halsschmuck auf Lederschnur.

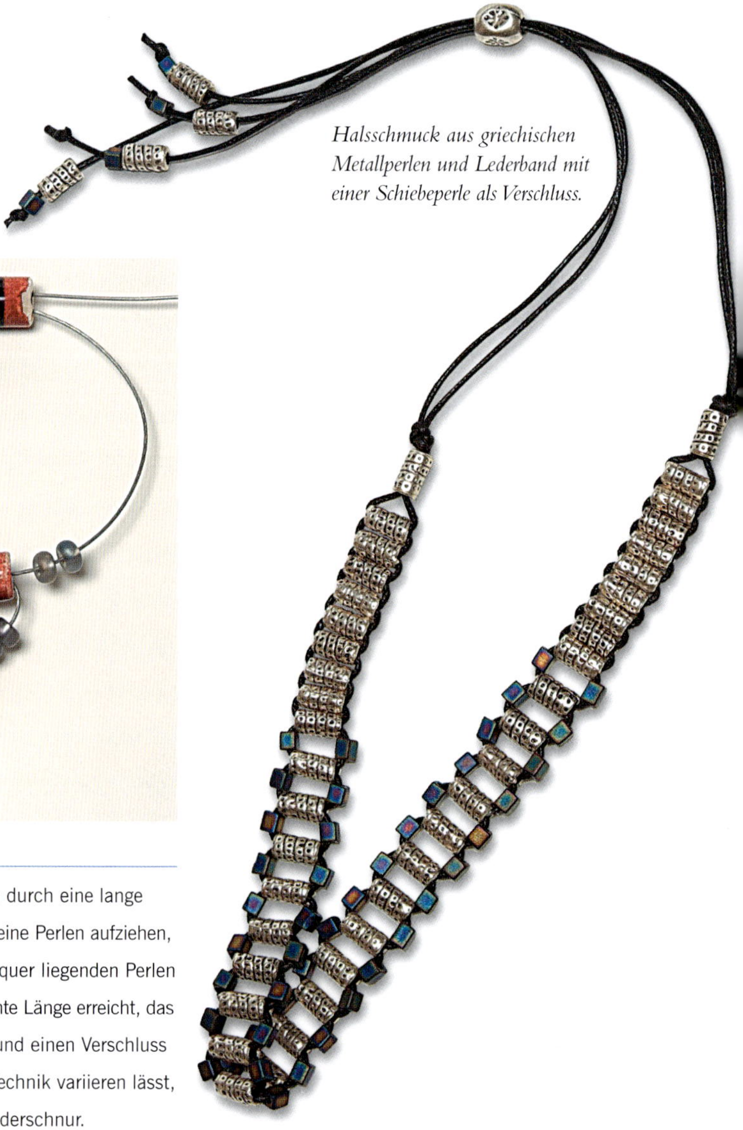

Halsschmuck aus griechischen Metallperlen und Lederband mit einer Schiebeperle als Verschluss.

Armband aus peruanischen Perlen in zweifädiger Arbeitsweise.

Mehrsträngige Ketten und Dekorperlen

Diese Technik kann für Halsketten, Armbänder und sogar Ohrhänger vielfach variiert werden. Mehrere Stränge mit kleinen Perlen werden an eine große, dekorative Perle angeschlossen – und beide Elemente werden durch diese Kombination betont.

Verwenden Sie dünnen, aber stabilen Faden. Durch einige Perlen müssen mehrere Fäden passen. Hier wurde dünner Polyesterfaden doppelt verarbeitet.

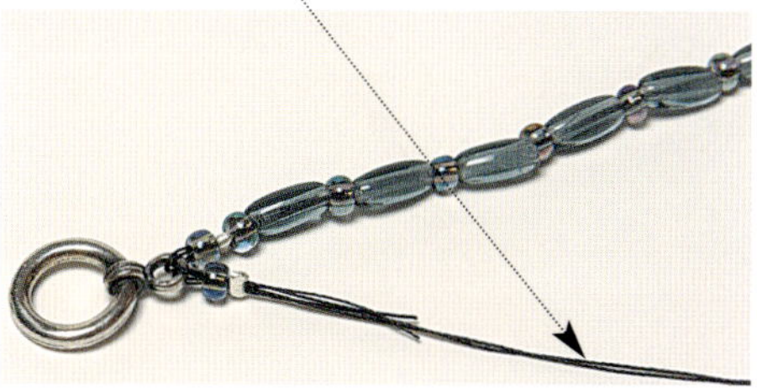

1 An einem Ende des Perlenfadens mit Quetschperlen oder einem Knoten einen Verschluss anbringen. Nun die Perlen aufziehen und dabei in Abständen Dekorperlen einarbeiten. Soll nur eine Dekorperle in der Mitte einer Kette verwendet werden, befestigen Sie nach dem Aufziehen aller Perlen auch am anderen Ende einen Verschluss. Hier läuft die Kette in der Mitte in eine Fransenquaste aus. Nun den zweiten Faden anbringen.

2 Kleine Perlen aufziehen, bis der Abstand zur Dekorperle ausgefüllt ist. Dann den Draht durch die Dekorperle schieben, wieder kleine Perlen aufziehen und ein weiteres Quastenende arbeiten. Nach Belieben weitere Perlenstränge in der gleichen Weise hinzufügen.

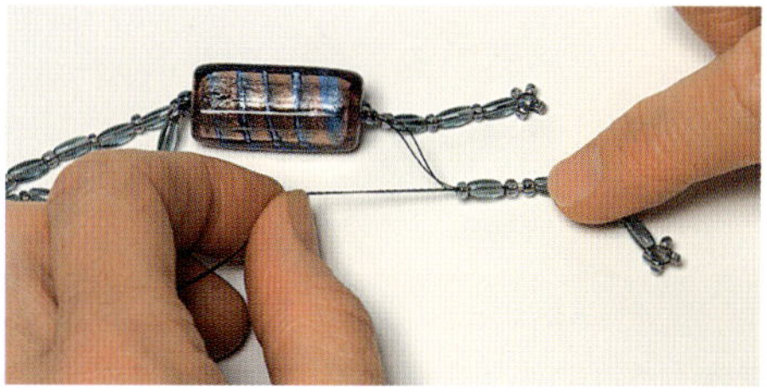

3 Für die Quaste den Faden durch die Dekorperle ziehen, eine Quetschperle und einige kleine Perlen aufziehen. Am Ende eine Perle überspringen und den Faden durch die übrigen Perlen und die Quetschperle wieder nach oben führen. Vorsichtig festziehen, damit keine Lücken zwischen den Perlen entstehen.

4 Die Quetschperle vorsichtig zudrücken und den Faden anschneiden. Diesen Vorgang auf der anderen Seite wiederholen, sodass sich pro Strang zwei Quastenenden ergeben.

Mehrsträngige Kette aus venezianischen Perlen mit Dekorperle und Fransenquaste.

SIEHE AUCH
⇨ENDSTÜCKE FÜR DRAHT UND FADEN SEITE 35–39
⇨QUETSCHPERLEN SEITE 35
⇨ENDSTÜCKE SEITE 24–25

KNOTEN

Knoten haben eine uralte Tradition – auch in der Verarbeitung von Perlen. Es gibt verschiedene Gründe, einige Knotentechniken zu lernen. Mit den richtigen Fäden und Schnüren kann man Verschlüsse anknoten, ohne lange nach speziellen Endstücken oder Werkzeugen suchen zu müssen. Und wer nur wenige ausgefallene Perlen hat, kann sie mit kunstvollen Knoten dennoch zu einem kompletten Schmuckstück verarbeiten.

Früher war es üblich, Ketten zwischen den Perlen abzuknoten, damit sie nicht aneinander rieben. Außerdem waren die Fäden weniger stabil und man verlor nur wenige Perlen, wenn einmal ein Faden durchscheuerte. Moderne Synthetikfäden sind wesentlich stabiler, können aber durch raue Stellen im Inneren der Löcher von Perlen ebenfalls geschwächt werden.

Gestreifte indische Perlen auf Baumwollschnur.

Knoten als Abschluss

EXPERTENTIPP
Die wichtigste Regel beim Knoten: Schnur oder Faden immer großzügig zuschneiden.

Auf den nächsten Seiten stellen wir einige Abschlussknoten für Ketten und Armbänder mit und ohne Verschluss vor. Beim Knoten muss immer die Stärke des Fadens im Verhältnis zur Perlengröße berücksichtigt werden.

EINFACHER ABSCHLUSSKNOTEN

Um lange Perlenketten, die sich ohne Verschluss über den Kopf ziehen lassen, zur Runde zu schließen, genügt ein einfacher Kreuzknoten.

EXPERTENTIPP
Will man eine alte, zu kurze Kette neu aufziehen und keine zusätzlichen Perlen verwenden, kann man durch Abknoten Länge „gewinnen".

1 Die Perlen aufziehen und 10–12 cm Schnur für den Knoten frei lassen. Das linke Ende einmal um das rechte winden.

2 Das rechts liegende Ende um das linke winden, um einen Kreuzknoten zu erhalten. Fest zuziehen, aber nicht zu dicht an die Perlen schieben, sonst wird die Kette starr. Die Enden abschneiden.

UNSICHTBARER KNOTEN

Dies ist eine gute Methode, um lange Ketten zur Runde zu schließen. Die Knoten liegen versteckt zwischen den Perlen, sodass man die Kette problemlos doppelt tragen kann. Die Technik ist besonders gut für lange Ketten aus schweren Perlen geeignet, allerdings müssen die Löcher der Perlen groß genug für den doppelten Faden sein.

Langes „Wickelarmband" aus bunten Holzperlen.

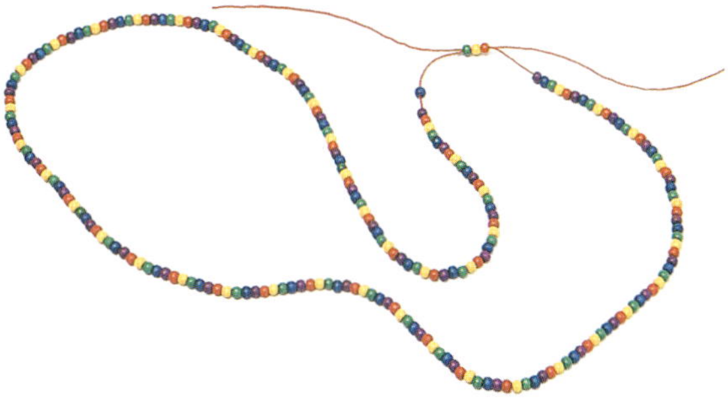

1 Die Perlen aufziehen und an beiden Enden mindestens 10 cm Schnur frei lassen. Die Schnur durch die ersten drei Perlen der entgegengesetzten Seite ziehen. Wenn Sie ein symmetrisches Muster fädeln, müssen Sie auf einer Seiten drei Perlen hinzufügen.

2 Das Schnurende einmal um die Aufreihschnur legen und dann einen einfachen Überhandknoten schlingen, sodass dieser die Aufreihschnur umfasst.

3 Das Ende durch die nächste Perle ziehen und nochmals ebenso verknoten. Eventuell den Knoten mit einer Sticknadel ohne Spitze in die richtige Position schieben.

Das Schnurende mit etwas Klebstoff oder Nagellack fixieren, dabei aber nicht die Perlen beschmutzen.

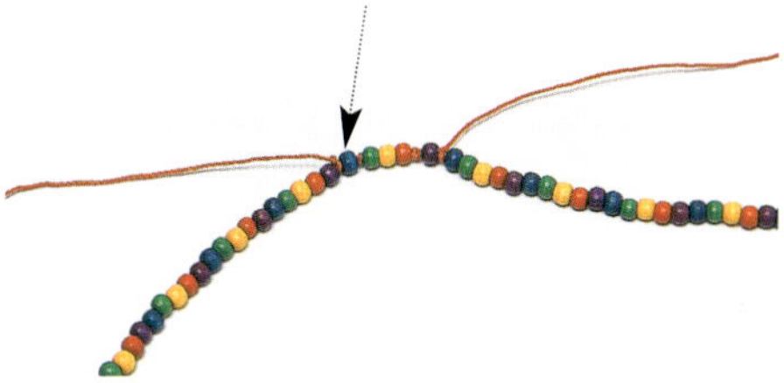

4 Das andere Ende auf die gleiche Weise verarbeiten. Die überstehenden Schnurenden abschneiden oder durch weitere Perlen ziehen, um sie zu verbergen.

DAS BRAUCHEN SIE

- Perlennadel
- Sticknadel ohne Spitze

SIEHE AUCH

⇨ KNOTEN ZWISCHEN PERLEN SEITE 52–54

VERSCHLÜSSE ANKNOTEN

Eine einfache Methode, um einen Verschluss ganz ohne Werkzeug oder spezielle Endstücke anzubringen. Sie eignet sich auch für Perlen, durch die kein doppelter Faden passt.

Das Öhr der Nadel darf nicht zu klein sein.

1 Die Perlen aufziehen und an beiden Enden ca. 15 cm Schnur frei lassen. Einen Überhandknoten in die Schnur binden, um die Perlen zu fixieren. Eine Sticknadel ohne Spitze in den Knoten schieben. In 1 cm Abstand zum Knoten den Verschluss aufziehen.

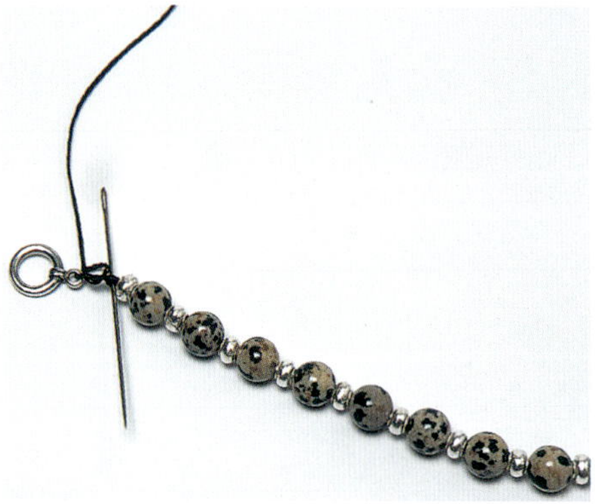

2 Das lose Ende über die Schnur legen und durch das so entstehende Auge führen. Den Knoten, den man einen „halben Schlag“ nennt, festziehen. Die Schnur bis zu den Perlen auf diese Weise umknoten.

Der Knoten kann mit etwas Klebstoff gesichert werden – aber dabei die Perlen nicht damit beschmutzen.

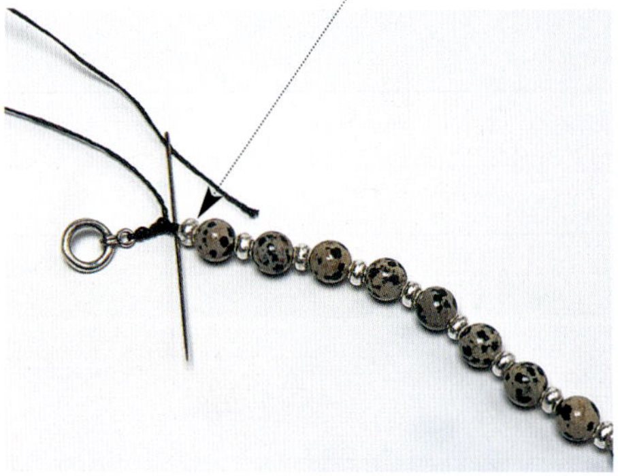

3 Das Ende in die Sticknadel einfädeln und diese durch den Knoten, in dem sie steckte, ziehen. Dadurch ist das Ende zusätzlich gesichert. Nun das Ende durch möglichst viele Perlen ziehen, um es zu verstecken. Die Position der Perlen prüfen und das andere Ende ebenso verarbeiten.

Halskette aus Dalmatinerjaspis und thailändischen Silberperlen.

DAS BRAUCHEN SIE

- Perlennadel
- Sticknadel ohne Spitze
- Verschluss

SIEHE AUCH

⇨ENDSTÜCKE SEITE 24–25

VERSCHLÜSSE MIT PERLENSPIRALDRAHT ANKNOTEN

Dies ist eine alternative Methode zum Anknoten eines Verschlusses. Früher verwendete man Spiraldraht, um empfindliche Perlenschnüre im Befestigungsbereich des Verschlusses zu verstärken. Heute wird er eher aus dekorativen Gründen eingesetzt. Er ist recht empfindlich und muss daher vorsichtig behandelt werden.

1 Ein großzügiges Stück Faden und zwei kurze Stücke Spiraldraht zuschneiden. Ein Fadenende mit einem Knoten oder mit Klebeband sichern und drei Perlen aufziehen.

Die Technik eignet sich auch zum Anknoten eines Verschlusses ohne Perlenspiraldraht.

2 Den Faden vorsichtig durch ein Stück Spiraldraht ziehen. Den Spiraldraht durch das Auge eines Verschlussteils schieben, dann mit dem Faden einen halben Schlag knoten (siehe Seite 48).

3 Den Faden durch die erste Perle hinter dem Knoten ziehen und wieder verknoten. Durch die nächste Perle ziehen.

4 Den Sicherungsknoten oder das Klebeband lösen und die beiden Fäden verknoten. Den Knoten mit einem Tropfen Klebstoff sichern und die losen Enden abschneiden.

DAS BRAUCHEN SIE

- Perlenspiraldraht
- Klebeband (bei Bedarf)
- Perlennadel
- Verschluss
- Sticknadel ohne Spitze

5 Die restlichen Perlen aufziehen. Hier wurden im mittleren Bereich dekorative Kappen eingesetzt. Am Ende den Verschluss mit Spiraldraht anbringen.

6 Den aufgezogenen Spiraldraht durch das Auge des Verschlussteils schieben, dann den Faden zurück durch die letzte Perle ziehen. Die Spannung der Kette und die Symmetrie der Verschlussbefestigungen prüfen. Hinter der Perle einen Knoten binden.

7 Das Ende durch die vorletzte Perle ziehen und verknoten, dann durch die drittletzte ziehen und wieder verknoten. Den Knoten mit einem Tropfen Klebstoff sichern, das Fadenende durch einige weitere Perlen ziehen und sauber abschneiden.

Malachit-Halskette mit Perlenkappen.

SIEHE AUCH
⇨VERSCHLÜSSE ANKNOTEN SEITE 48

KNOTEN IN EINER FÄDELKALOTTE

Die Verwendung von Kalotten wurde zwar schon im Kapitel über das Aufziehen erklärt (siehe Seite 36–37), doch im Gegensatz zu Quetschkalotten wird der Perlenfaden bei Fädelkalotten durch einen Schlitz im Scharnier der Kalotte gezogen.

Kette aus Kalkstein- und Silberperlen.

1 Beim Zuschneiden des Perlenfadens an beiden Enden 4–5 cm für den Abschluss zugeben. Ein Ende mit einem Knoten sichern. Gut geeignet ist dafür ein doppelter Überhandknoten (siehe Seite 53). Eine Quetschkalotte aufziehen und das Fadenende abschneiden. Die Kalotte mit den Fingern über dem Knoten zudrücken und vorsichtig mit einer Zange nachdrücken. Die Perlen aufziehen.

2 Am Ende die zweite Kalotte aufziehen. Einen doppelten Überhandknoten binden und eine Sticknadel ohne Spitze hinein schieben. Den Knoten an die Kalotte schieben und dabei festziehen.

Die Ösen seitwärts aufbiegen.

3 Die Kalotte über dem Knoten zudrücken. Die Ösen der Kalotten vorsichtig aufbiegen, den Verschluss einhaken und wieder zubiegen.

DAS BRAUCHEN SIE

- Fädelkalotten
- Rundzange
- Perlennadel
- Sticknadel ohne Spitze
- Verschluss

SIEHE AUCH

⇨ENDSTÜCKE SEITE 24–25

Knoten zwischen Perlen

Kette mit Perlen aus litauischem Bernstein.

Zierknoten kann man auch als Dekorelement einsetzen und mit anderen Perlentechniken kombinieren. Einige Zierknoten lernen Sie in diesem Buch kennen. Wer mehr darüber wissen möchte, sollte einmal in Büchern über Makramee oder Fancywork (maritime Zierknoten) blättern. Die Größe der verwendeten Perlen bestimmt, welche Knoten geeignet sind. Echte Perlenketten knotet man auch heute normalerweise ab, weil die Perlen Enzyme absondern können, die den Faden schwächen.

EINFACHER ÜBERHANDKNOTEN

Der einfache Überhandknoten eignet sich gut zum Abknoten von Ketten aus Perlen mit kleinen Löchern.

Knoten lassen sich auf gewachsten Fäden besser verschieben.

Sie können die Knoten auch mit einer Pinzette verschieben.

1 Der Perlenfaden muss mindestens die zweieinhalbfache Länge des vorgesehenen Werkstücks haben. An einem Ende einen Verschluss anbringen. Eine Perle aufziehen und einen Überhandknoten binden. Dazu den Faden um den Finger legen und das Ende durch die so gebildete Schlaufe ziehen.

2 Eine dicke Sticknadel ohne Spitze in den Knoten stecken. Den Knoten mit der Nadel an die Perle schieben und gleichzeitig mit den Fingern festziehen. Die Nadel herausnehmen und nochmals festziehen. Die nächste Perle aufziehen und ebenso abknoten. Abstand und Spannung zwischen den Knoten sollten möglichst gleich sein.

DAS BRAUCHEN SIE

- Verschluss
- Perlennadel
- Sticknadel ohne Spitze

DOPPELTER ÜBERHANDKNOTEN

Dieser dickere Knoten eignet sich für Perlen mit etwas größeren Löchern. Sie benötigen dazu einen längeren Aufziehfaden.

Wie beim einfachen Überhandknoten (siehe Seite 52) legen Sie den Faden um den Finger. Dann ziehen Sie das Ende nicht einmal, sondern zweimal durch die Schlaufe. Den Knoten wieder mit einer Sticknadel ohne Spitze in Position schieben.

KNOTEN ZWISCHEN PERLEN MIT DOPPELTEM FADEN

Eine weitere Methode für Perlen mit etwas größeren Löchern.

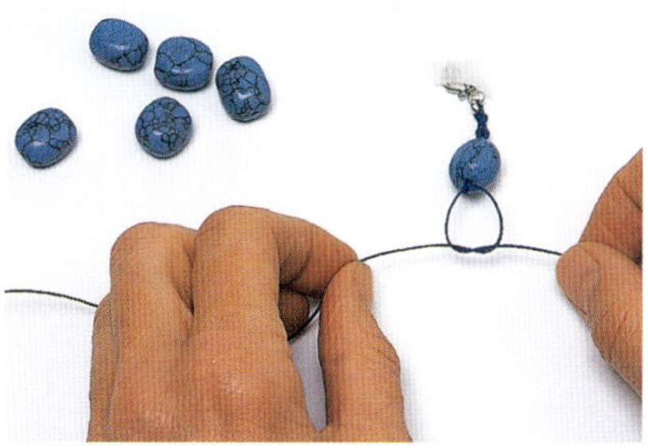

1 Zwei Fäden von jeweils doppelter Länge des fertigen Stücks zuschneiden. Beide an einem Verschluss befestigen, durch die erste Perle ziehen und einen Kreuzknoten binden. Dazu erst den linken Faden um den rechten winden und festziehen. Dann den rechts liegenden Faden um den linken winden und wieder festziehen.

2 Die nächste Perle aufziehen und wieder abknoten. Leichter geht es, wenn Sie das Werkstück mit Klebeband auf dem Tisch fixieren. Bei der weiteren Arbeit auf gleichmäßige Spannung der Fäden achten.

Halskette aus antiken Türkisperlen

SIEHE AUCH

⇨ KNOTEN ALS ABSCHLUSS SEITE 46–51

KNOTEN ALS ABSTANDHALTER

Knoten können – wie Quetschperlen – verwendet werden, um größere Abstände zwischen Perlen zu erhalten.

Verschiedene venezianische Glasperlen in großen Abständen.

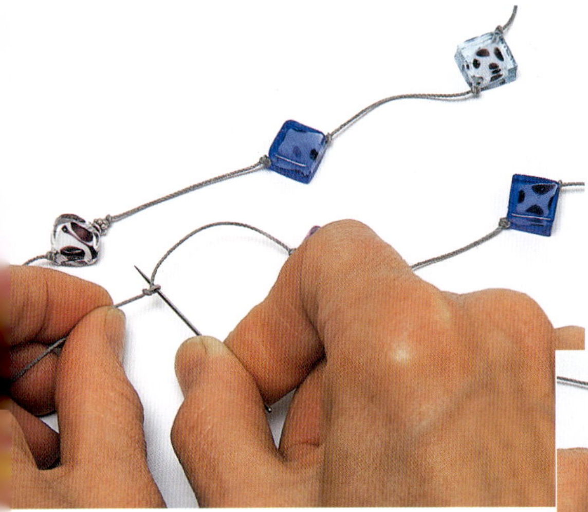

Bei dieser Methode gehen Sie genauso vor wie beim Abknoten zwischen Perlen. Allerdings werden die Knoten mit der Sticknadel oder Pinzette so verschoben, dass sie einzelne Perlen oder kleine Gruppen von Perlen in frei wählbaren Abständen fixieren. Die Fadenstärke und die Größe der Löcher der Perlen bestimmen, ob einfache oder doppelte Überhandknoten (siehe Seite 52–53) notwendig sind. Ein Lineal hilft beim Einhalten gleichmäßiger Abstände.

Solche Ketten gelingen am besten, wenn man von der Mitte zu beiden Seiten arbeitet.

Für einen Knebelverschluss die Perle am Ende so einknoten, dass sie quer liegt.

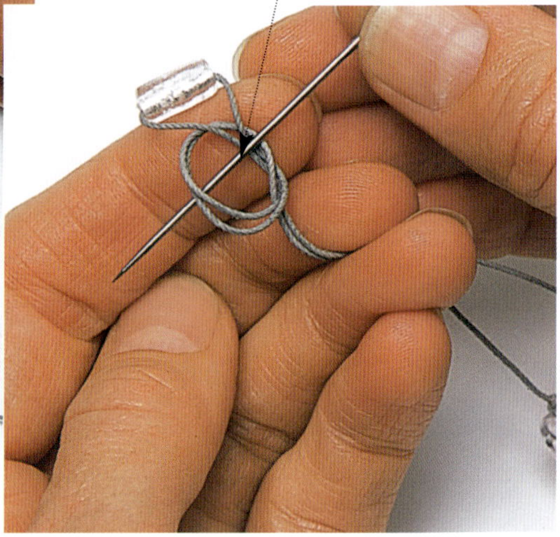

SIEHE AUCH

⇨ EINFACHER ÜBERHANDKNOTEN SEITE 52

⇨ DOPPELTER ÜBERHANDKNOTEN SEITE 53

⇨ QUETSCHPERLEN ALS ABSTANDHALTER SEITE 41

Mehrere Stränge aus Glasperlen und marokkanischen Silberperlen mit einem Abschluss in Spiralplatting.

Zierknoten als Abschluss

Mit dekorativen Knoten kann man aus wenigen Perlen eine dekorative Kette oder ein Armband arbeiten. Die beiden vorgestellten Techniken eignen sich auch für mehrsträngige Ketten und werden dann über alle verwendeten Fäden gearbeitet.

SPIRALPLATTING

Die interessante Spiralform ergibt sich von allein.

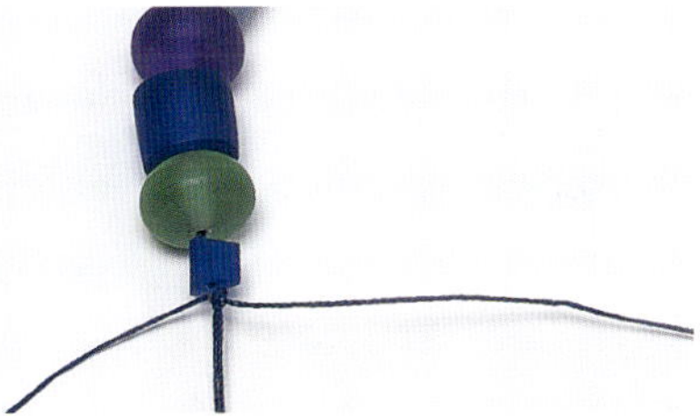

1 Sie brauchen zwei Arbeitsfäden und mindestens einen Faden als Seele. Mit „Seele" wird der Faden bezeichnet, der liegen bleibt. Die Länge der Arbeitsfäden sehr großzügig bemessen. Wenn Sie nicht mit den Fäden einer mehrsträngigen Kette arbeiten, sondern einen neuen Faden ansetzen, schneiden Sie ihn extrem lang zu und binden seine Mitte im Knoten hinter der letzten Perle mit ein.

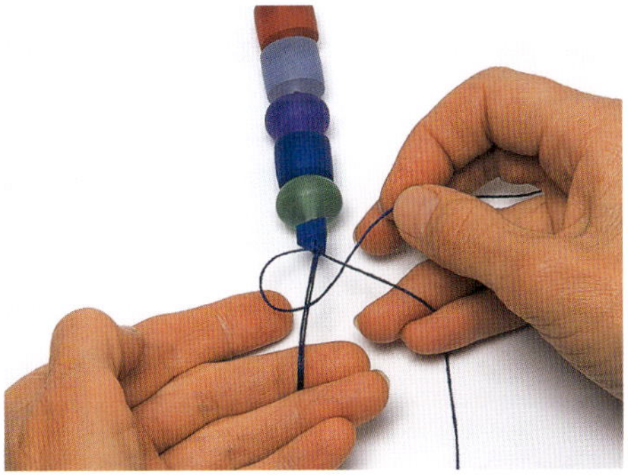

2 Den linken Faden unter die Seele und über den rechten Faden legen.

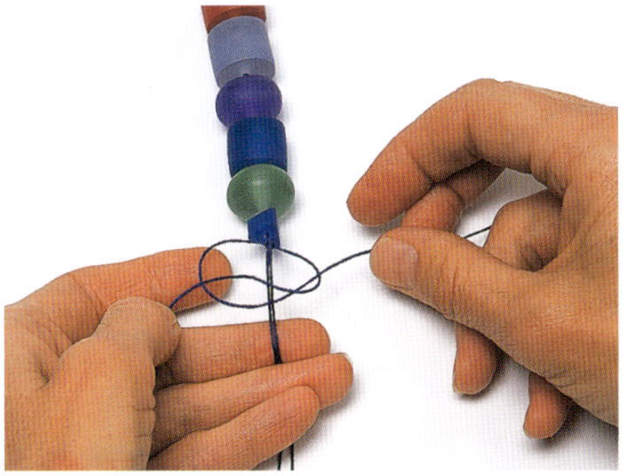

3 Nun den rechten Faden über die Seele und unter den linken Faden legen. Die Knoten festziehen.

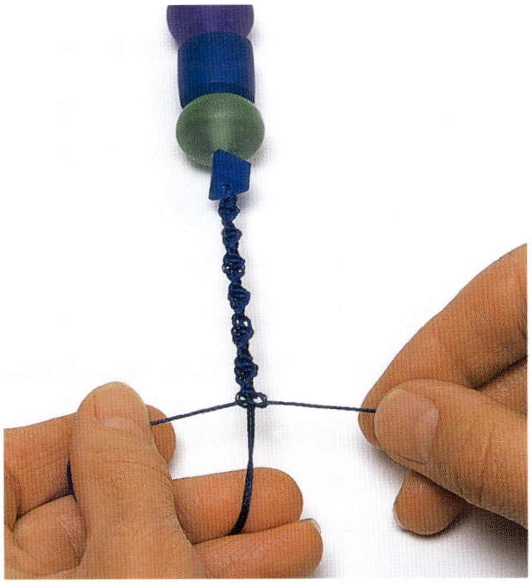

4 Fortlaufend wiederholen. Dabei bilden die Knoten von allein eine Spiralform. Die gleichmäßige Spannung lässt sich leichter halten, wenn Sie das Ende der Kette mit Klebeband auf dem Tisch fixieren.

EXPERTENTIPP

Nehmen Sie lieber zu lange Fäden. Das Anstückeln ist schwierig!

SIEHE AUCH

⇨ FLACHPLATTING SEITE 56
⇨ „KNOPF"-PERLE MIT ÖSE SEITE 57

FLACHPLATTING

Ein Zierknoten, der ein flaches Band ergibt.

1 Einen langen Arbeitsfaden an die Seele ansetzen. Interessanter sieht es aus, wenn man – wie hier – mit doppelten Fäden knotet. Die linken Fäden unter die Seele und über die rechten Fäden legen.

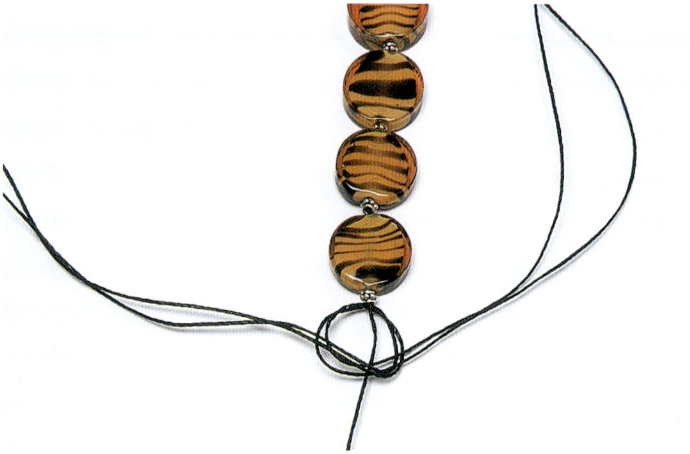

2 Die rechten Fäden über die Mitte und unter die linken Fäden legen. Den Knoten festziehen.

Auf gleichmäßige Fadenspannung achten.

3 Jetzt entgegengesetzt knoten: Die linken Fäden über die Mitte und unter die rechten legen, dann die rechten Fäden unter die Mitte und über die linken legen. Abwechselnd wiederholen, bis die gewünschte Länge erreicht ist.

Venezianische Glasperlen und Flachplatting.

EINE PERLE ALS „KNOPF“

Hat die geknotete Schnur die gewünschte Länge erreicht, fädeln Sie auf die Seele einen Knopf oder eine Perle und biegen die Seele um. Nun weitere Zierknoten über die doppelt liegende Seele arbeiten. Zum Schluss die Enden in den Knoten vernähen und abschneiden.

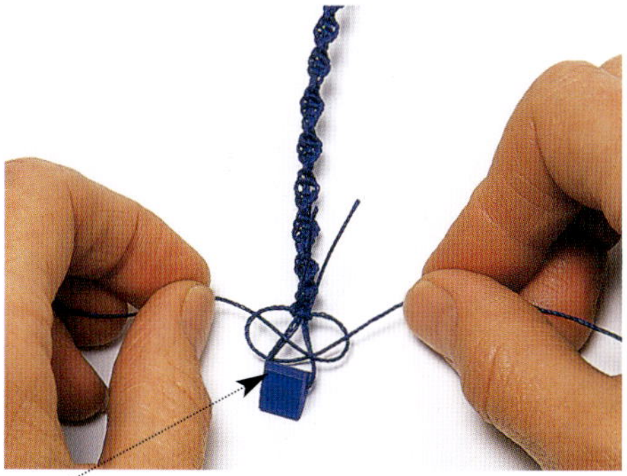

Die letzten Knoten sehr fest anziehen.

Acrylperlen und Spiralplatting.

DAS „KNOPFLOCH“

Zum Knopfverschluss gehört natürlich auch ein passendes Knopfloch.

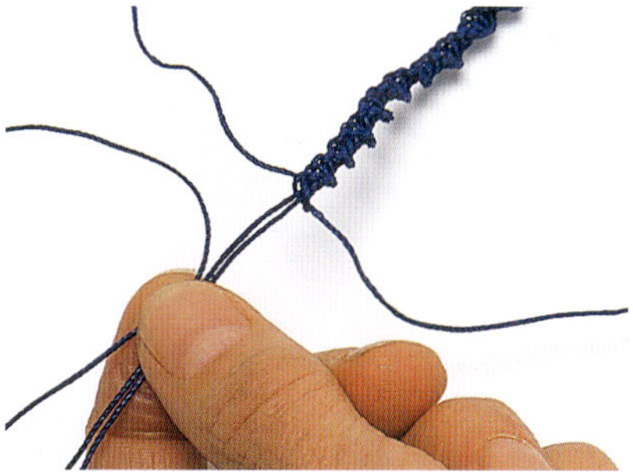

1 Am anderen Ende der Kette die Position des Knopflochs festlegen und ein neues Stück Faden hinzunehmen.

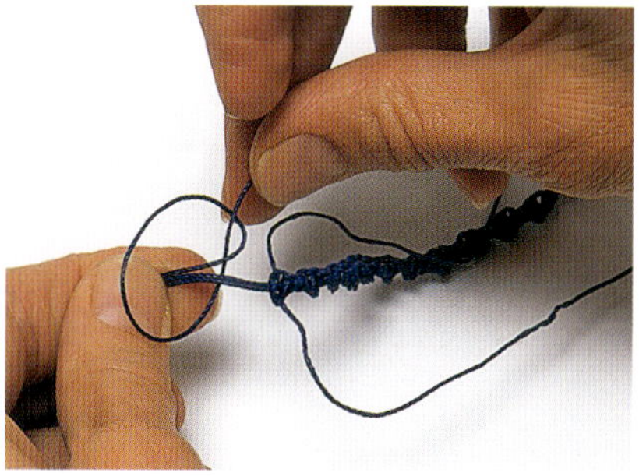

2 Die Mitte des neuen Fadenstücks fest um die Seele knoten. Nun mit den Enden des neuen Fadens weitere Zierknoten arbeiten, bis das Knopfloch die passende Größe hat.

Das Knopfloch genau passend für den Knopf oder die Verschlussperle arbeiten.

3 Das Knopfloch zur Schlaufe biegen.

Die letzten Knoten sehr gut festziehen.

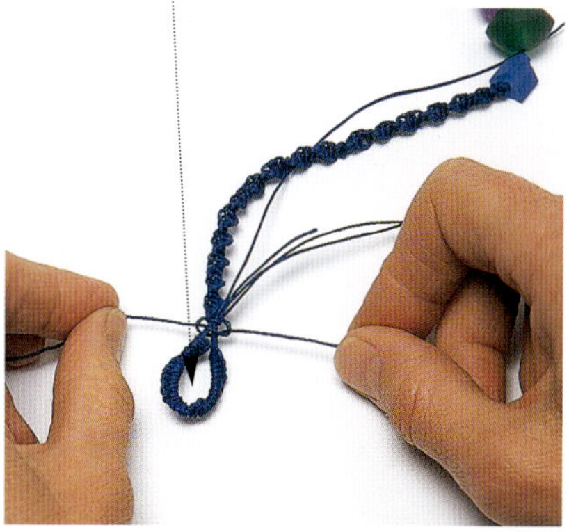

4 Mit den Arbeitsfäden des Knopflochs Zierknoten über alle anderen Fäden binden, gut festziehen, vernähen und abschneiden.

Perlen und Draht

Drähte eröffnen faszinierende Gestaltungsmöglichkeiten, zumal das Angebot von Schmuckdrähten in verschiedenen Stärken und Qualitäten inzwischen sehr groß und vielfältig ist. In diesem Kapitel lernen Sie Techniken zur Verarbeitung von Perlen und Draht kennen, die sich für viele interessante Schmuckmodelle eignen.

Schnell und einfach: hübsche Ohrhänger.

Ohrhänger mit Endstücken

Wer wenig Übung im Arbeiten mit Draht hat, sollte mit Ohrhängern aus Niet- oder Kettelstiften beginnen. Beide Fertigteile bestehen aus einem langen Stück Draht mit einem „Stopper" am Ende. Nietstifte enden in einer kleinen, flachen Verdickung, Kettelstifte in einer winzigen Öse. Niet- und Kettelstifte gibt es in verschiedenen Längen. Kalkulieren Sie bei der Wahl der Länge etwa 8 mm für den oberen Abschluss ein.

ARBEITEN MIT NIET- UND KETTELSTIFTEN

Für diesen Ohrring verwenden wir einen Kettelstift, eine große und einige darauf abgestimmte kleinere Perlen.

DAS BRAUCHEN SIE

- zwei Kettelstifte
- Seitenschneider
- Rundzange
- zwei Ohrhaken

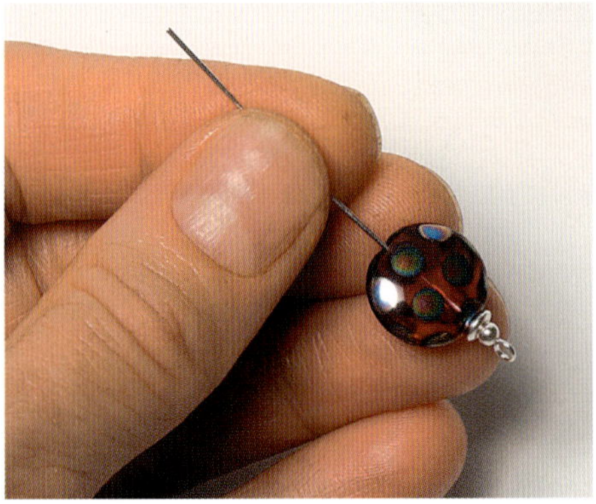

1 Die Perlen auf den Kettelstift ziehen. Meist ist es günstig, zuunterst und zuoberst eine kleine Perle zu verwenden, damit die übrigen Perlen gut „sitzen".

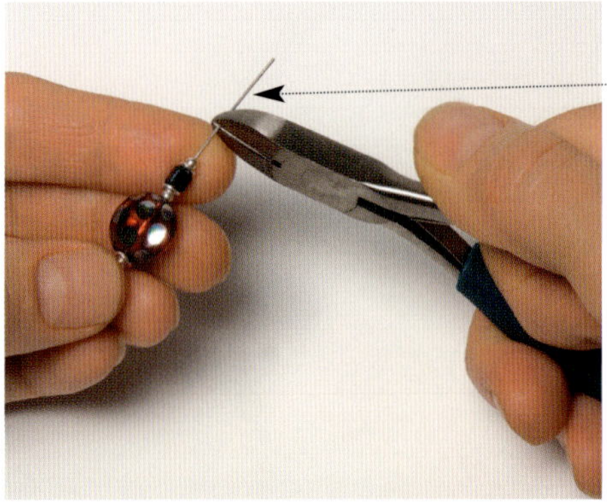

Verwenden Sie für Ohrhänger Niet- oder Kettelstifte aus gehärtetem Metall.

2 Den Kettelstift mit einem Seitenschneider etwa 8 mm oberhalb der Perlen abknipsen.

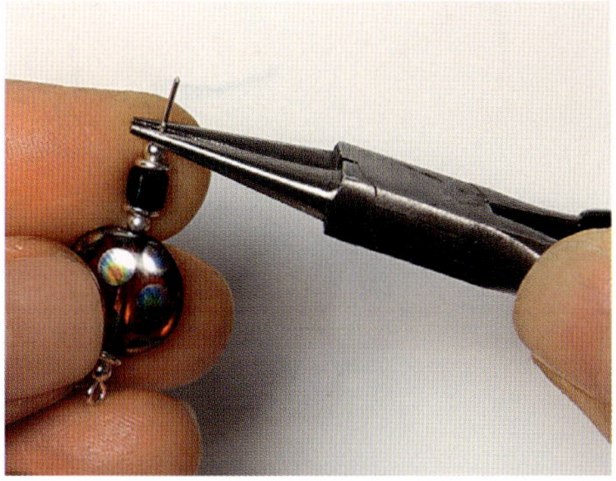

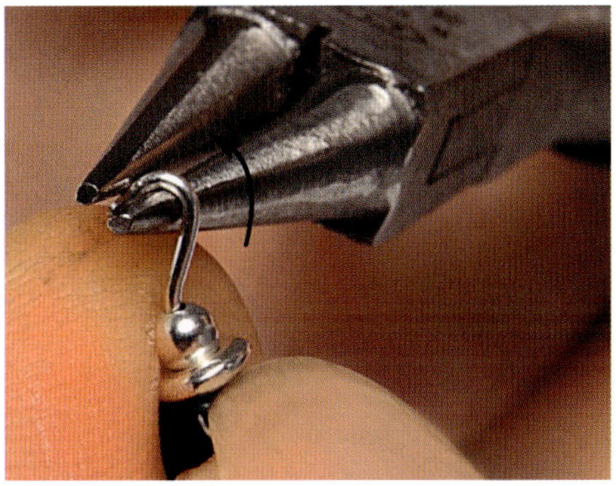

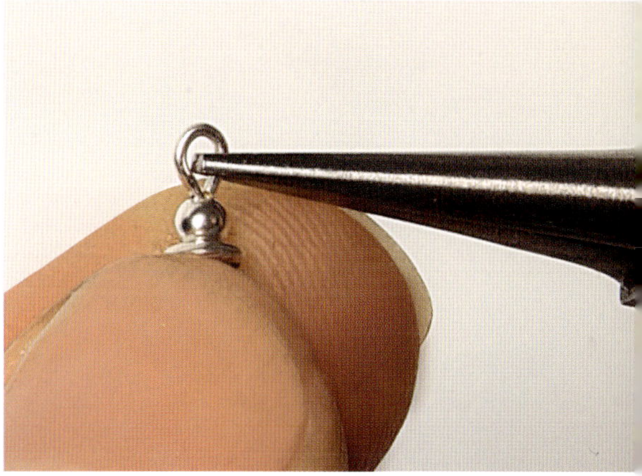

3 Die Perlen auf dem Kettelstift mit Daumen und Zeigefinger festhalten, mit dem Mittelfinger das Drahtende stützen. Eine Rundzange direkt über den Perlen ansetzen und den Draht 45° zum Körper hin biegen.

4 Jetzt das obere Drahtende mit der Zange greifen und vom Körper weg zur Schlaufe biegen. Gelingt das nicht in einem Zug, die Zange einfach mehrmals ansetzen, bis die Schlaufe rund ist.

5 Falls nötig, die Schlaufe mit der Zange nochmals korrigieren.

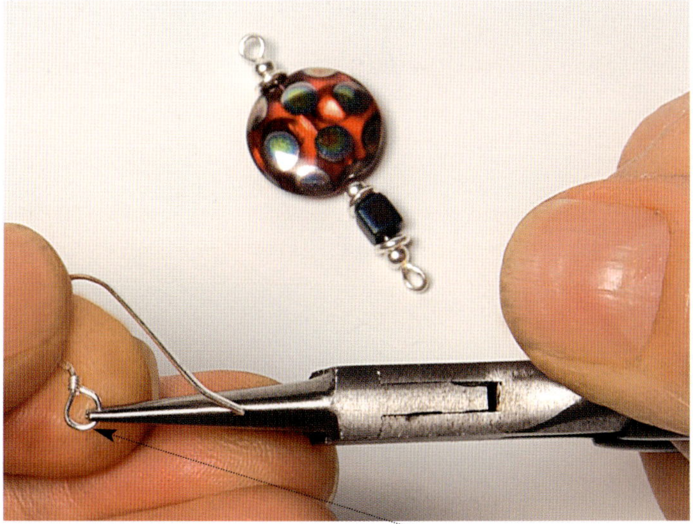

6 Die Öse eines Ohrhakens mit der Zange seitwärts ein kleines Stück aufbiegen. Den Schmuckhänger einhaken.

Verwenden Sie möglichst Ohrhaken aus Edelmetall wie Silber oder Gold.

7 Die Öse des Ohrhakens mit der Zange wieder schließen. Den zweiten Ohrring ebenso arbeiten.

SIEHE AUCH
⇨ ENDSTÜCKE SEITE 24–25

Ohrhänger mit einfachen Schlaufen.

Ohrhänger mit Draht

Natürlich kann man anstelle fertiger Nietstifte auch Draht benutzen, um die Perlen für Ohrhänger aufzuziehen. Empfehlenswert sind Drähte mit 0,6 oder 0,8 mm Durchmesser, Sie können aber auch andere Stärken ausprobieren. Bei der Wahl der Drahtstärke muss das Gewicht der Perlen berücksichtigt werden. Bedenken Sie auch, dass das Biegen von Drähten mit 1,0 oder 1,2 mm erheblich mehr Kraft erfordert. Schneiden Sie die Drahtstücke großzügig zu und üben Sie das Biegen der Schlaufen zuerst mit preiswertem Kupferdraht oder versilbertem Draht. Wir haben mit versilbertem Draht mit 0,6 mm Durchmesser gearbeitet.

EINFACHE SCHLAUFEN

Einsteiger sollten mit einfachen Schlaufen beginnen, die meist völlig ausreichen, um die wenigen Perlen für einen Ohrring zu fixieren.

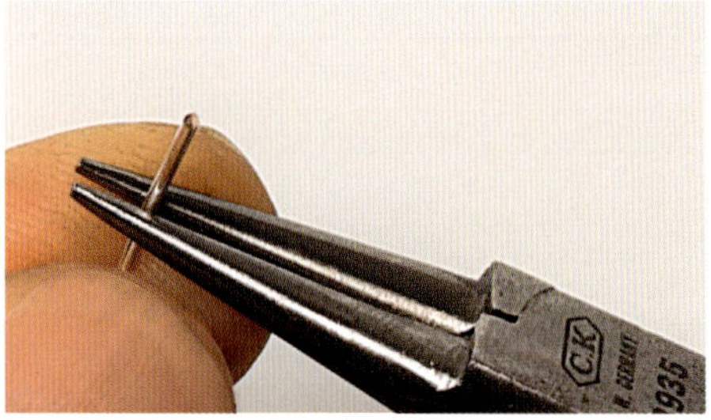

1 Mit einem Seitenschneider zwei großzügige Stücke Draht zuschneiden. Eine Rundzange 5 mm unter einem Ende ansetzen und den Draht 45° zum Körper hin biegen.

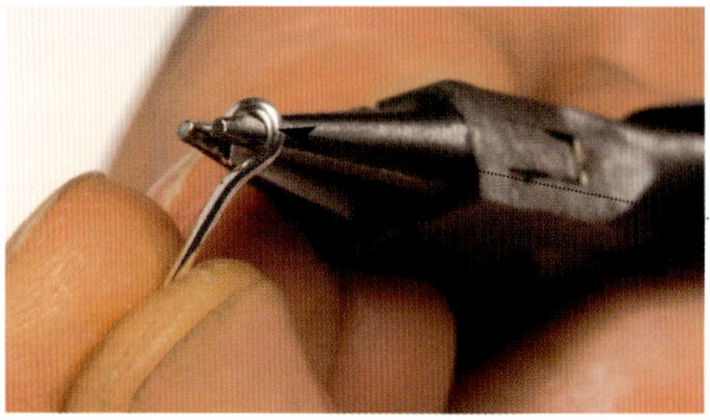

Die Größe der Schlaufe hängt davon ab, wie man die Zange ansetzt. Fasst man mit den Spitzen zu, wird die Schlaufe sehr klein.

2 Die Spitzen der Zange am Drahtende ansetzen und den Draht vom Körper weg zu einer runden Schlaufe biegen. Falls nötig, die Zange nochmals ansetzen, um die Form zu korrigieren.

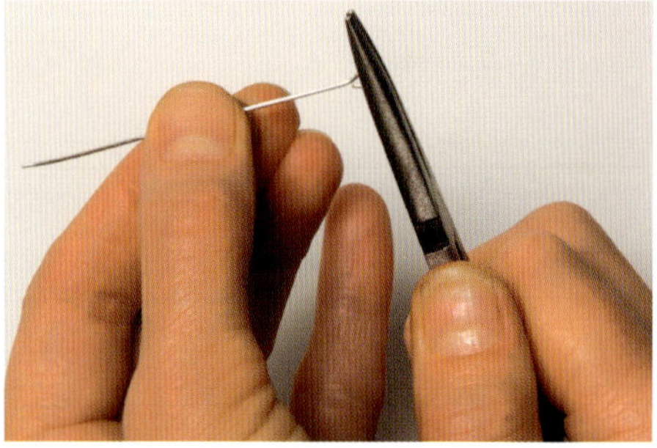

3 Mit einer Flachzange oder den Fingern mehrmals über den Draht streichen, um ihn zu glätten und zu stabilisieren.

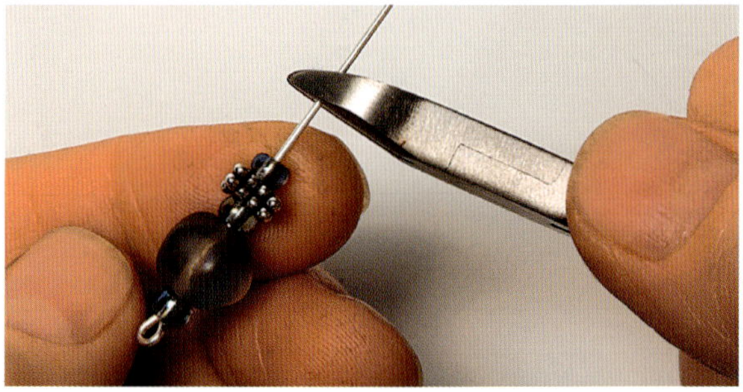

4 Nun die Perlen aufziehen und als Abschluss eine zweite Schlaufe biegen, wie in Schritt 2–7 auf Seite 58–59 beschrieben. Den zweiten Ohrhänger ebenso arbeiten.

DAS BRAUCHEN SIE

- Draht
- Seitenschneider
- Rund- und Flachzange
- zwei Ohrhaken

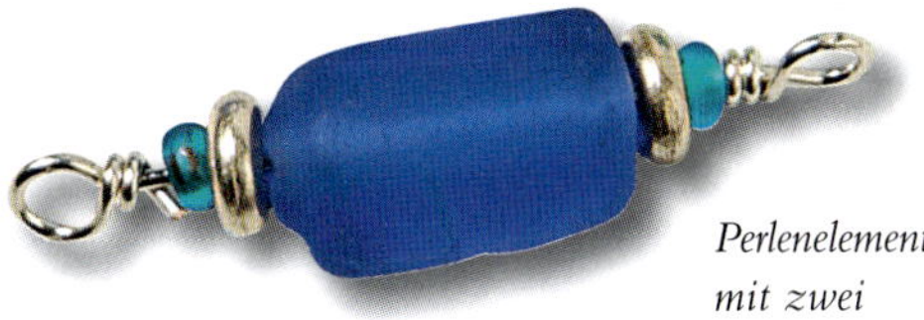

Perlenelement mit zwei geschlossenen Schlaufen.

GESCHLOSSENE SCHLAUFEN

Geschlossene Schlaufen sehen professionell aus und sind sehr stabil.

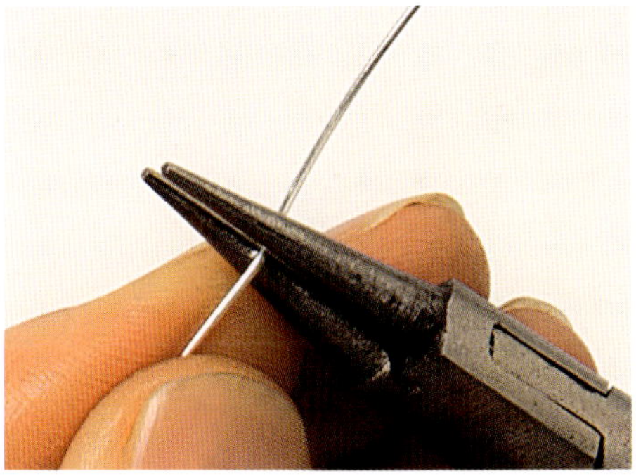

1 Zwei Stücke Draht zuschneiden, die mindestens 6 cm länger als das Perlenarrangement sind. Den Draht mit einer Rundzange fassen und gegen den Uhrzeigersinn eine Schlaufe biegen. Dabei ein Stück Draht zum Schließen der Schlaufe überstehen lassen. Experimentieren Sie, bis Sie ein Gefühl dafür haben, wie groß Schlaufe und Überstand genau sein müssen.

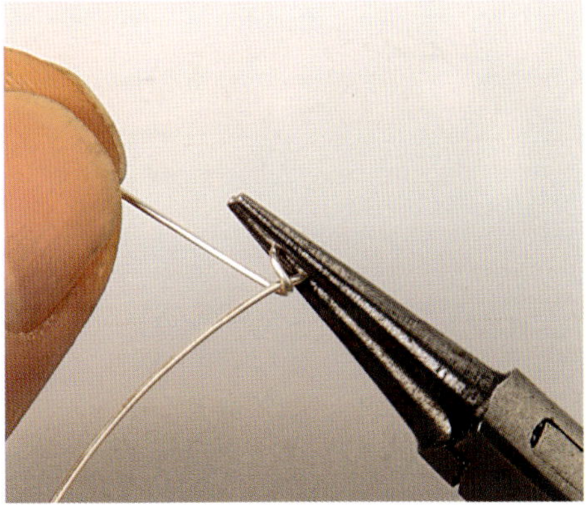

2 Die Schlaufe flach zwischen den Backen der Zange halten und das überstehende Drahtende mit Daumen und Zeigefinger um den Draht unter der Schlaufe wickeln. Den Draht mit der Zange gut festhalten, aber nicht zerdrücken.

3 Nach zwei oder drei Windungen das Drahtende sauber mit einem Seitenschneider abknipsen.

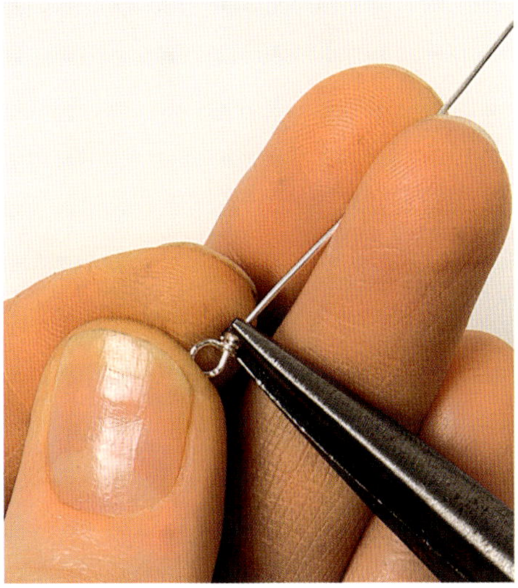

4 Das scharfe Drahtende mit einer Flachzange fest in die Spiralwindung drücken. Damit ist die geschlossene Schlaufe fertig.

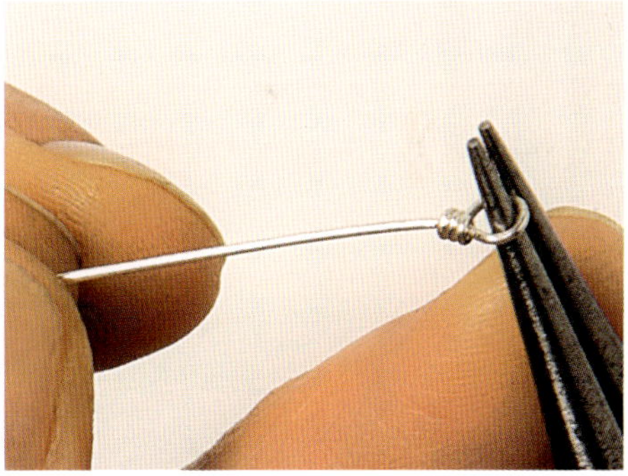

5 Eine Rundzange in die Schlaufe schieben, um ihre Form zu korrigieren und sie mittig auf dem Draht auszurichten.

DAS BRAUCHEN SIE

- Draht
- Seitenschneider
- Rund- und Flachzange
- zwei Ohrhaken

6 Nun die gewünschten Perlen aufziehen. Beginnen Sie über der geschlossenen Schlaufe mit einer kleinen Perle.

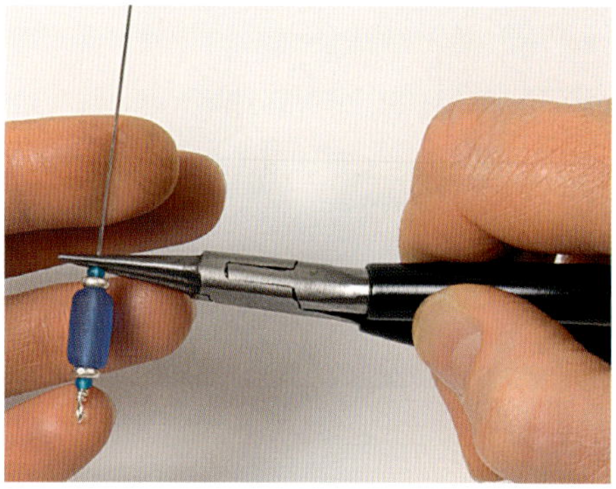

7 Über der letzten Perle eine Rundzange ansetzen und den Draht zum Körper hin biegen. Sie werden bald ein Gefühl für den nötigen Abstand zwischen Perle und Zange bekommen, der für eine geschlossene Schlaufe nötig ist.

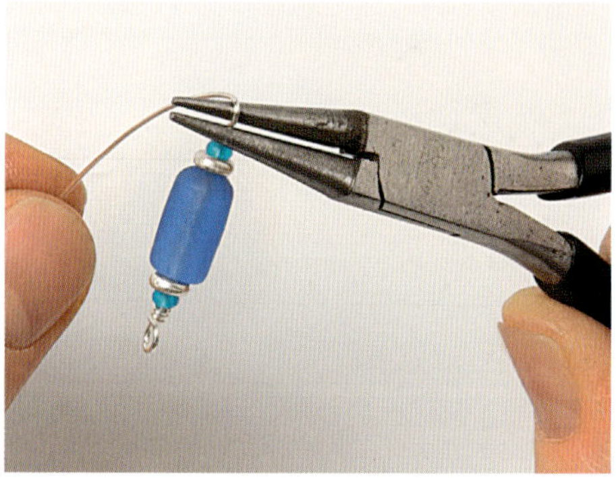

8 Die Zange fast senkrecht über den Perlen ansetzen und den Draht mit Daumen und Zeigefinger vom Körper weg über die obere Backe biegen. Diese zweite Schlaufe soll so groß wie die erste ausfallen. Planen Sie etwas Abstand für die Wicklungen ein, mit denen die Schlaufe geschlossen wird.

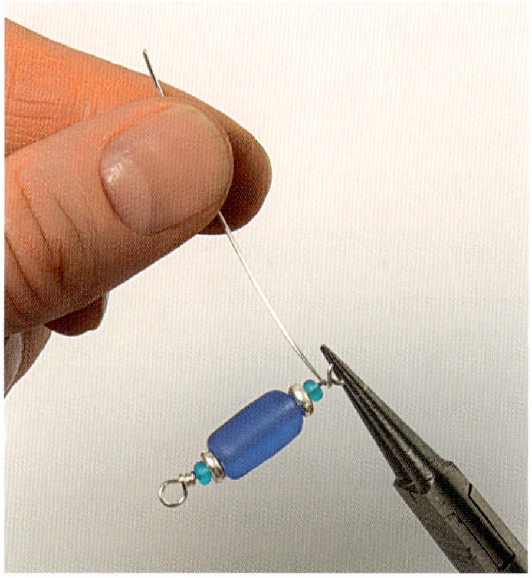

9 Die Schlaufe mit der Zange gut festhalten, das Drahtende in die andere Hand nehmen und zwischen Perlen und Schlaufe so viele Windungen um den Draht legen, wie bei der unteren Schlaufe gewählt wurden.

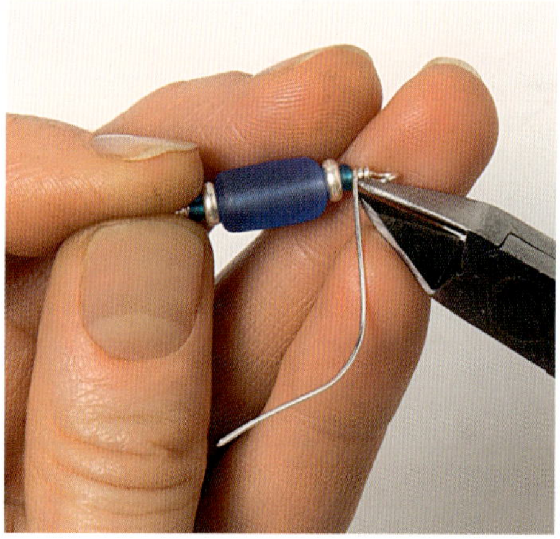

10 Das Drahtende mit dem Seitenschneider abknipsen.

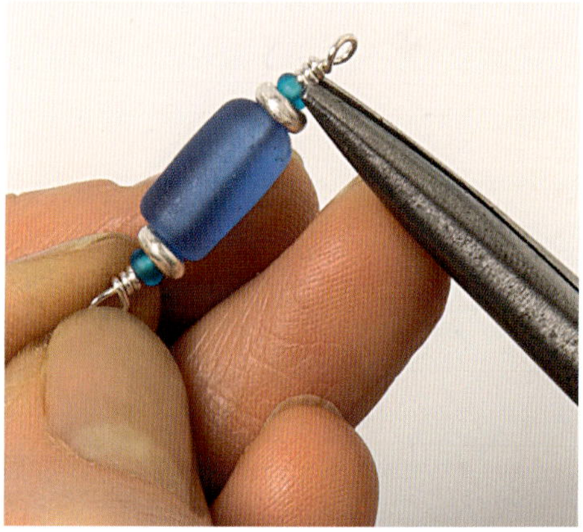

11 Das Drahtende mit der Flachzange zwischen die Spiralwindungen drücken.

SIEHE AUCH

⇨ENDSTÜCKE SEITE 24–25

⇨KETTE MIT GESCHLOSSENEN SCHLAUFEN SEITE 6

Mit etwas Übung werden Ihre Ohrhaken so gut wie die gekauften aussehen.

Ohrhaken biegen

Natürlich kann man Ohrhaken fertig kaufen – der Fachhandel hält ein Sortiment verschiedener Typen bereit. Es macht aber auch Spaß, sie selbst zu biegen. Üben Sie zuerst ruhig mit preiswertem Draht. Für Ohrhaken, die Sie tragen wollen, sollten Sie aber Draht aus Sterlingsilber oder Gold in 0,6 bis 0,8 mm Stärke verwenden.

EINFACHE OHRHAKEN

Hammer und Amboss können hier gute Dienste tun.

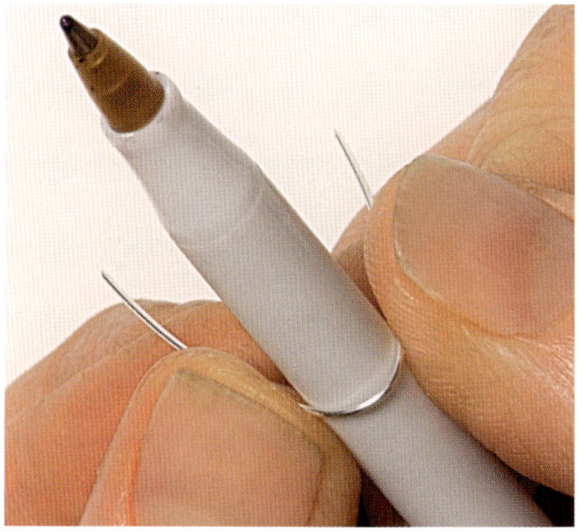

1 Zwei Stücke Draht von ca. 5 cm Länge zuschneiden und nicht ganz symmetrisch über einem Kugelschreiber rund biegen.

Wer mag, umwickelt den Ohrhaken zur Dekoration mit etwas dünnem Draht.

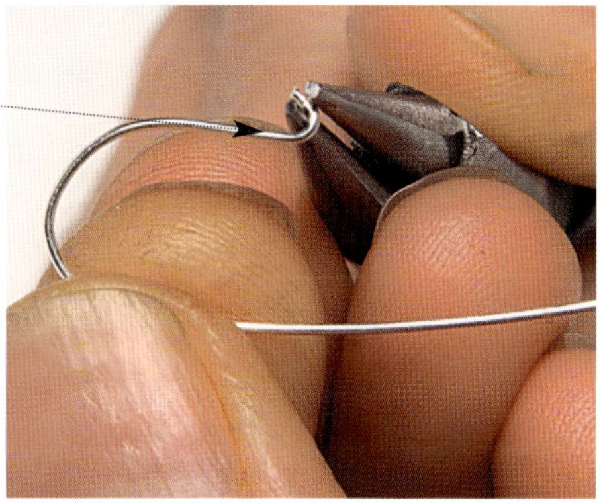

2 Mit einer Rundzange in das kürzere Ende eine Öse biegen.

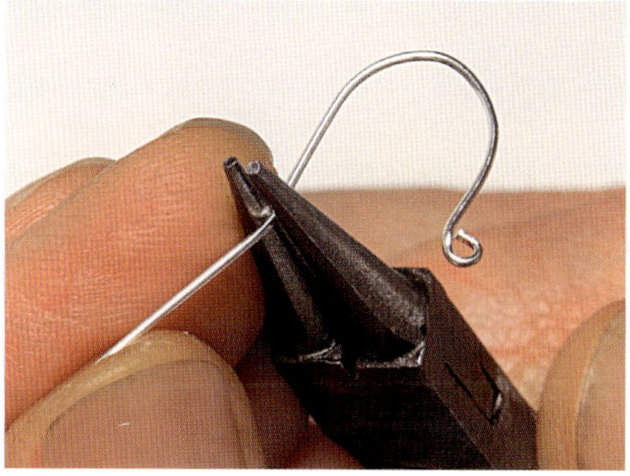

3 Das längere Ende auf Höhe der Öse leicht nach außen biegen.

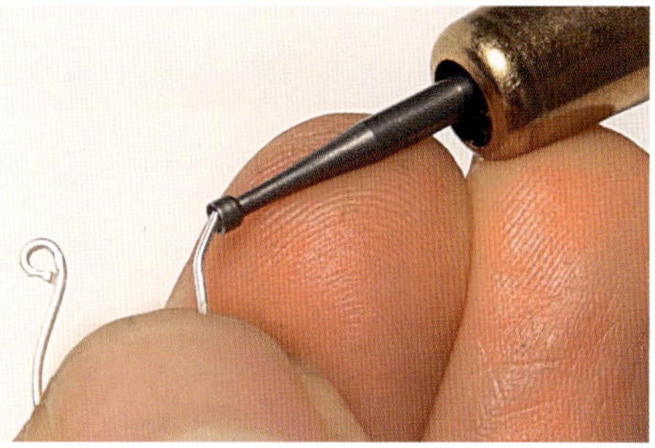

4 Den Draht kurz hinter der Biegung abschneiden. Das Ende, das durch das Ohrloch gesteckt wird, mit einer Reibahle oder einer kleinen Feile sorgfältig glätten.

5 Die Rundung des Ohrhakens kann nun auf dem Amboss gehämmert werden, um sie zu verstärken. Den zweiten Ohrhaken ebenso biegen.

DAS BRAUCHEN SIE

- Draht
- Seitenschneider
- Kugelschreiber
- Rundzange
- Reibahle oder kleine Feile
- Hammer und Amboss (bei Bedarf)

Lapis- und Silberperlen auf Zickzackhaken mit geschlossenen Schlaufen.

OHRHAKEN MIT GESCHLOSSENER SCHLAUFE

Eine Technik für schlichte und verzierte Ohrhaken.

Sie könnten oberhalb der Wicklung eine kleine Zierperle aufziehen.

1 Zwei Stücke Draht von ca. 6,5–7 cm Länge zuschneiden und jeweils an einem Ende eine geschlossene Schlaufe biegen. Arbeiten Sie dabei gemäß Schritt 1–4 auf Seite 61–62. Die Drähte über einem Kugelschreiber rund biegen. Dabei soll das Ende ohne Schlaufe länger sein.

DAS BRAUCHEN SIE

- Draht
- Seitenschneider
- Kugelschreiber
- Rund- und Flachzange
- Reibahle oder kleine Feile
- Hammer und Amboss (bei Bedarf)

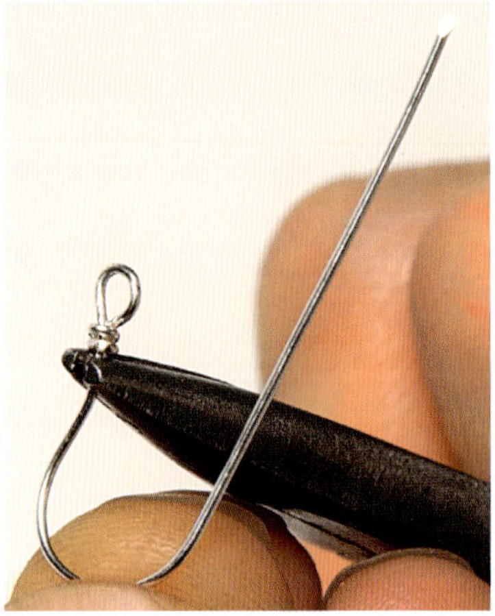

2 Die Krümmung über der Schlaufe vorsichtig etwas begradigen.

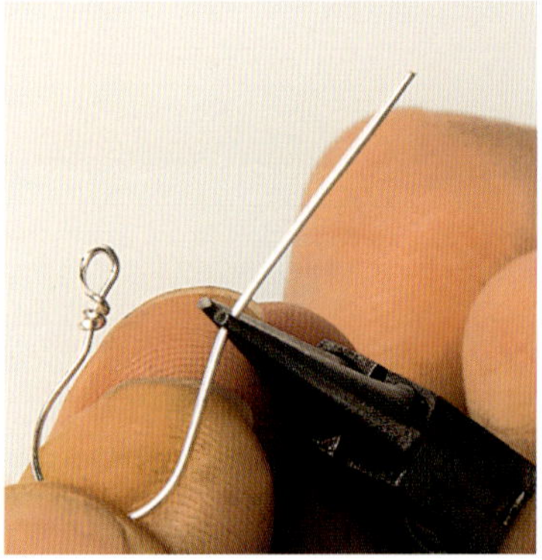

3 Den Draht gegenüber der Schlaufe leicht nach außen abwinkeln. Den Haken fertig stellen, wie in Schritt 4–5 auf Seite 63 beschrieben. Den zweiten Ohrhaken ebenso biegen.

SIEHE AUCH

⇨GESCHLOSSENE SCHLAUFEN SEITE 61–62

Ohrschmuck mit Spiralsteckern.

OHRSTECKER

Rohlinge zum Aufkleben von Perlen oder Schmucksteinen kann man kaufen oder selbst herstellen. Schmuck, der im Ohrloch getragen wird, sollte immer aus Sterlingsilber oder Gold bestehen. Zum Üben können Sie aber gern preiswerteres Material verwenden.

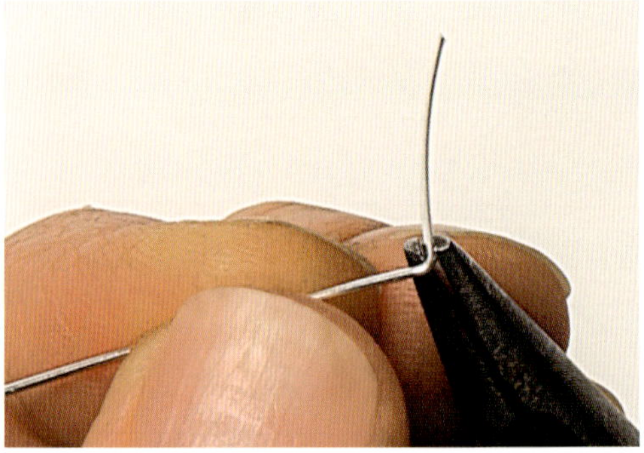

Spiralstecker

1 Zwei Stücke Draht von 10 cm Länge zuschneiden. Eine Flachzange in 2 cm Abstand zu einem Ende ansetzen und den Draht rechtwinklig abknicken. Das längere Ende mit den Fingern oder der Zange glätten und stabilisieren.

DAS BRAUCHEN SIE

- Draht
- Seitenschneider
- Rund- und Flachzange
- Reibahle oder kleine Feile
- zwei Ohrmuttern

Mit einer hochwertigen Zange mit dünnen Spitzen gelingen sehr saubere Schlaufen.

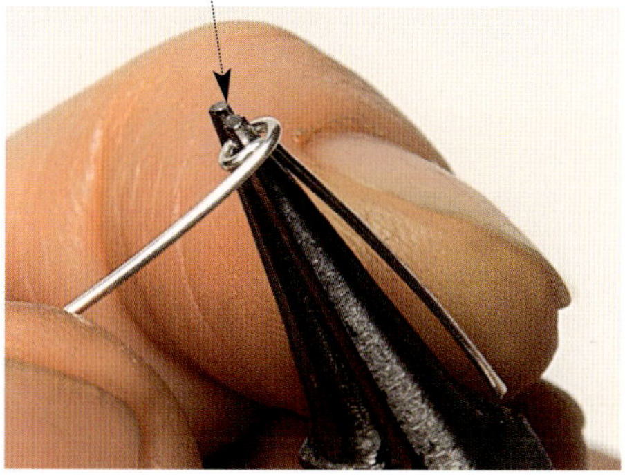

2 Die äußerste Spitze einer Rundzange so im gebogenen Winkel ansetzen, dass die Zange parallel zum kurzen Drahtende liegt. Das lange Drahtende um die Zangenspitze biegen, um eine kleine, flache Spirale zu erhalten.

Den Draht mit der Zange gut festhalten, aber möglichst nicht beschädigen.

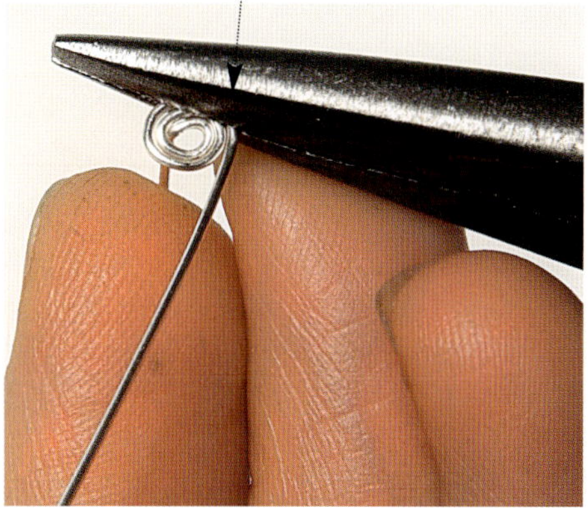

3 Die Spirale mit der Flachzange fassen und den Draht vorsichtig mit den Fingern weiter biegen, um die Spirale zu vergrößern.

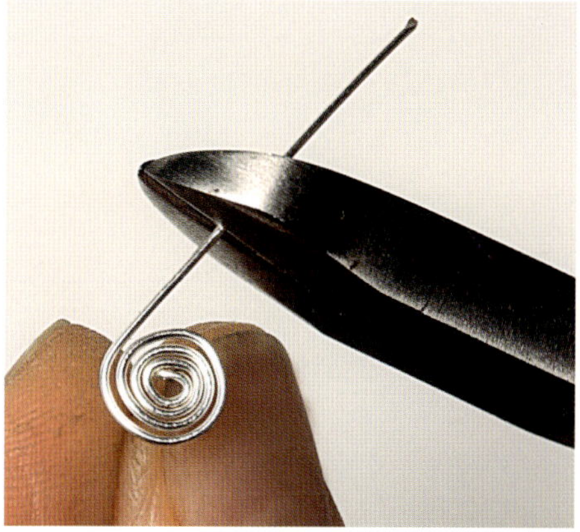

4 Soll ein Hänger am Stecker befestigt werden, schneiden Sie den Draht etwa 8 mm unter der Spirale ab und biegen mit der Spitze der Rundzange eine kleine Öse zum Einhaken des Hängers.

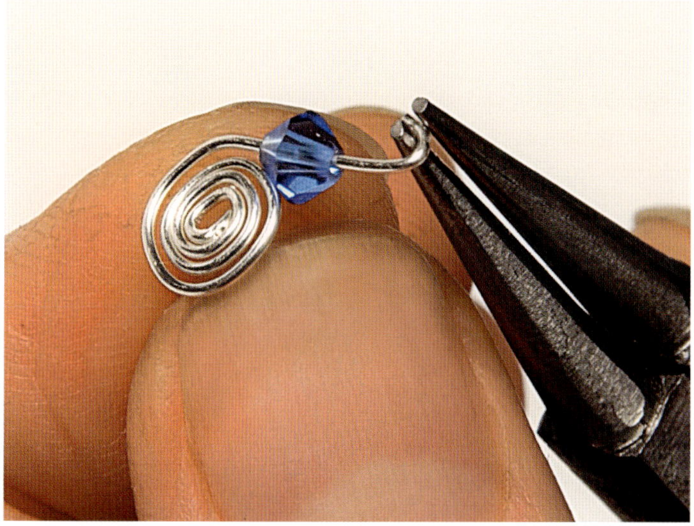

5 Sie können auch eine Perle auf den Draht ziehen, das Ende 5 mm darunter abknipsen und mit der Rundzange eine winzige Stopperschlaufe biegen.

6 Den rechtwinklig abstehenden Draht, der durch das Ohrloch geschoben wird, auf die richtige Länge schneiden und mit einer Feile oder Reibahle glätten. Für den zweiten Stecker die Spirale in entgegengesetzter Richtung wickeln! Ohrmuttern auf die beiden Stecker schieben.

SIEHE AUCH

⇨EINFACHE SCHLAUFEN SEITE 60
⇨ENDSTÜCKE SEITE 24–25
⇨SPIRALEN SEITE 76

Anhänger mit geschlossenen Ösen.

Ketten und Anhänger

Eine wichtige Rolle spielt Draht auch bei der Herstellung von Ketten und bei der Befestigung von Anhängern. Normalerweise arbeitet man mit geschlossenen Schlaufen, um Ketten aus gleichen oder unterschiedlichen Segmenten zusammenzufügen.

KETTE MIT GESCHLOSSENEN SCHLAUFEN

Kettensegmente sollten immer geschlossene Schlaufen haben, weil sie Zugbelastung besser verkraften.

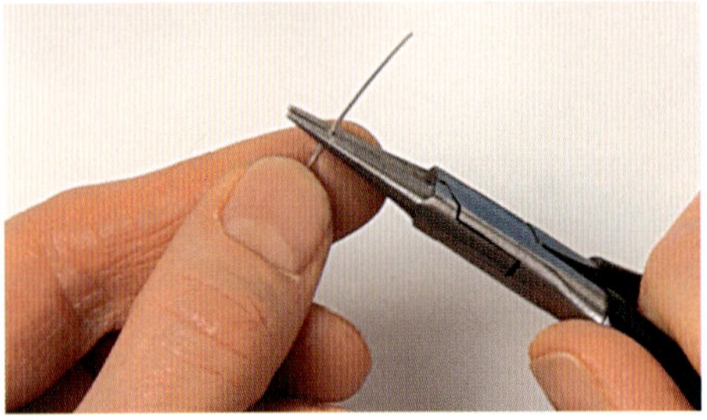

1 Zwei Stücke Draht in der Länge der gewünschten Kettensegmente abmessen und 6 cm zugeben. Ein Stück beiseite legen. Das erste Kettensegment nach der Anleitung für geschlossene Schlaufen auf Seite 61–62 arbeiten. Anschließend das beiseite gelegte Stück anhand des Drahtverschnitts des verarbeiteten Stücks kürzen und in der entsprechenden Länge weitere Stücke für die ganze Kette zuschneiden.

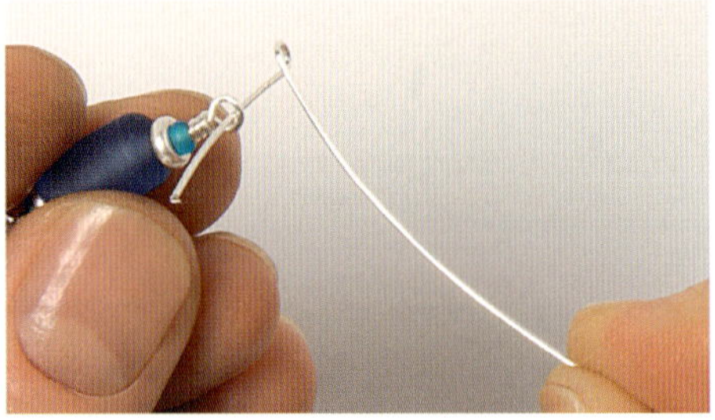

2 In eins der zugeschnittenen Drahtstücke die erste Schlaufe biegen und in die Schlaufe eines fertigen Segments einhaken.

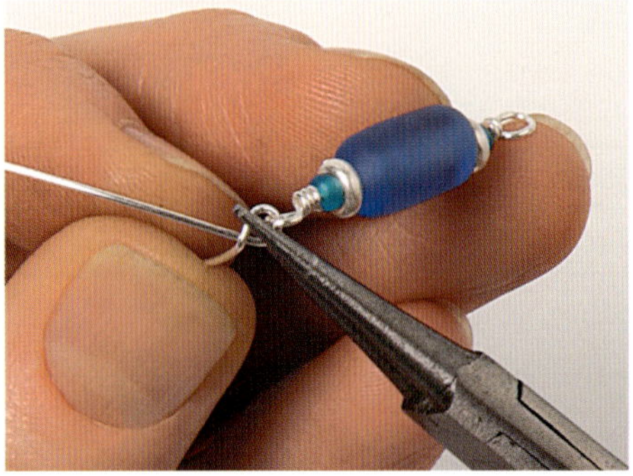

3 Das Drahtende wickeln, um die Schlaufe zu schließen, dann abknipsen und wie üblich glätten.

4 Die Perlen aufziehen – entweder ebenso wie beim ersten Segment oder auch anders – und am oberen Ende eine geschlossene Schlaufe biegen.

5 Fortlaufend wiederholen, bis die Kette fertig ist. Die Schlaufen sollten nicht zu eng sein, damit die Segmente sich bewegen können. Mit etwas Übung werden Sie wissen, wie man die Schlaufen abwinkeln muss, damit die Kette schön fällt. Zum Schluss einen fertigen oder selbst gemachten Verschluss (siehe Seite 69–72) anbringen.

DAS BRAUCHEN SIE

- Draht
- Seitenschneider
- Rund- und Flachzange

Anhänger mit geschlossenen Schlaufen an einer Silberkette.

ANHÄNGER MIT GESCHLOSSENER SCHLAUFE

Das Material der Kette bestimmt die Größe der Aufhängerschlaufe.

1 Die Schlaufe an einem Anhänger wird ebenso gebogen wie an einem Ohrhänger (siehe Seite 61) oder einem Kettensegment (siehe Seite 66). Die Größe der Schlaufe bestimmen Sie dadurch, dass Sie den Draht um die Spitze, die Mitte oder das Ende der Zangenbacke biegen.

2 Vor dem Zudrehen der Schlaufe die Kette einlegen. Dann das überstehende Drahtende mehrmals in Richtung der Schmuckperlen um den Draht wickeln, damit der Kettenverschluss nicht durch die Schlaufe rutschen kann.

DAS BRAUCHEN SIE

- Draht
- Seitenschneider
- Flach- und Rundzange

AUFHÄNGUNG AUS DRAHT

Manchmal möchte man Fundstücke mit einem Loch als Kettenanhänger oder Ohrring umfunktionieren.

Eine runde Glasscheibe mit Drahtaufhänger an einem Wildlederband.

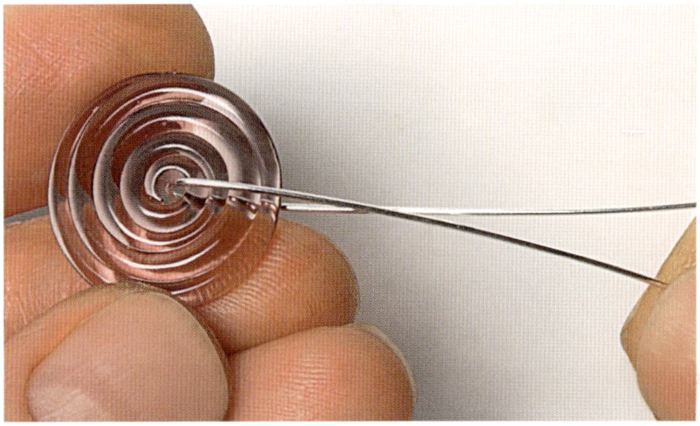

1 Ein großzügiges Stück Draht abschneiden, durch das Loch des Anhängers ziehen und biegen. Sie können auf der Vorderseite des Anhängers auch einige kleine Perlen auf den Draht ziehen.

DAS BRAUCHEN SIE

- Draht
- Seitenschneider
- Flach- und Rundzange
- flacher Anhänger mit Loch in der Mitte

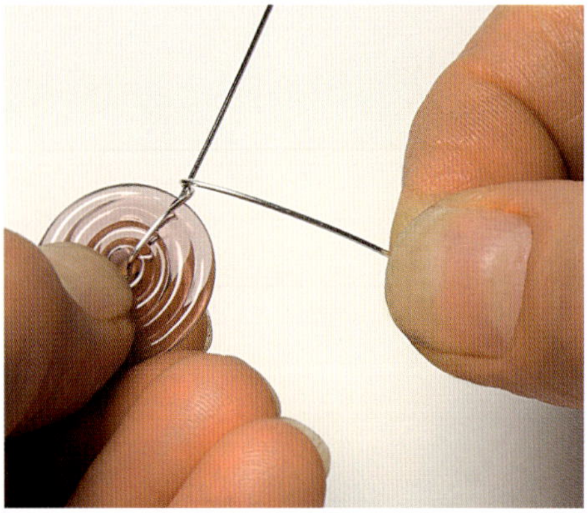

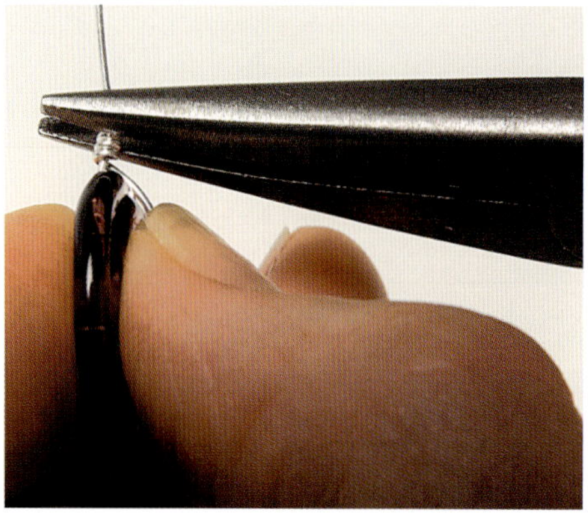

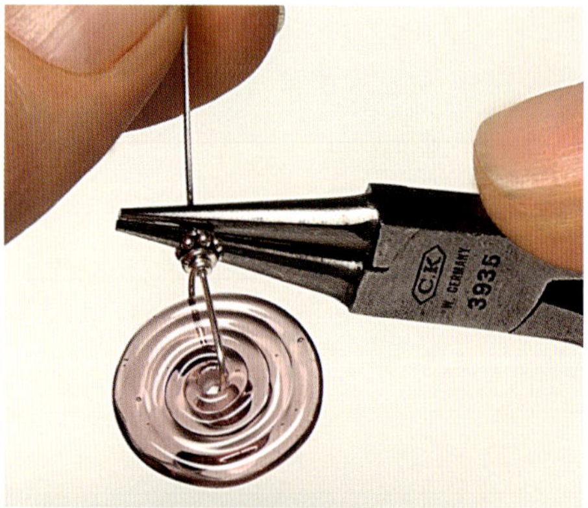

2 Ein Drahtende oberhalb des Anhängers zwei- oder dreimal um das andere wickeln. Dabei etwas Platz lassen, damit der Anhänger schwingen kann.

3 Den überstehenden Draht abknipsen und das Ende mit der Flachzange glatt andrücken.

4 Eine Perle aufziehen, um zwischen den beiden Drahtwicklungen ein kleines Schmuckelement einzufügen. Eine Rundzange flach über der Perle ansetzen und den Draht zum Körper hin biegen.

Durch die konischen Backen der Rundzange lässt sich die Schlaufengröße leicht variieren.

6 Das Drahtende unter der Schlaufe mehrmals wickeln, dann abschneiden und das Ende mit der Flachzange glätten.

5 Die Zange fast senkrecht über dem Anhänger ansetzen und den Draht mit Zeigefinger und Daumen über die obere Zangenbacke biegen. Soll der Anhänger an einer dicken Kordel getragen werden, darf die Schlaufe nicht zu klein werden.

SIEHE AUCH
⇨GESCHLOSSENE SCHLAUFEN SEITE 61–62

Indonesische Glasperlen auf Memorydraht mit Kette und fertigem Verschlusshaken.

Verschlüsse und Endstücke

Im Fachhandel findet man eine gute Auswahl fertiger Verschlüsse und Endstücke, die leicht zu montieren sind. Wer möchte, kann aber auch ganz individuelle Verschlüsse selbst herstellen. Es ist kaum schwieriger als das Biegen von Ohrhaken. Ausprobieren!

ANBRINGEN EINES VERSCHLUSSES MIT DRAHT

Für diese Methode brauchen Sie einen fertigen Verschluss und ein Stück Kette.

Den Draht nicht zu kurz schneiden.

1 Ein Stück Draht mit einer geschlossenen Schlaufe (siehe Seite 61) am Ende einer Kette befestigen. Eine Silberkugel oder eine kleine Perle aufziehen. Die Rundzange knapp oberhalb der Perle ansetzen, um genug Platz für die zweite Wicklung zu haben, und eine etwas größere Schlaufe biegen.

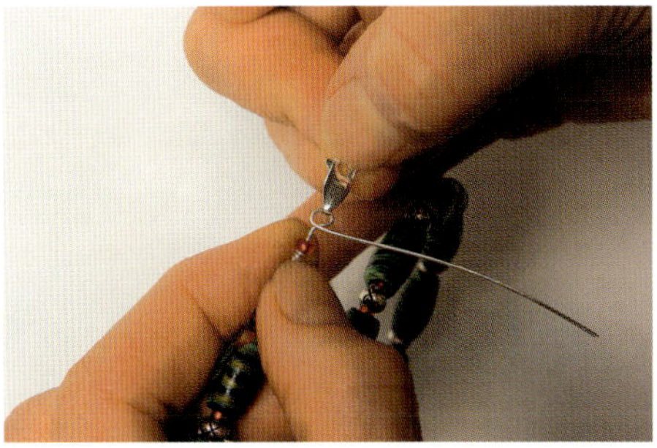

2 Einen fertigen Verschluss seitwärts aufbiegen und in die Schlaufe einhängen.

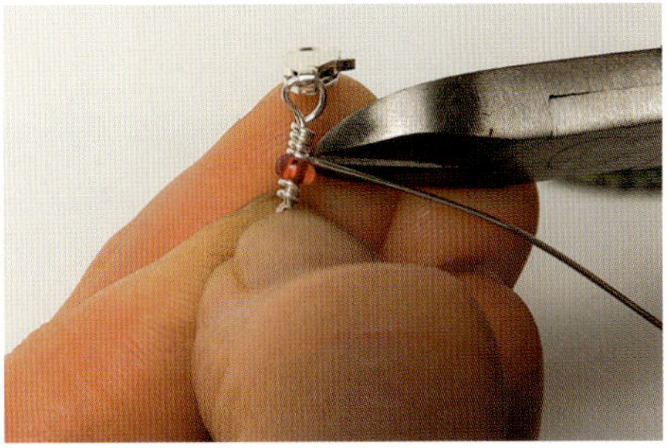

3 Das Drahtende in Richtung der kleinen Perle wickeln, abkneifen und mit der Flachzange glätten (siehe auch geschlossene Schlaufe, Seite 61–62).

Die Kette ist verstellbar: Der Verschluss kann in jedes Glied eingehakt werden.

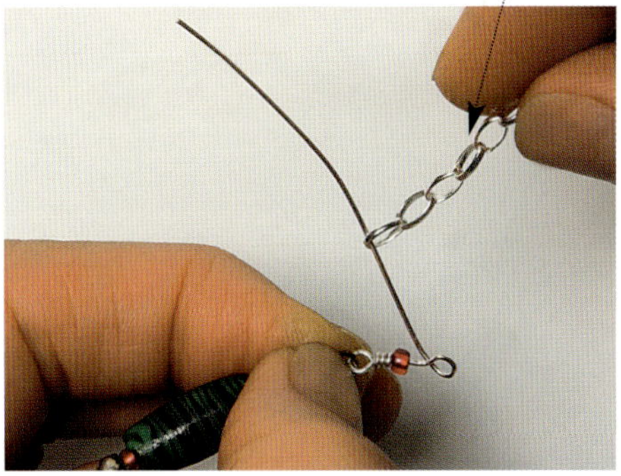

4 Das andere Ende ebenso verarbeiten, jedoch statt des Verschlusses das letzte Glied einer kurzen Kette einhängen. Soll der Verschluss mittig sitzen, setzen Sie an beiden Enden Kettenstücke gleicher Länge an.

DAS BRAUCHEN SIE

- Draht
- Seitenschneider
- winzige Silberkugeln oder passende Perlen
- Rund- und Flachzange
- gekaufter Verschlusshaken
- ein Stück Kette

EINFACHE HAKEN

Der einfachste Verschluss für eine Halskette besteht aus einem schlichten Haken und einer Öse.

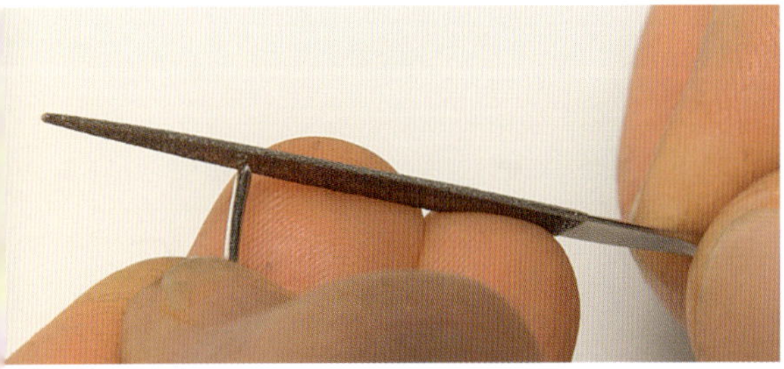

1 Ein 5 cm langes Stück Draht abschneiden und ein Ende glatt feilen.

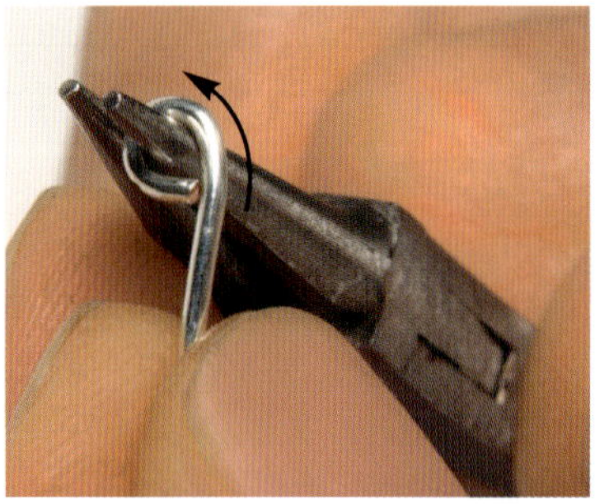

2 In das glatte Ende mit der Rundzange eine ordentliche Schlaufe biegen.

Hier kann der Haken mit feinem Draht umwickelt werden.

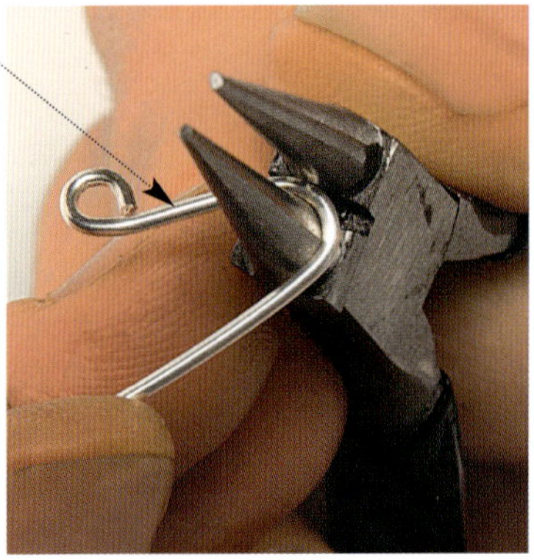

3 Den Draht um das Ende der Zangenbacke biegen, um den Haken zu formen.

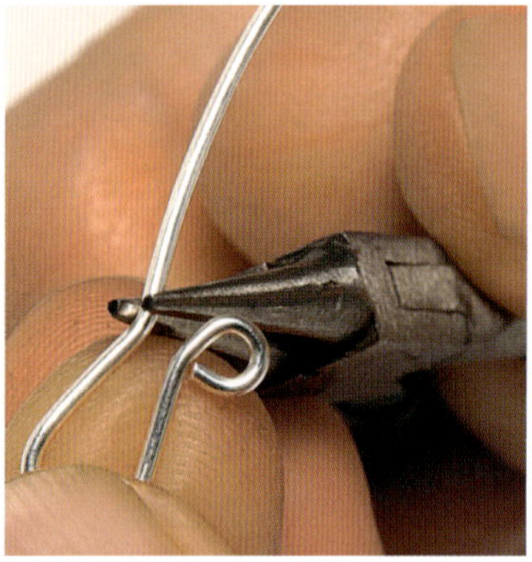

4 Den Draht gegenüber der Schlaufe leicht nach außen abwinkeln, dann abkneifen und auch dieses Ende glatt feilen. Sie können auch in beide Enden kleine Schlaufen biegen oder den Haken mit feinem Draht verzieren.

DAS BRAUCHEN SIE

- 1,0 mm starken Draht
- Seitenschneider
- Reibahle oder kleine Feile
- Rund- und Flachzange

SIEHE AUCH
⇨EINFACHE SCHLAUFEN SEITE 60

BIEGERINGE

Solche Ringe eignen sich als Dekorelement, aber auch als Gegenstück zum einfachen Haken.

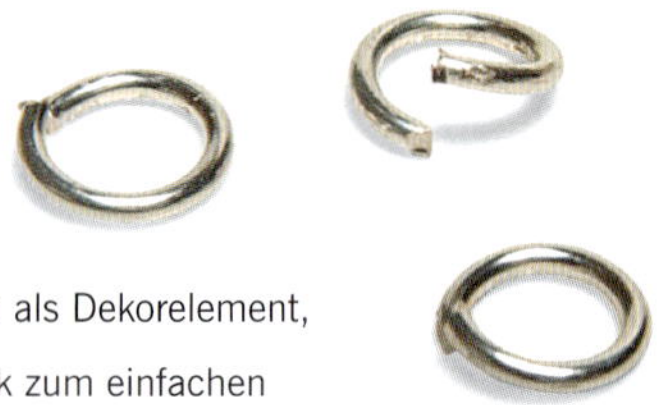

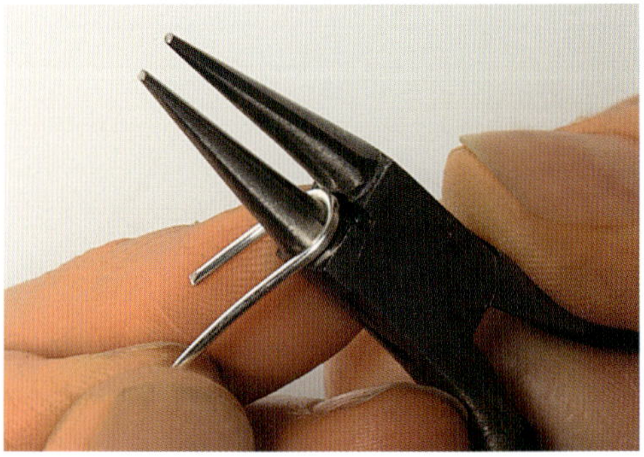

1 Ein Stück Draht um das dicke Ende einer Backe der Rundzange legen.

Für größere oder kleinere Ringe den Draht um andere Gegenstände wickeln.

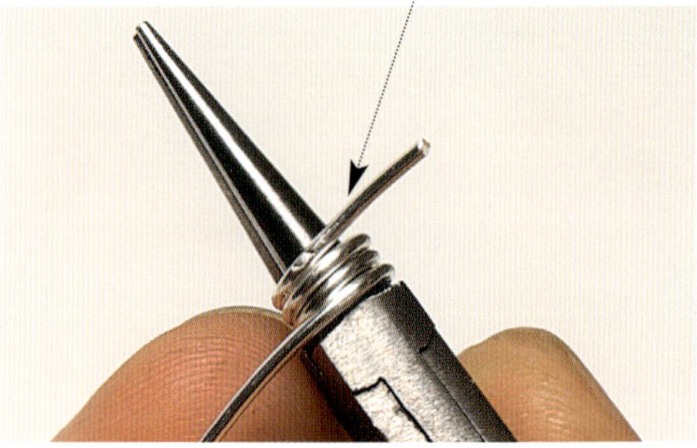

2 Einige Windungen biegen, um gleich mehrere Ringe herzustellen.

DAS BRAUCHEN SIE

- Draht, 1,0 mm Durchmesser
- Seitenschneider
- Rund- und Flachzange
- kleine Feile

3 Die Spirale von der Zange nehmen und mit dem Seitenschneider senkrecht durchschneiden, sodass mehrere Ringe entstehen.

4 Den Ring seitlich aufbiegen und die Schnittkanten bei Bedarf glatt feilen. Solche Ringe dürfen nur seitlich aufgebogen werden.

Halsschmuck aus venezianischen Perlen, Silber und Bernsteinimitat auf Draht mit Anschlussketten und doppeltem Haken.

DOPPELTER HAKEN MIT ÖSE

Dieser stabile Haken wird ähnlich wie eine geschlossene Schlaufe gearbeitet. Er kann in eine Kette, einen Biegering oder eine passende Öse eingehakt werden.

Der Haken kann auch direkt am Ende einer Kette befestigt werden.

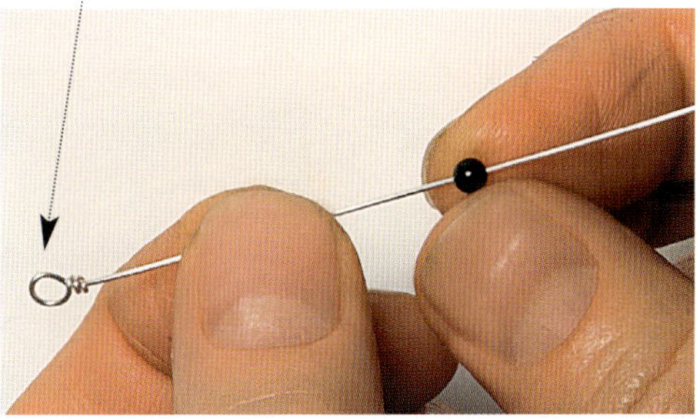

1 Ein Stück Draht zuschneiden. Die Länge hängt von der Hakengröße ab, 12 cm ist ein gutes Universalmaß. An einem Ende des Drahts eine geschlossene Schlaufe arbeiten (siehe Seite 61–62), dann eine Perle auf den Draht ziehen.

Die Biegestelle legt fest, wie groß der Haken wird.

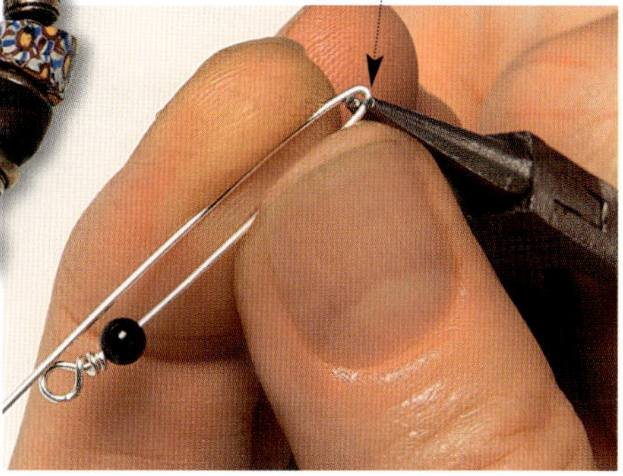

2 Mit den Fingern über den Draht fahren, um ihn zu glätten. Dann den Draht über der Spitze einer Rundzange umbiegen.

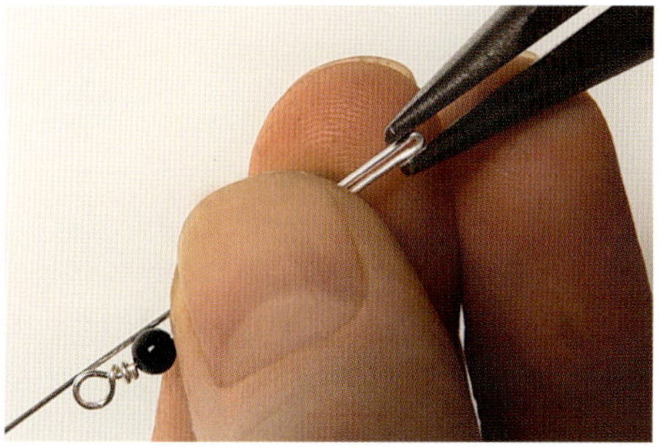

3 Die Biegestelle mit der Flachzange zusammendrücken und den Draht mit den Fingern bis zur Perle glatt streichen.

DAS BRAUCHEN SIE

- Draht, 0,6 oder 0,8 mm Durchmesser
- Seitenschneider
- Rund- oder Flachzange
- zwei kleine Perlen

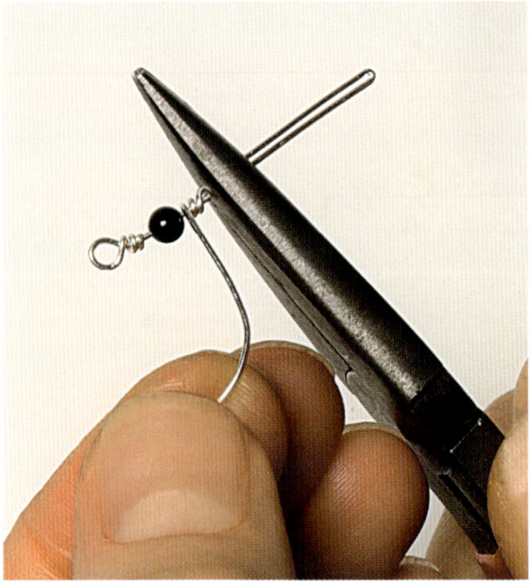

4 Den gedoppelten Draht mit der Flachzange halten. Das Drahtende vor der Perle rechtwinklig umbiegen und oberhalb der Perle mehrmals um den Draht wickeln. Abknipsen und mit der Flachzange andrücken.

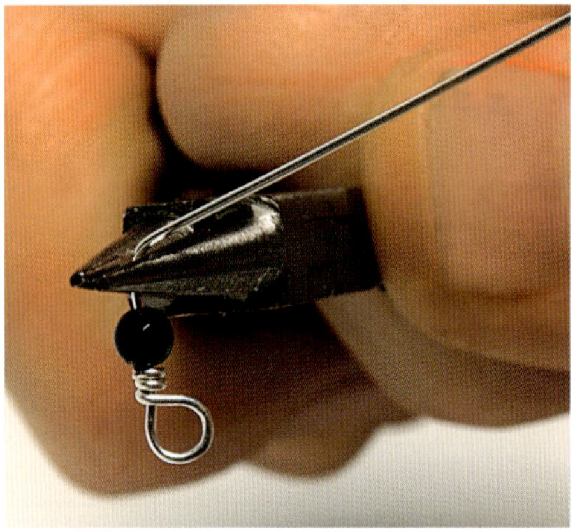

7 Für die Öse den ersten Schritt mit einem Stück Draht ähnlicher Länge wiederholen. Dann die Zange flach über der Perle ansetzen und den Draht zum Körper biegen.

Biegen Sie zur Übung einige Haken in verschiedenen Größen.

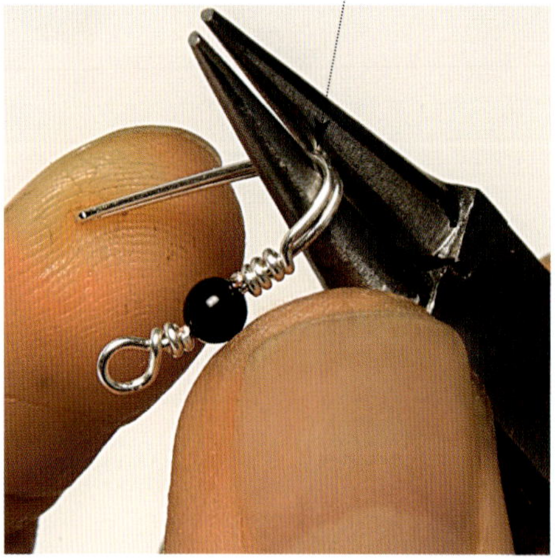

5 Den gedoppelten Draht umbiegen, um einen Haken zu erhalten.

Haken und Öse sollten in der Größe zueinander passen.

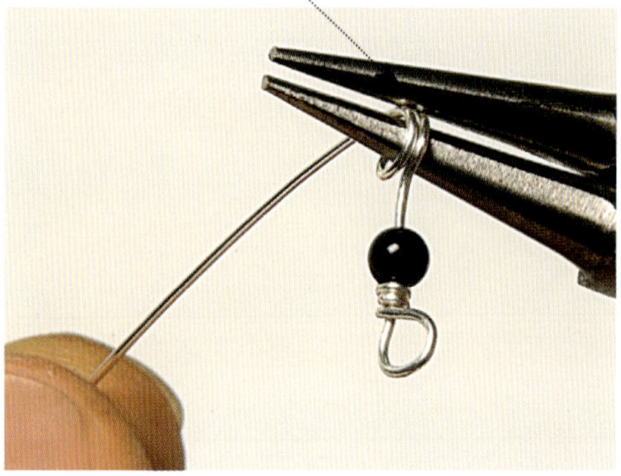

8 Die Zange senkrecht ansetzen und den Draht zweimal um die untere Backe winden.

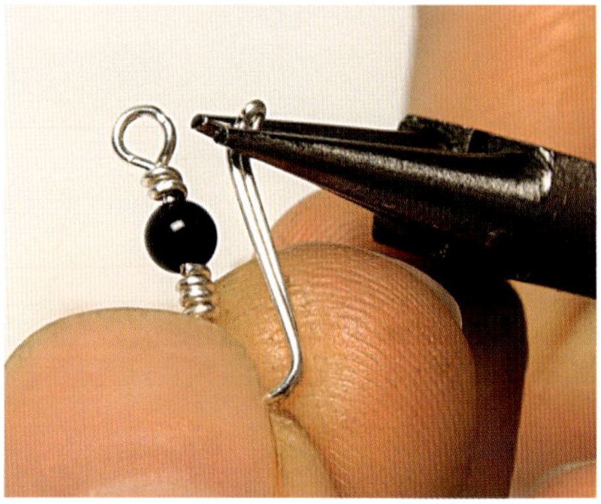

6 Das Ende des Hakens auf Höhe der geschlossenen Schlaufe leicht nach außen biegen.

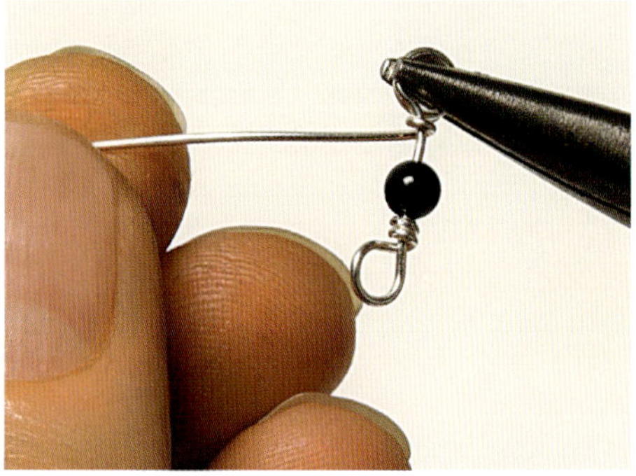

9 Die doppelte Schlaufe vorsichtig mit der Zange festhalten und das Drahtende über der Perle um den Draht wickeln. Den überstehenden Rest abkneifen und das Ende mit der Flachzange andrücken.

SIEHE AUCH

⇨GESCHLOSSENE SCHLAUFE SEITE 61–62

Eine Perle aus Recyclingglas, umwickelt mit feinem Draht und Miniperlen.

Perlen umwickeln

Draht eignet sich nicht nur für funktionale Elemente wie Haken und andere Befestigungen, sondern kann auch dekorativ eingesetzt werden. Schlichte Perlen gewinnen, wenn man sie mit Draht umwickelt, und Dekorperlen bekommen dadurch oft erst den perfekten „Rahmen".

EINZELNE PERLEN UMWICKELN

Mit Draht und einigen kleinen Perlen wird aus einer schlichten, großen Perle ein kleines Kunstwerk.

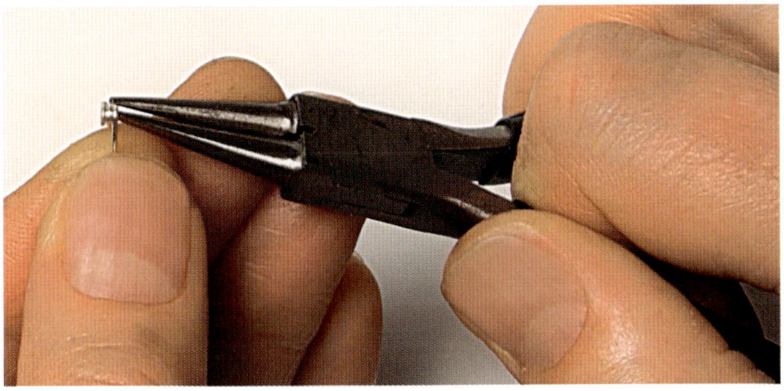

1 Von 0,8 mm starkem Draht ein Stück zuschneiden, das etwa dreimal so lang wie die Perle ist. In ein Ende eine geschlossene Schlaufe arbeiten (siehe Seite 61–62). Dann ein Stück 0,6 mm starken Draht zuschneiden. In diesem Beispiel ist es zwölfmal so lang wie die Perle. In ein Ende mit der Rundzange eine winzige Spirale drehen.

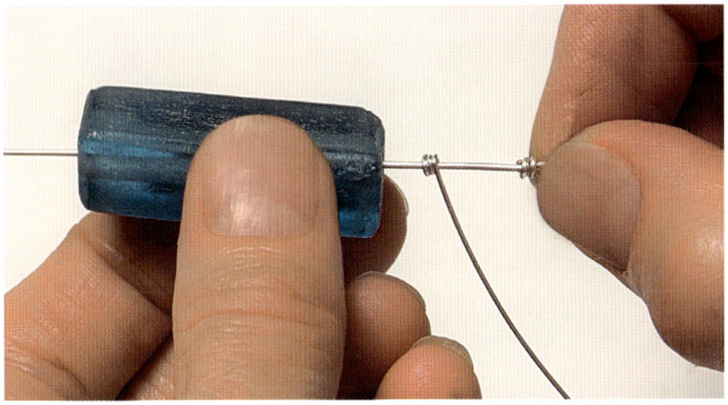

2 Die Spirale auf den dickeren Draht ziehen und diesen dann durch die Perle schieben. Die kleine Spirale sollte möglichst im Loch der Perle verschwinden.

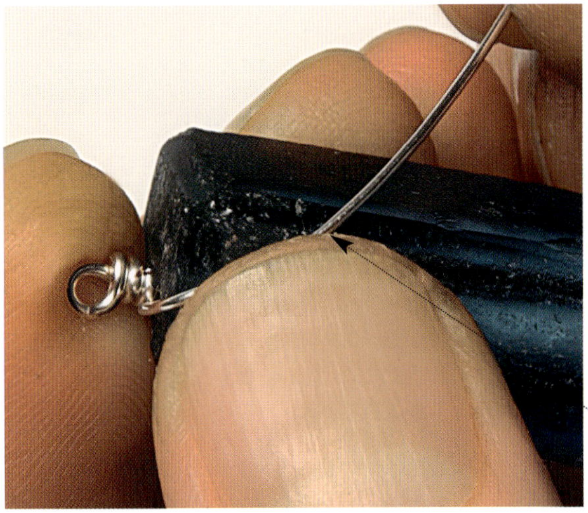

Gut festhalten und möglichst fest wickeln.

3 Alle Teile in einer Hand gut festhalten und den dünnen Draht um die Perle wickeln. Nach der ersten Windung einige kleine Perlen aufziehen und weiter wickeln. Nach jeder Wicklung weitere kleine Perlen zufügen.

DAS BRAUCHEN SIE

- Draht, 0,6 und 0,8 mm Durchmesser
- Seitenschneider
- Rund- und Flachzange

Die Wicklungen beim Befestigen des Drahts möglichst nicht verschieben.

4 Ist die Perle von unten bis oben fest umwickelt, den Draht mehrmals fest um den dickeren Draht winden, den überstehenden Rest abknipsen und mit der Flachzange andrücken.

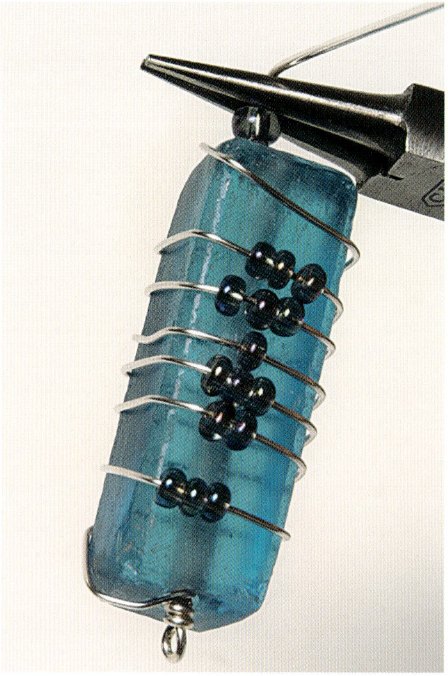

5 Die Wicklung möglichst nah an die große Perle schieben. Eine kleine Perle auf den 0,8 mm starken Draht schieben, dann eine geschlossen Schlaufe biegen, den überschüssigen Draht abkneifen und das Ende flach drücken.

6 Um den Draht auf der Perle zu straffen, jede Windung mit der Spitze einer Flachzange greifen und drehen. Dabei sehr vorsichtig vorgehen, um Draht und Perle nicht zu beschädigen. Den Draht nicht zu stark straffen, sonst kann er brechen.

UMWICKELN MIT ZWEI DRÄHTEN

Sehr attraktiv kann auch eine Wicklung mit zwei verschiedenen Drähten aussehen.

Je nach gewünschtem Effekt den feinen Draht eng oder weiträumig um den dickeren wickeln.

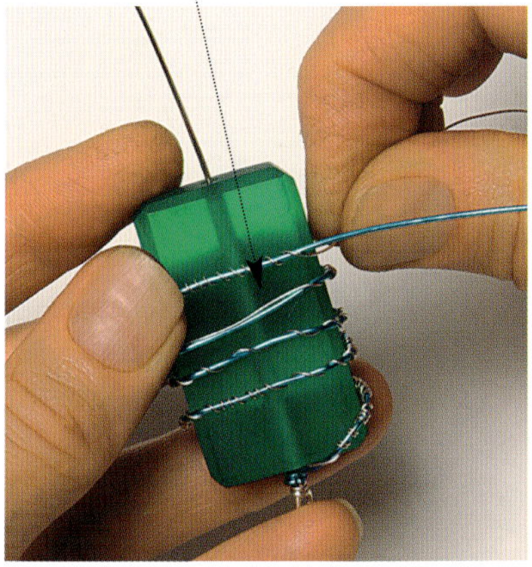

Sie beginnen wie beim Umwickeln mit einem Draht (siehe Seite 73–74), befestigen nun aber zusätzlich einen längeren, dünneren Draht. Den dünnen um den dickeren Draht winden und dann mit beiden gemeinsam die Perle umwickeln. Den Abschluss wie beim einfachen Umwickeln arbeiten und bei Bedarf die Drähte nachspannen.

DAS BRAUCHEN SIE

- Draht, 0,8 mm, 0,6 mm und sehr feinen Draht
- Seitenschneider
- Rund- und Flachzange

GRUPPEN VON PERLEN UMWICKELN

Dies ist eine schöne Möglichkeit zum Verzieren eines Armbands oder einer Gruppe von Perlen in einer Kette, eignet sich aber auch für einreihige Perlenketten. Hier arbeiten wir mit zwei Armreifen aus Memorydraht mit einigen Abstandhaltern.

1 Die Perlen auf den Memorydraht ziehen (siehe Seite 40), zwischendurch gelegentlich Abstandhalter mit aufziehen. An einem Ende ein kurzes Stück Kette befestigen, am anderen ein einzelnes Kettenglied. Ein großzügiges Stück 0,6 mm dicken Draht zuschneiden und um den Ansatz der Endschlaufe an einem der Memorydrähte wickeln.

Die kleinen Perlen sollen zwischen den beiden Drahtreifen liegen.

2 Den Draht um beide Perlenstränge wickeln. Bei jeder Windung ein bis zwei kleine Perlen auf den Draht ziehen.

3 Das Ende des Wickeldrahts sehr fest um eine Schlaufe am anderen Ende des Memorydrahts wickeln. Das überstehende Ende abkneifen und mit der Flachzange fest andrücken.

Perlen aus Amethystquarz und Silber, umwickelt mit Silberdraht und kleineren Amethystquarz-Perlen.

4 An dem einzelnen Kettenglied einen Verschluss anbringen. Eine Anleitung dazu finden Sie auf Seite 69.

DAS BRAUCHEN SIE

- Memorydraht
- Draht, 0,6 mm Durchmesser
- Seitenschneider
- Rund- und Flachzange

SIEHE AUCH

⇨AUFZIEHEN SEITE 40
⇨ENDSTÜCKE SEITE 24–25
⇨VERSCHLUSSBEFESTIGUNG SEITE 69

Ohrhänger mit Spiralen als Distanzstück und Abschluss.

Dekorationen und Distanzstück

Ohrringe und Perlenketten sehen oft interessanter aus, wenn man zwischen den Perlen dekorative Distanzstück einfügt, die man auf vielerlei Weise aus verschiedenen Drähten herstellen kann. Einfache Spiralen oder Dreiecke können auch als Abschluss eines Ohrhängers dienen. Für Ohrschmuck genügen einfache Schlaufen, Distanzstücke in Ketten sollten an beiden Enden geschlossene Schlaufen haben.

SPIRALEN

Ob als Zwischenstück eines Ohrrings oder in anderen Schmuckstücken: Spiralen sehen reizvoll aus.

Die Größe der ersten Schlaufe bestimmt das Aussehen der Spirale.

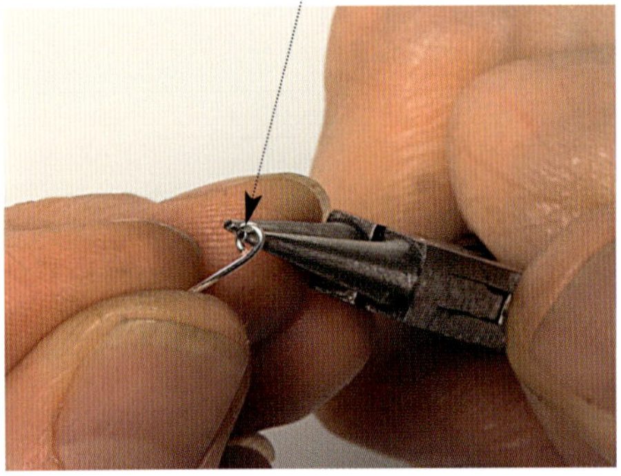

1 Ein Stück Draht zuschneiden, mit der Spitze einer Rundzange in ein Ende eine winzige Schlaufe biegen.

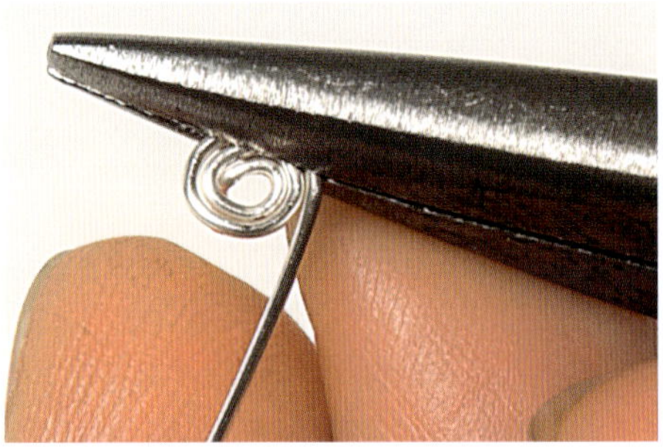

2 Die Schlaufe mit der Flachzange fassen und gut festhalten, aber nicht zerdrücken. Mit den Fingern den Draht zu einer flachen Spirale biegen.

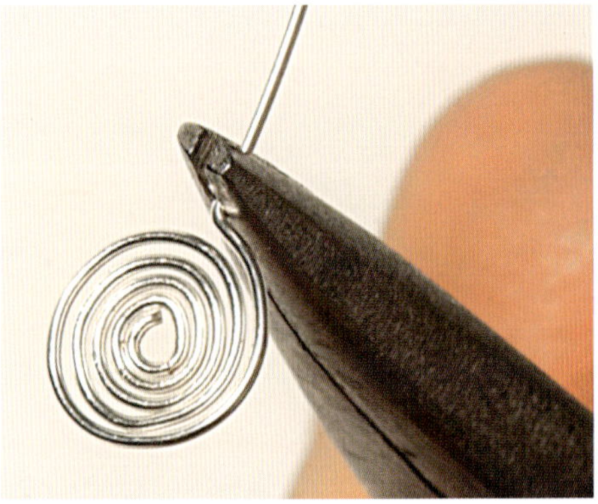

3 Die Zange oberhalb der fertigen Spirale ansetzen und den Draht im Winkel gerade biegen.

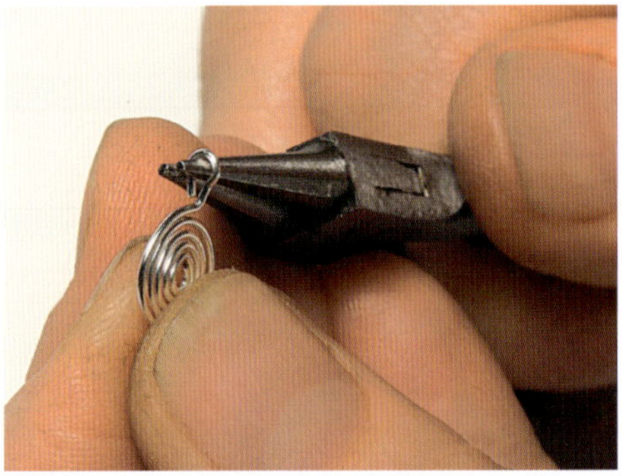

4 Nun eine offene Schlaufe, wie in diesem Beispiel, oder eine geschlossene Schlaufe biegen.

DAS BRAUCHEN SIE

- Draht
- Seitenschneider
- Flach- und Rundzange

SPIRAL-DISTANZSTÜCK

Spiralen können auch zwischen anderen Elementen eines Schmuckstücks eingehängt werden.

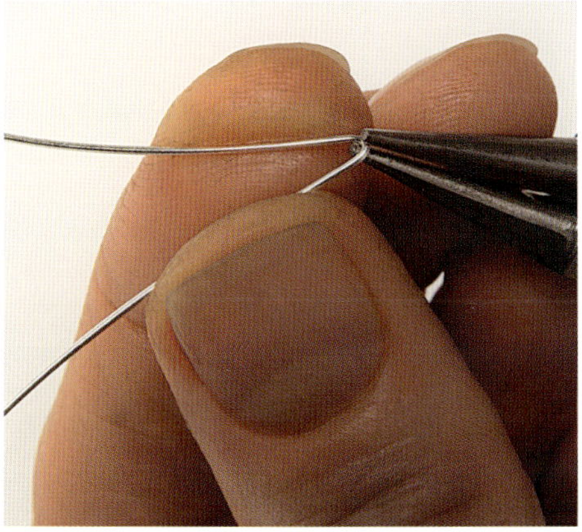

1 Zwei Stücke Draht zuschneiden und eins als Maß beiseite legen. Für die abgebildete Spirale betrug die Drahtlänge 15 cm. Eine Rundzange knapp neben der Mitte ansetzen, den Draht umbiegen und beide Seiten zusammendrücken.

Das Biegen der Spirale ist schwierig und gelingt am besten mit vielen kurzen Bewegungen.

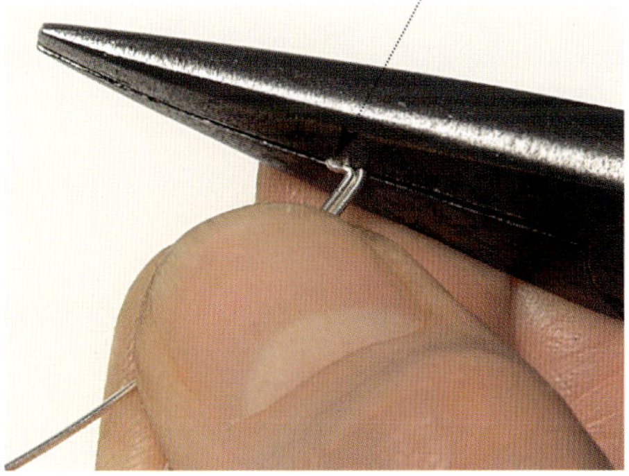

2 Die Biegestelle mit einer Flachzange gut festhalten und langsam eine Spirale biegen. Die längere Drahtseite liegt dabei innen.

Die Spirale darf nicht zu groß sein, sonst wird sie leicht instabil und verliert die Form.

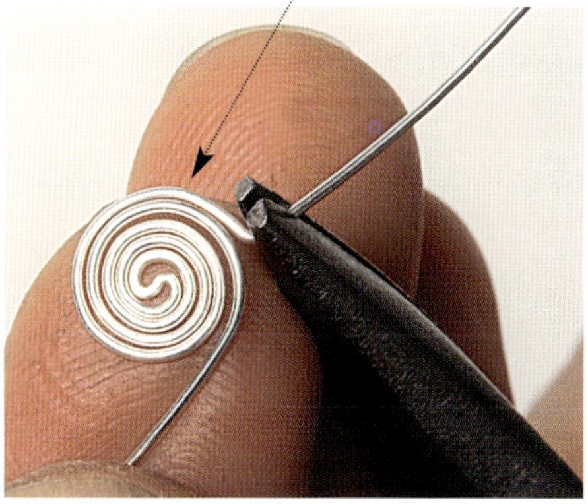

3 Ist die gewünschte Größe erreicht, wird der äußere Draht im Winkel von 90° abgeknickt.

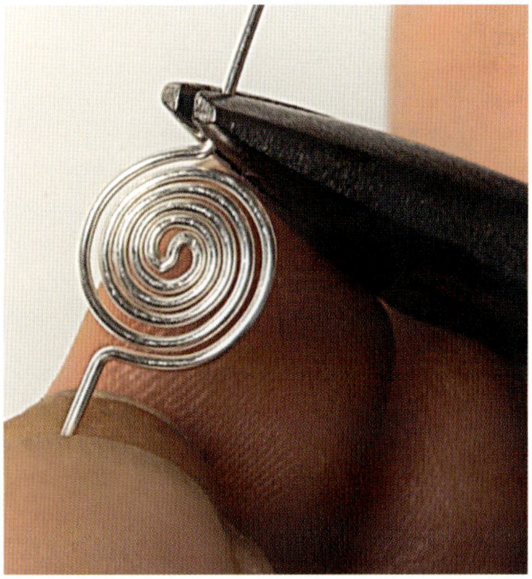

4 Den anderen Draht noch so weit um die Spirale biegen, dass er dem ersten gegenüber liegt. Dann wird auch er im Winkel von 90° gebogen.

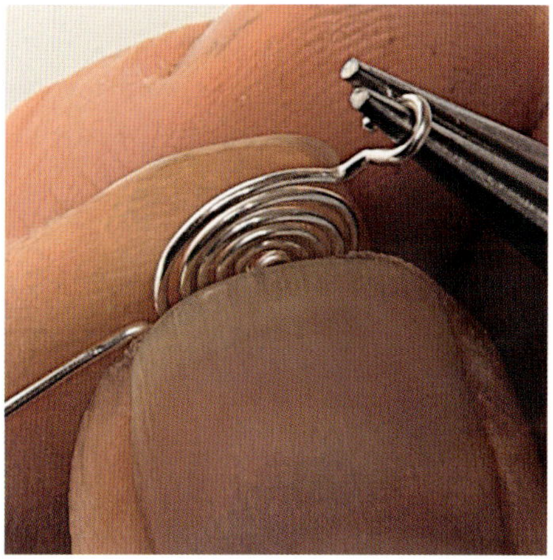

5 Nun die Drahtenden kürzen: für einfache Schlaufen auf je 6 mm, für geschlossene Schlaufen auf je 3 cm.

DAS BRAUCHEN SIE

- Draht
- Seitenschneider
- Flach- und Rundzange

ZICKZACK-DISTANZSTÜCKE

Zickzack-Formen sehen in Ohrringen und Ketten gut aus. Auch das Hämmern können Sie an solchen Elementen üben. Im Idealfall arbeitet man mit einem kleinen Hammer und einem glatten Goldschmiedeamboss, für den Anfang genügt aber ein normaler Haushaltshammer und eine harte, glatte Unterlage. Die Oberfläche von lackierten oder plattierten Drähten kann durch das Hämmern Schaden nehmen, doch selbst das kann erwünscht sein. Wir haben mit 1 mm starkem Kupferdraht gearbeitet.

Zickzack-Distanzstücke aus Kupferdraht zwischen mundgeblasenen Glasperlen mit geschlossenen Schlaufen.

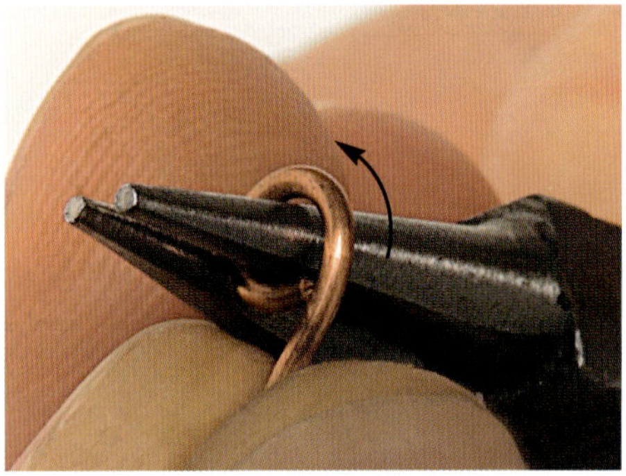

1 Zwei gleiche Stücke Draht abschneiden und eins als Maß beiseite legen. Bei diesem Beispiel beträgt die Drahtlänge 9 cm. Die Enden müssen sauber abgekniffen sein. Mit der Rundzange in ein Ende eine Schlaufe biegen.

DAS BRAUCHEN SIE

- Draht
- Seitenschneider
- Rund -und Flachzange
- Hammer und Amboss (nach Wunsch)

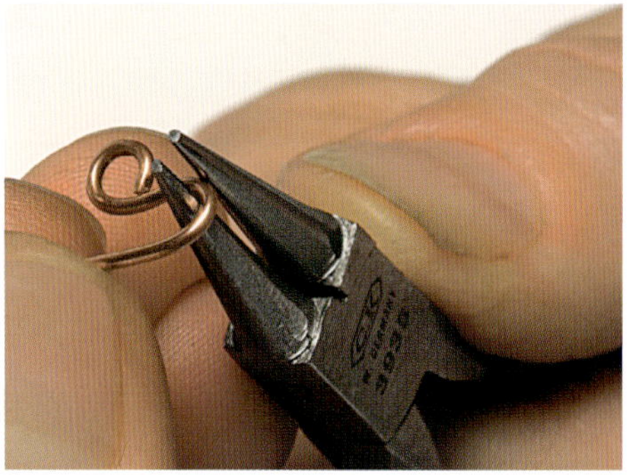

2 Die Zange ein Stück neben der Schlaufe ansetzen und den Draht zurückbiegen.

4 Ist das Element groß genug, am Ende wieder eine Schlaufe biegen, die zur Mitte zeigt. Den überschüssigen Draht abkneifen.

Je einfacher Sie die Form gestalten, desto besser lässt sie sich reproduzieren.

3 Auf diese Weise mehrere Zickzack-Biegungen formen. Interessanter sieht es aus, wenn Sie die Längen der quer verlaufenden Drähte variieren.

5 Das Distanzstück kann nun gehämmert werden, um es zu stabilisieren. Dabei wird es etwas größer – eventuell müssen Sie also die Drahtlänge neu bemessen, ehe Sie weitere Stücke herstellen. Dann schneiden Sie so viele Drahtstücke zu, wie Sie benötigen, und biegen die Abstandhalter. Sollen alle einheitlich ausfallen, können Sie ein Steckbrett verwenden (siehe Seite 79). Zur Befestigung eignen sich einfache oder geschlossene Schlaufen oder Biegeringe.

SIEHE AUCH

⇨EINFACHE SCHLAUFE SEITE 60
⇨GESCHLOSSENE SCHLAUFE SEITE 61-62
⇨BIEGERINGE SEITE 70–71
⇨ARBEITEN MIT DEM STECKBRETT SEITE 79

Ohrringe, mit einem Steckbrett geformt.

Arbeiten mit dem Steckbrett

Ein Steckbrett ist ein praktisches Hilfsmittel. Es wurde von einem Schmuckdesigner entwickelt und dient zum Biegen mehrerer gleicher Drahtformen. Es ist eine Platte mit regelmäßig angeordneten Löchern, in die man Stifte in verschiedenen Anordnungen stecken kann. Um diese Stifte biegt man den Draht, um einheitliche Elemente für Ohrringe, Anhänger oder Distanzstücke zu erhalten. Der Draht wird durch das Biegen um die Stifte zugleich stabilisiert. Die Handhabung des Steckbretts erfordert etwas Übung, doch es ist ein ausgesprochen nützliches Hilfsmittel.

Notieren Sie sich Ihr Steckmuster zur späteren Verwendung.

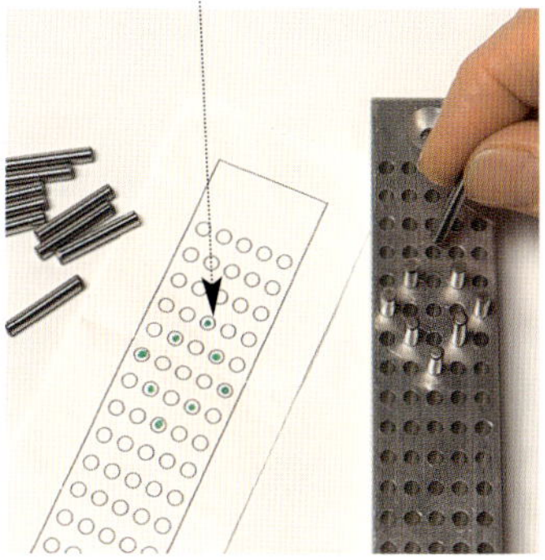

1 Zuerst die Stifte in einem bestimmten Muster in die Löcher stecken. Für dieses Muster werden 30 cm lange Drähte benötigt. Ein Ende 5 cm tief in das Loch über den ersten Stift schieben, um es fest zu verankern.

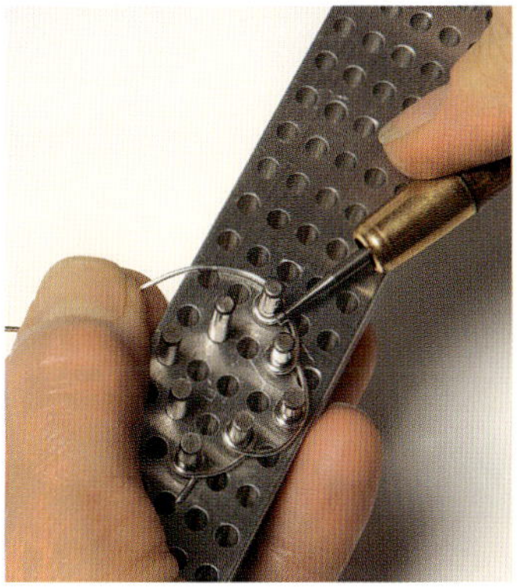

2 Den Draht nun möglichst fest um die Stifte winden und, falls nötig, auf die Platte drücken. Dazu verwenden Sie eine Reibahle oder eine Stricknadel. Fortfahren, bis das Muster fertig gebogen ist.

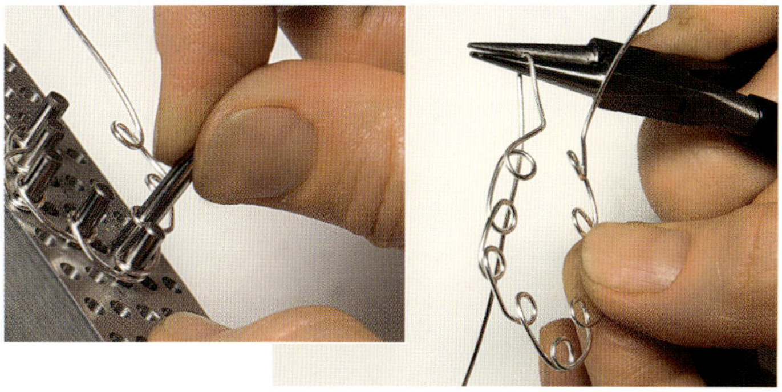

3 Nun den Draht vorsichtig von den Stiften heben oder die Stifte aus dem Steckbrett ziehen. Um dieses Element in einen Ohrring zu verwandeln, wird ein Drahtende am oberen Ende senkrecht abgewinkelt und ein Stück höher mit der Rundzange umgebogen, sodass es in der Mitte des Musters liegt. Das andere Ende fest um die Biegung wickeln, sodass eine Schlaufe entsteht (siehe geschlossene Schlaufe, Seite 61–62).

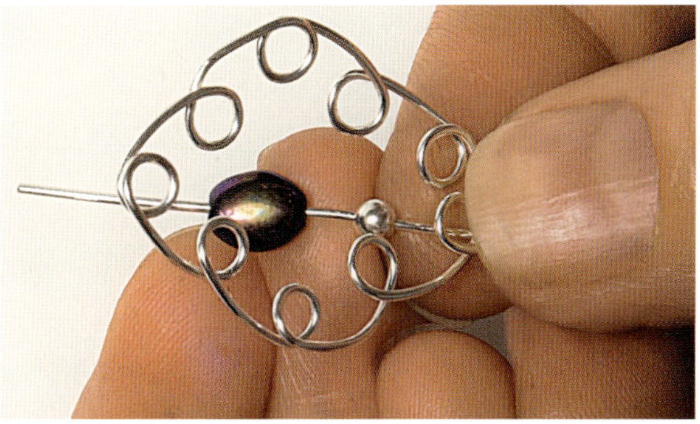

4 Auf den mittleren Draht ein paar Perlen ziehen, das Ende abkneifen und eine winzige Schlaufe biegen, um diese zu fixieren. Einen Ohrhaken anbringen und den zweiten Ohrring ebenso arbeiten.

DAS BRAUCHEN SIE

- Steckbrett und Stifte
- Draht
- Seitenschneider
- Reibahle oder Stricknadel
- Rund- und Flachzange

SIEHE AUCH

⇨GESCHLOSSENE SCHLAUFE SEITE 61–62

⇨EINFACHE SCHLAUFE SEITE 60

⇨ENDSTÜCKE SEITE 24–25

Stricken mit Draht

Die bunten Perlen geben dem Drahtgestrick Farbe und bringen es zum Leben.

Gestrickte Schmuckstücke aus Draht sehen faszinierend aus und Sie brauchen dazu nicht mehr als eine Rolle Draht, Perlen und Stricknadeln. Auch große Strickkünste sind nicht notwendig. Aufschlagen, rechts stricken und abketteln – das genügt.

Der richtige Draht

Normalerweise lässt sich Draht mit 0,2 oder 0,3 mm Durchmesser gut stricken, doch es kommt auch auf das Fabrikat an. Stricken Sie zuerst ein Probestück, um festzustellen, ob der Draht geeignet ist. Zu dünner Draht bricht leicht, und zu dicker lässt sich nicht stricken.

Die richtige „Faden"-Spannung

Das Stricken mit Draht ist vor allem für geübte Strickerinnen, die mit fester Fadenspannung arbeiten, ungewohnt. Weil der Draht nicht elastisch ist, muss die Spannung von Anfang an stimmen. Die Maschen lassen sich nur abstricken, wenn sie recht locker auf der Nadel liegen. Die ersten Reihen sehen meist aus wie ein chaotisches Gewirr. Keine Sorge, das ist ganz normal. Wenn Sie das Stück in Form ziehen, sieht es gleich viel besser aus.

Die Perlen direkt auf die Drahtrolle ziehen, den Draht nicht abschneiden.

1 Zuerst fädeln Sie alle Perlen, die Sie benötigen, auf den Draht und schieben sie zur Spule hinab.

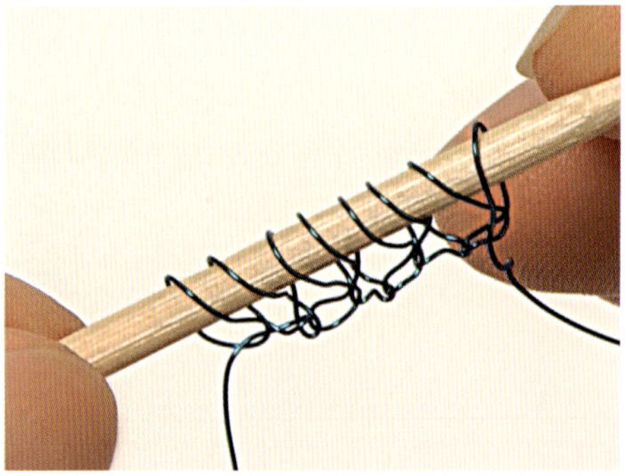

2 Acht Maschen anschlagen. Diese werden recht unordentlich aussehen. Vielleicht müssen Sie auch mehrmals beginnen, ehe Sie ein Gefühl für den Draht entwickeln. Nur Mut: Es wird allmählich besser werden!

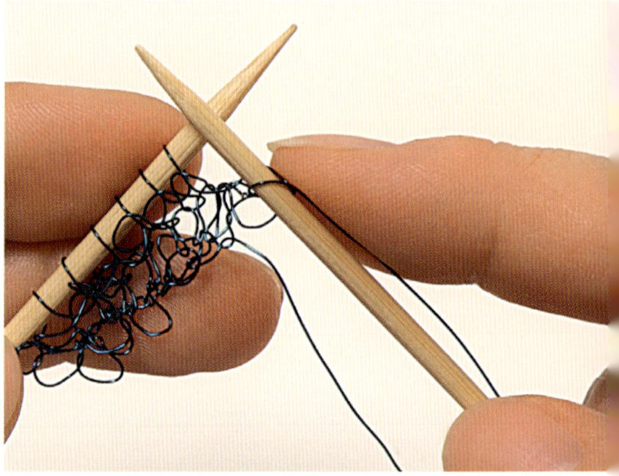

3 Stricken Sie zuerst drei Reihen rechte Maschen nur mit Draht, um einen Rand zu erhalten, ehe Sie mit dem Einarbeiten der Perlen beginnen.

DAS BRAUCHEN SIE

- Perlendraht
- Bambusstricknadeln
- Seitenschneider

Mit lockerer Spannung arbeiten.

Die Perle kann jetzt eingestrickt werden.

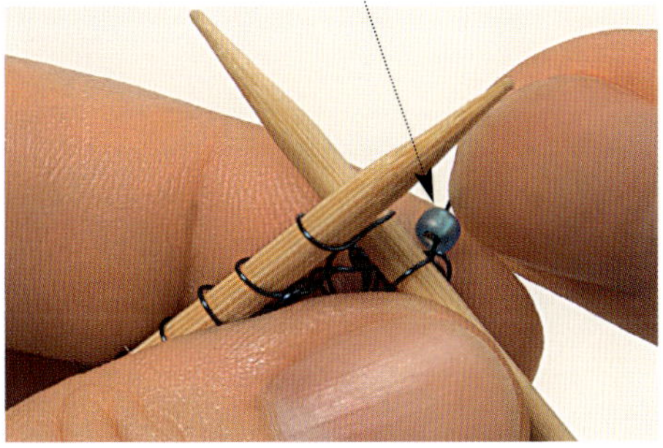

4 Die erste Masche der vierten Reihe abstricken. Einige Perlen von der Rolle in die Handfläche hochschieben.

5 Eine Perle hinter die Nadeln schieben und die nächste Masche stricken. Dabei wird die Perle mit durch die Masche der Vorreihe gezogen.

6 Die Reihe beenden und in jede Masche eine Perle einstricken. Nur in der letzten Masche wird keine Perle eingestrickt, weil sie sonst seitlich vorstehen und nicht zur sonstigen Perlenanordnung passen würde.

7 Reihe 5 ohne Perlen stricken. Auf diese Weise sparen Sie Perlen ein und das Gestrick erhält eine glatte Seite, die auf der Haut angenehmer zu tragen ist.

Das gestrickte Stück vorsichtig in Form ziehen.

8 Reihe 6: In alle Maschen außer der ersten und der letzten eine Perle einstricken. Fortlaufend zwischen Hinreihen mit Perlen und Rückreihen ohne Perlen abwechseln, bis die gewünschte Höhe erreicht ist. Eine Reihe ohne Perlen arbeiten, dann wie normale Strickmaschen abketteln und den Draht verdrillen, um ihn zu sichern. Achten Sie darauf, dass keine Drahtenden vorstehen, die unangenehm pieksen können.

SIEHE AUCH
⇨ HÄKELN MIT DRAHT SEITE 84–85

Für diese Halskette wurden drei Strickliesel-Schläuche umeinander gedreht.

Draht und Strickliesel

Bei dieser Technik werden Kindheitserinnerungen wach! Wenn Sie die Strickliesel aus der Kindheit nicht mehr besitzen, können Sie leicht selbst eine herstellen. Hämmern Sie einfach Nägel in gleichmäßigen Abständen in eine hölzerne Garnrolle (sofern Sie eine finden). Natürlich können Sie auch eine neue Strickliesel oder eine mechanische Strickmühle kaufen. Unser selbst gebautes Strickgerät hat fünf Splinte, was an der Technik aber nichts ändert.

Wie beim Stricken mit normalen Stricknadeln können jederzeit Perlen eingefügt werden, die allerdings möglichst vorher auf den Draht gezogen werden sollten. Dann kann man sie während der Arbeit einfach zwischen die Splinte schieben. Mit jeder Maschenreihe wächst der Schlauch, der durch das Innere der Spule verläuft.

Bei dieser Technik dauert es meist eine Weile, bis man den Bogen heraus hat. Geben Sie nicht zu schnell auf!

Der richtige Draht

Normalerweise eignen sich Drähte mit 0,2 oder 0,3 mm Durchmesser gut. Am besten probieren Sie aus, mit welchem Fabrikat Sie am besten zurechtkommen. Viel hängt auch davon ab, wie stark Sie an dem Draht ziehen und ob er unter Belastung leicht bricht. Die Flexibilität der Drähte ist von Hersteller zu Hersteller verschieden, darum lohnt es sich, einige Probestücke zu stricken.

1 Wenn Sie Perlen einarbeiten wollen, fädeln Sie diese zuerst direkt auf den Draht auf, ohne ihn abzuschneiden. Schieben Sie die Perlen immer wieder zur Spule. Das Drahtende in die Spule schieben und umbiegen, um es zu fixieren.

DAS BRAUCHEN SIE

- Draht, 0,2 oder 0,3 mm Durchmesser
- Strickliesel mit Stricknadel (gekauft oder selbst gemacht)
- Seitenschneider

2 Den Draht sternförmig um die Splinte legen.

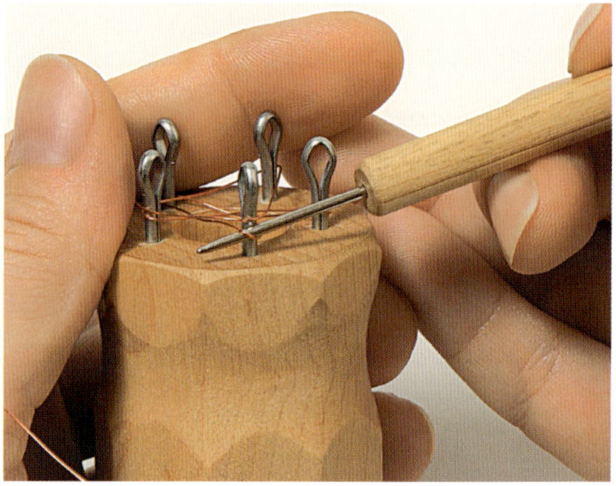

3 Entgegen dem Uhrzeigersinn den Draht außen am nächsten Splint oberhalb des vorhandenen Drahts anlegen. Die Arbeitsnadel von oben in den ersten, unteren Draht schieben.

Vorsicht: Nicht den zuletzt angelegten Draht über den Splint heben.

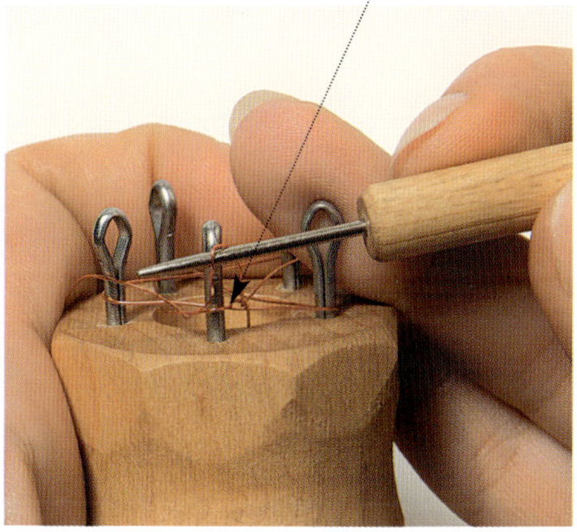

4 Vorsichtig den unteren Draht über den oberen und dann über den Kopf des Splints heben. Am Drahtende, das unten aus der Öffnung hängt, leicht ziehen.

5 Den Arbeitsdraht um den nächsten Splint legen, wieder mit der Stricknadel von oben in die untere „Masche“ einstechen und diese über den oberen Draht und den Splint heben. Fortlaufend wiederholen und nach jeder Masche am Drahtende ziehen.

6 Nach zwei oder drei Runden den gestrickten Schlauch vorsichtig mit dem Ende der Stricknadel (oder einem Kochlöffelstiel) in das Loch in der Mitte der Spule schieben. Wolle gleitet von allein hinein, bei Draht muss man etwas nachhelfen.

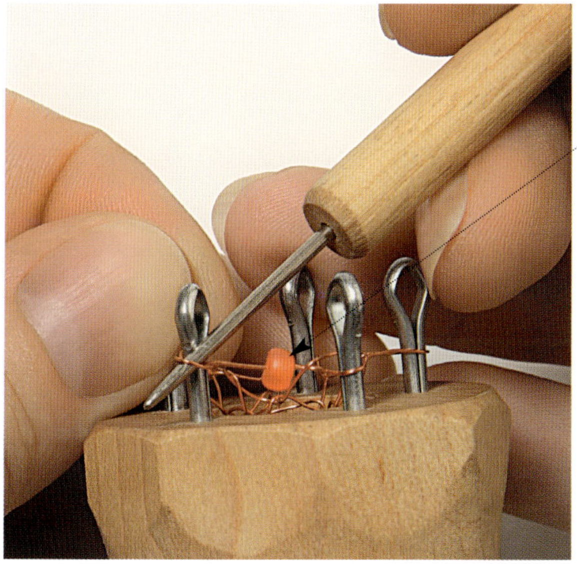

Liegt die Perle zwischen den Splinten, lassen sich die Maschen leicht übereinanderziehen.

7 Wenn Sie Perlen einarbeiten, schieben Sie jeweils eine auf dem Arbeitsdraht hoch und platzieren sie zwischen zwei Splinten. Sie können den fertigen Schlauch auch mit Perlen füllen, die so natürlich groß sein müssen, dass sie nicht zwischen den Maschen herausrutschen.

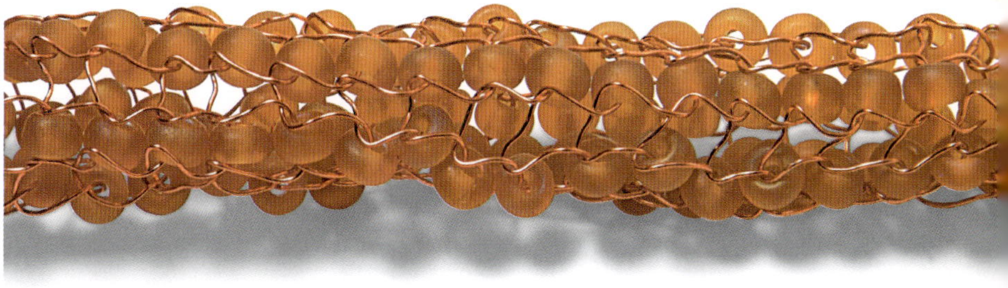

8 Zum Schluss den Arbeitsdraht 30 cm über der Strickliesel abschneiden. Die Drahtenden einzeln von den Splinten heben, das Drahtende durchschieben und vorsichtig festziehen. Nun kann der Schlauch zu einem Hals- oder Armschmuck weiter verarbeitet werden.

SIEHE AUCH
⇨ STRICKEN MIT DRAHT SEITE 80–81

Einfache Luftmaschenketten mit Perlen.

Häkeln mit Draht

Es macht Spaß, mit Perlen und Draht zu häkeln. Draht gibt jedoch im Gegensatz zu Wolle nicht nach, darum erfordert es etwas Übung, bis man ein Gefühl für die richtige „Faden"-Spannung entwickelt und die Maschen gerade so groß arbeitet, dass man die Häkelnadel noch durchziehen kann. Experimentieren Sie auch mit Perlen in verschiedenen Größen und Formen.

Der richtige Draht

Probieren Sie aus, mit welchen Drahttypen sie am besten arbeiten können. Drähte mit 0,2 oder 0,16 mm Durchmesser sind normalerweise recht gut geeignet.

1 Wickeln Sie etwa 15 cm Draht von der Rolle ab. Sollen Perlen eingearbeitet werden, muss zuerst die erforderliche Anzahl auf den Draht gezogen und zur Rolle geschoben werden. Die Häkelnadel in die rechte Hand nehmen, den Draht darüber legen und zu einer Schlaufe zusammendrehen. Das Drahtende sollte dabei ein Stück herabhängen.

Das Drahtende zwischen Daumen und Zeigefinger gut festhalten, um die Kette nach unten zu ziehen und die Maschengröße zu regulieren.

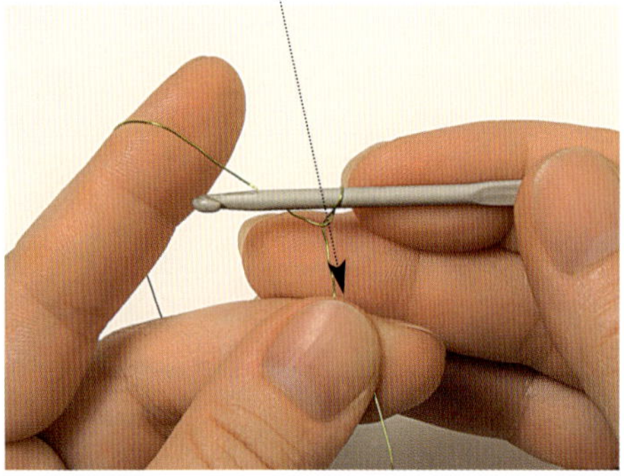

2 Das Drahtende zwischen Daumen und Mittelfinger halten, den zur Spule führenden Draht über den gestreckten Zeigefinger, dann über den Handrücken und unter den kleinen Finger legen. Die rechte Hand hält die Häkelnadel.

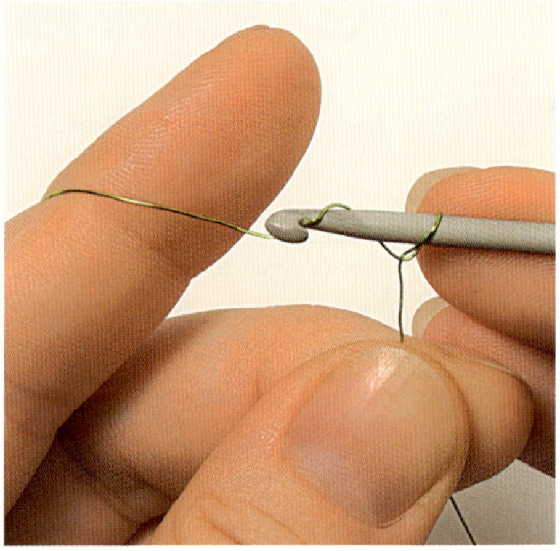

3 Das herabhängende Drahtende zwischen Daumen und Mittelfinger festhalten. Die Häkelnadel unter den Draht legen und drehen, sodass der Haken den Draht umfasst. Dann den Draht durch die erste Masche ziehen.

DAS BRAUCHEN SIE

- Draht, 0,2 / 0,16 mm Durchmesser
- dicke Häkelnadel
- Seitenschneider

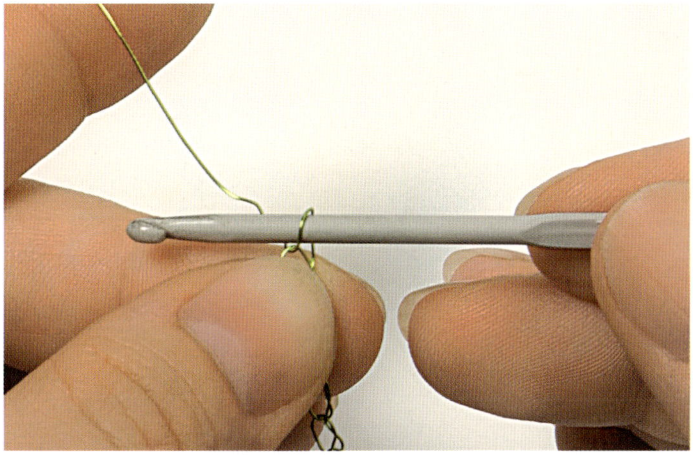

4 Fortlaufend wiederholen, bis die gewünschte Länge erreicht ist. Der Arbeitsdraht gleitet über den linken Zeigefinger, Daumen und Mittelfinger greifen die Maschen kurz unter der Häkelnadel.

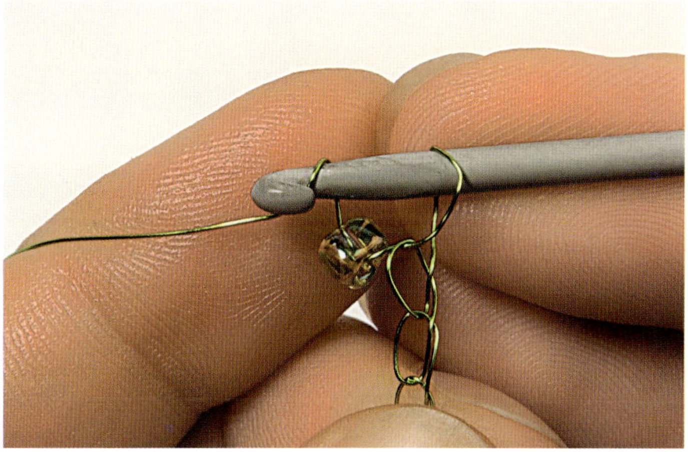

5 Wenn Sie Perlen einarbeiten, schieben Sie einige zur linken Hand, sodass sie hinter dem Zeigefinger liegen. Eine Perle dicht hinter die zuletzt gehäkelte Masche schieben.

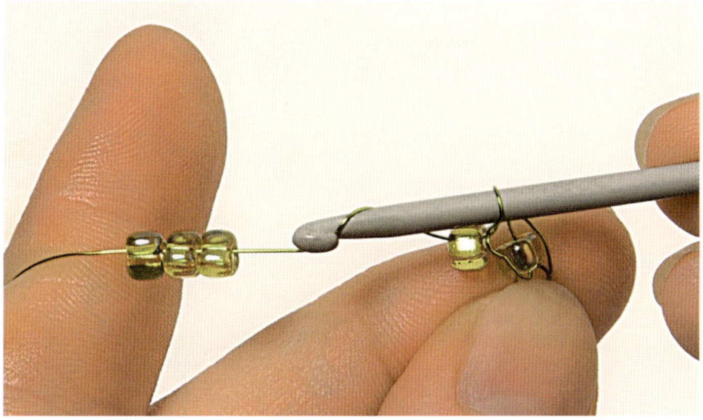

6 Den Draht hinter der Perle mit der Häkelnadel umfassen und durchziehen.

Die Perle liegt zwischen der letzten Masche und dem Draht, aus dem die nächste Masche gebildet wird.

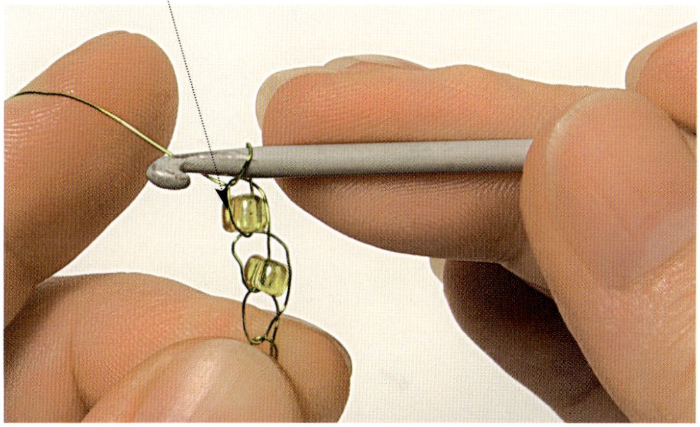

7 Auf diese Weise in jeder folgenden Masche eine Perle einarbeiten.

Die Maschenkette vorsichtig in Form ziehen, damit alle Perlen gleichmäßig in den Maschen liegen.

WEBEN AUF DEM RAHMEN

Bei der Perlenweberei arbeitet man normalerweise mit Fäden und kleinen Glasperlen. Sie haben die Wahl zwischen dem Weben auf dem Rahmen und freien Webtechniken (siehe Seite 98–129). In manchen Erdteilen, vor allem bei verschiedenen afrikanischen Völkern und amerikanischen Indianerstämmen, haben diese Techniken eine lange Tradition.

Der Perlenwebrahmen

Wer Spaß an der Perlenweberei hat, sollte sich einen speziellen Webrahmen dafür leisten.

Wer auf dem Rahmen webt, kann sein Muster spontan während der Arbeit entwickeln oder das Muster zuerst, ähnlich wie ein Stickmuster, auf Karopapier vorzeichnen.

In den meisten Fällen ist es günstiger, mit einer ungeraden Perlenzahl pro Reihe zu arbeiten. Die Bandbreite der möglichen Muster wird dadurch größer und man kann auch Knopflöcher leichter einarbeiten. Auf jeden Fall sollten Sie mit dem Faden großzügig sein und beim Ansetzen neuer Schussfäden die Enden lang hängen lassen, damit Sie sie später vernähen können.

Das Zubehör

Sie können einen gekauften Perlenwebrahmen verwenden oder aus einem Brettchen mit zwei parallelen Reihen aus Nägeln selbst eine einfache Version herstellen. Außerdem brauchen Sie kleine Perlen, sehr stabiles Synthetikgarn und dünne Perlennadeln. Praktisch sind spezielle Perlennadeln mit schlitzförmigem Öhr. Es kann auch sinnvoll sein, die Fäden während der Arbeit zu wachsen.

DAS BRAUCHEN SIE

- Synthetikgarn
- Perlennadeln
- Perlenwebrahmen (Holz oder Kunststoff)
- dicke Sticknadel ohne Spitze

AUFSPANNEN

Schneiden Sie die Kettfäden großzügig zu und achten Sie beim Aufspannen darauf, dass alle Abstände gleichmäßig ausfallen.

1 Geben Sie beim Zuschneiden der (längs verlaufenden) Kettfäden reichlich Länge zum Befestigen zu. Sie brauchen einen Faden mehr, als Perlen in einer Reihe vorhanden sind, sowie zwei weitere, um die äußeren Kettfäden zu doppeln. Wenn Sie ein Stück aus neun Perlen arbeiten wollen, müssen Sie also zwölf Kettfäden zuschneiden.

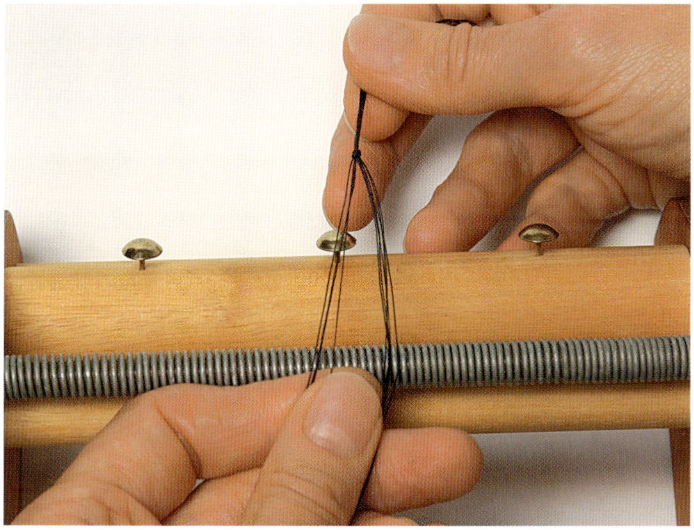

2 Ein Ende der Kettfäden zusammenknoten und über einen der Stifte am Webrahmen legen. Soll das Werkstück länger werden als der Webrahmen, wickeln Sie die Kettfäden am Ihnen entgegengesetzten Ende auf.

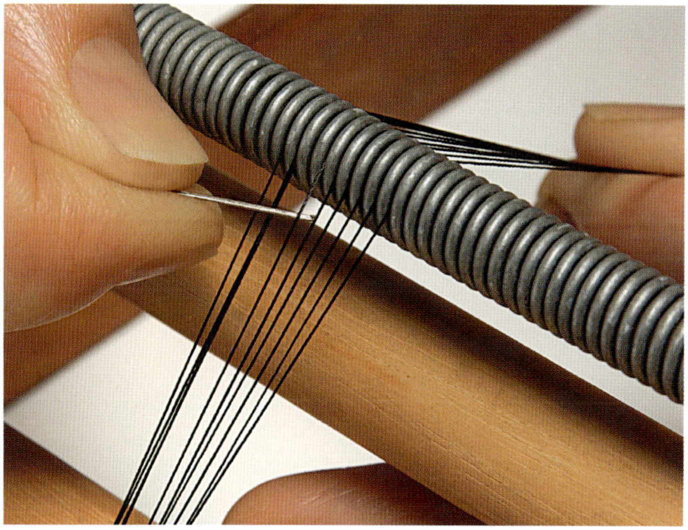

3 Die Fäden mit der Sticknadel in die Führungsrillen des Webrahmens legen.

4 Am entgegengesetzten Ende die Fäden in die Rillen legen, die den ersten genau gegenüber liegen.

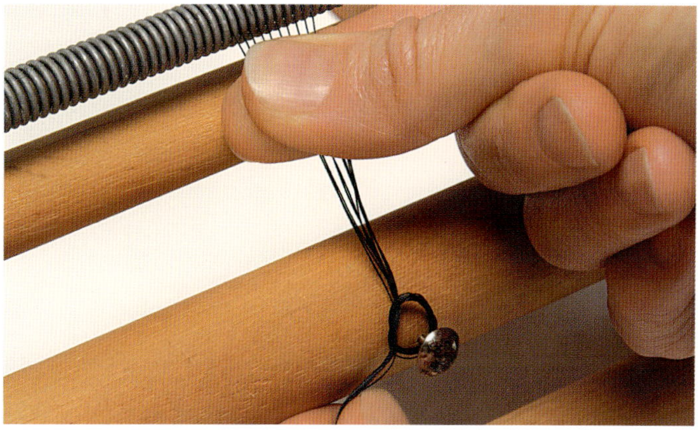

5 Das Ende der Kettfäden um einen Stift legen und verknoten. Die seitlichen Muttern lösen und die Fäden durch Verschieben der Backen des Webrahmens spannen.

SIEHE AUCH
⇨WERKZEUGE SEITE 10–13
⇨FÄDEN SEITE 14–17

WEBEN AUF DEM RAHMEN

Auf einem Perlenwebrahmen verarbeitet man normalerweise kleine, kurze Perlen wie z. B. Rocailles (siehe Seite 20). Sparen Sie nicht an der Qualität, denn je gleichmäßiger die Perlengrößen sind, desto schöner sieht die Weberei aus. Andererseits können gewisse Unregelmäßigkeiten auch als Gestaltungselement eingesetzt werden.

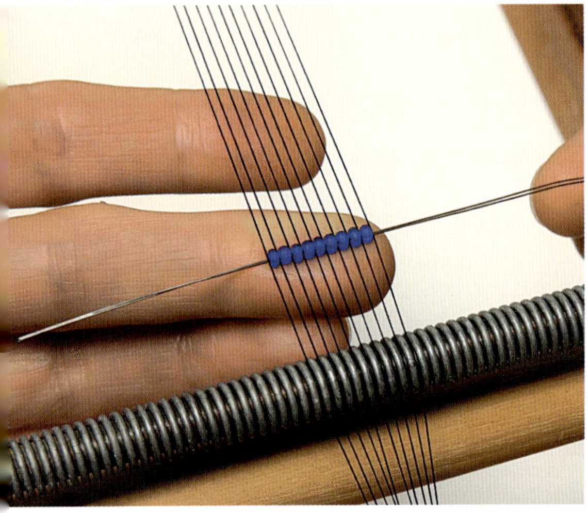

1 Einen Schussfaden in die Perlennadel einfädeln. Er sollte recht lang sein, damit Sie während des Webens nicht zu oft ansetzen müssen. Die Perlen für die erste Reihe auf die Nadeln nehmen, unter die Kettfäden legen und mit der freien Hand zwischen die Kettfäden drücken. Die Nadel durchziehen.

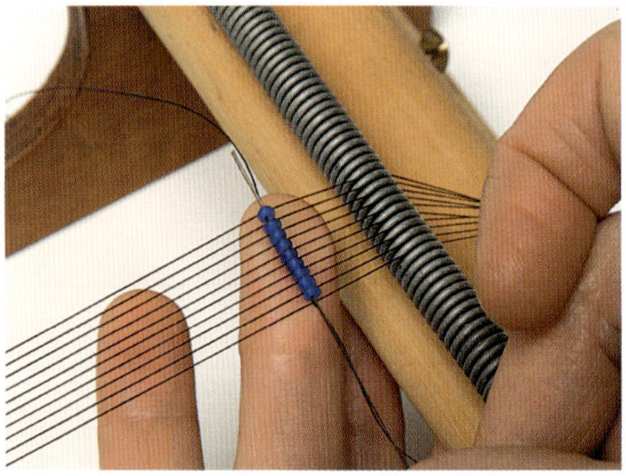

2 Die Perlen mit dem Finger festhalten und die Nadel in entgegengesetzter Richtung durchziehen – diesmal aber oberhalb der Kettfäden. Eventuell sollten Sie den Webrahmen für diesen Arbeitsschritt drehen.

Das Ende des Schussfadens lang hängen lassen, damit es später vernäht werden kann.

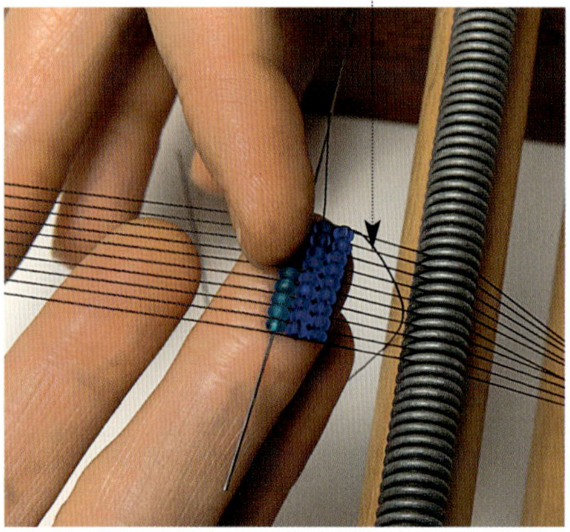

3 Reihe für Reihe so fortfahren, dabei beim Aufnehmen der Perlen das Muster berücksichtigen. Bei Bedarf einen neuen Schussfaden einfädeln und die Enden lang hängen lassen. Die Perlenreihen zwischendurch immer wieder zusammenschieben.

4 Wenn Sie einen langen Streifen weben, lösen Sie die Muttern des Webrahmens und wickeln die fertige Arbeit am vorderen Ende auf, sodass die freien Kettfäden am hinteren Ende „nachrücken".

5 Ist die gewünschte Länge erreicht, lösen Sie die Spannschrauben des Rahmens und nehmen das Werkstück ab.

Ein eingearbeitetes Knopfloch.

Fertigstellung

Das Weben auf dem Rahmen ist einfach, die Fertigstellung dagegen ist etwas schwieriger. Alle hängenden Fadenenden müssen vernäht werden, außerdem muss ein Verschluss angebracht werden. Manche Verschlüsse werden schon bei der Weberei vorbereitet, andere nachträglich angefügt.

FÄDEN VERNÄHEN

Nach dem Abnehmen vom Webrahmen werden zuerst die Enden der Schussfäden vernäht.

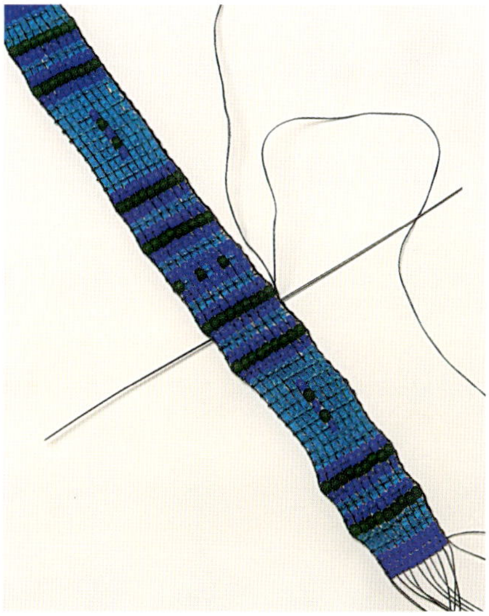

Die Fadenenden am Anfang und Ende des Webstücks durch die Perlen ziehen. An Ansatzstellen zuerst die Fäden verknoten und dann ebenfalls durch die Perlen ziehen. Je nach Verschluss müssen eventuell auch die Enden der Kettfäden auf diese Weise vernäht werden.

FÜTTERN EINES WEBSTREIFENS

Eine der einfachsten Methoden der Fertigstellung besteht darin, den gewebten Streifen mit einem Band in passender Breite abzufüttern.

1 Das Perlengewebe auf das Band legen. In diesem Fall genügt es, die Enden der Kettfäden locker zu verknoten und zwischen Perlen und Futter zu schieben.

Am besten sieht es aus, wenn Perlengewebe und Band die gleiche Breite haben.

2 Mit einer Nähnadel und Garn in einer Farbe, die zu Perlen und Futter passt, den Perlenstreifen auf das Band nähen.

SIEHE AUCH
⇨ FÄDEN SEITE 14–17

GEFLOCHTENE ENDEN

Dies ist eine kinderleichte Methode zur Fertigstellung gewebter Perlenstreifen.

1 Die Enden der Schussfäden vernähen. Einen etwas dickeren Faden um die Schussfäden knoten und beidseitig hängen lassen, um drei Stränge zum Flechten zu erhalten.

2 Die Fäden flechten und am Ende verknoten.

KNÖPFE UND SCHLAUFEN

Bei dieser Methode werden die Enden der Kettfäden zum Fädeln der Schlaufen und Anbringen der Knöpfe benutzt. Sie können echte Knöpfe verwenden, aber auch größere Perlen, die sich für diesen Zweck eignen. Die Anzahl der nötigen Knöpfe und Schlaufen hängt von der Breite des Werkstücks ab.

1 Nachdem die Enden der Schussfäden vernäht sind, werden an einem Ende Knöpfe befestigt. Fädeln Sie zwei Kettfäden in die Nadel ein und ziehen Sie zwei kleine Perlen auf.

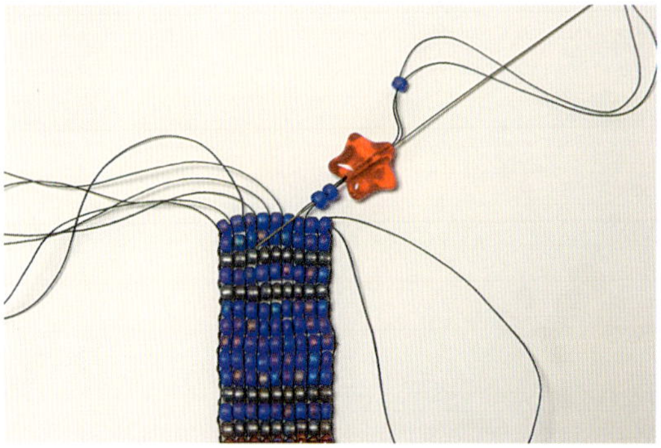

2 Jetzt den Knopf oder, wie in diesem Fall, eine größere Perle auffädeln. Danach folgt eine weitere kleine Perle. Die Nadel durch den Knopf und die beiden kleinen Perlen darunter ziehen. Die Perle am Ende wird übersprungen, denn sie hält den Knopf.

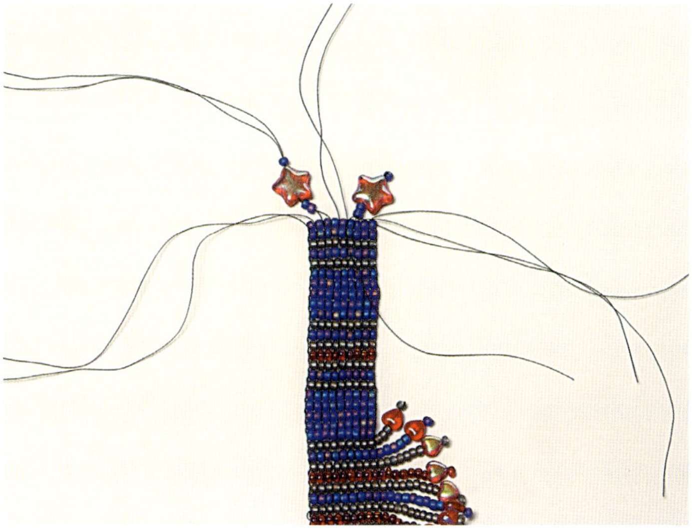

3 Die Fäden unterhalb der kleinen Perlen verknoten. Falls nötig, einen weiteren Knopf ebenso befestigen. Dann die Enden im Perlengewebe vernähen.

4 Am anderen Ende die entsprechenden Kettfäden in die Nadel fädeln und zwei kleine Perlen aufziehen.

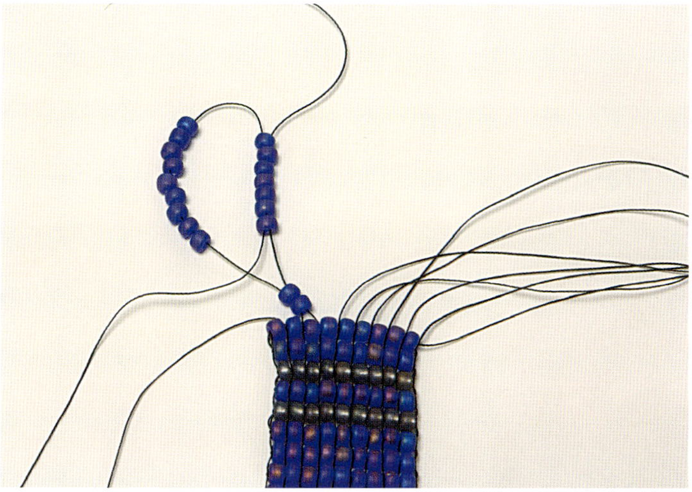

5 Die beiden Fäden trennen und auf jeder Seite weitere Perlen aufziehen. Die Fäden zur Schlaufe überkreuzen und jeden auf der entgegengesetzten Seite zum Band ziehen.

Vor dem Vernähen der Fadenenden noch einmal die Spannung überprüfen.

6 Die Schlaufe soll gerade groß genug sein, um über den Knopf zu passen. Beide Fäden zusammen durch die beiden kleinen Perlen am Ansatz ziehen, verknoten und vernähen.

SIEHE AUCH
⇨ FÄDEN VERNÄHEN SEITE 89

EINGEWEBTES KNOPFLOCH

Diese Verschlusstechnik muss vor Beginn der Arbeit geplant werden. Wählen Sie zuerst einen Knopf oder eine Perle, um das Knopfloch in der passenden Größe zu arbeiten. Sie können auch auf dem Webrahmen einen Knebel weben, der später durch das Knopfloch geschoben wird.

Weben des Knopflochs

1 Für diese Technik brauchen Sie Reihen mit ungerader Perlenzahl, um für das Knopfloch eine überspringen zu können. Weben Sie zuerst einige volle Reihen. Dann wird die Arbeit geteilt. Besteht eine Reihe aus neun Perlen, nehmen Sie nun vier auf die Nadel und stechen die Nadel in der Mitte der Kettfäden nach oben.

EXPERTEN-TIPP

Wenn Ihr Schussfaden schlecht gleitet, behandeln Sie ihn mit Wachs oder Fadenveredler.

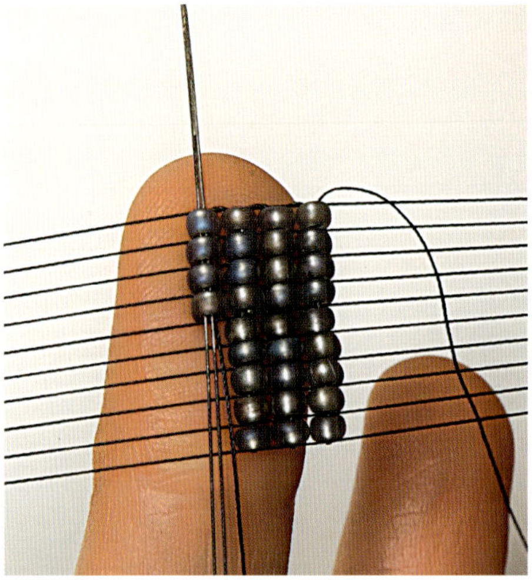

2 Die Nadel zurück durch diese vier Perlen führen.

3 Auf diese Weise fortfahren, bis genügend Reihen für eine Seite des Knopflochs in passender Größe für den gewählten Knopf vorhanden sind. Die Nadel durch alle Reihen zurückführen, um die andere Seite des Knopflochs zu arbeiten.

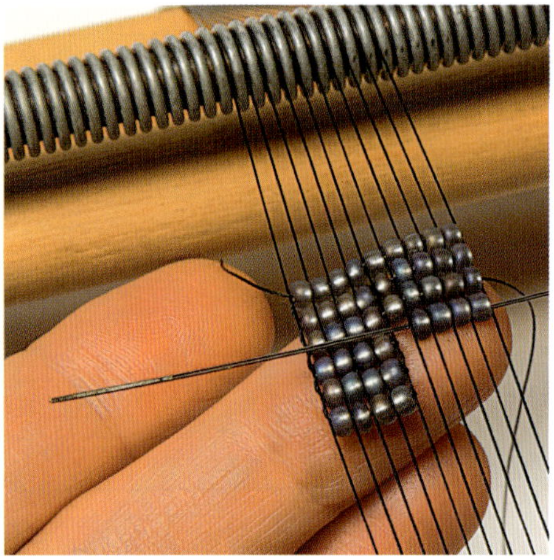

4 Den Webrahmen drehen und Schritt 1 bis 3 über die noch freien Kettfäden wiederholen. Über der mittleren Perle der Reihe entsteht dadurch ein Schlitz.

5 Über dem Knopfloch wieder mit der vollständigen Perlenzahl über die gesamte Reihe weben, bis das Werkstück fertig ist.

6 Das fertige Werkstück vom Webrahmen nehmen und die Enden der Schussfäden vernähen. Anschließend auch die Enden der Kettfäden auf der Seite des Knopflochs vernähen.

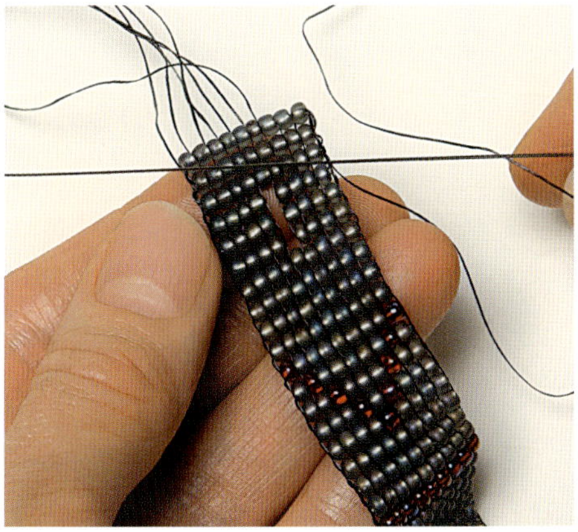

7 Weil nicht alle Fäden in den Reihen über dem Knopfloch vernäht werden können, ziehen Sie einige durch den Rand des Werkstücks und vernähen sie unter dem Knopfloch.

Anbringen einer Verschluss-Perle

Diese Methode ist eine Variation der Technik, die auf Seite 90–91 vorgestellt wird.

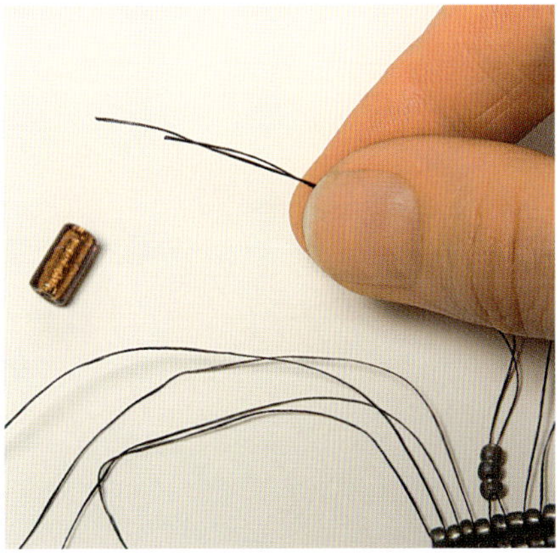

1 Der Verschluss wird an den beiden mittleren Kettfäden angebracht. Zuerst beide gemeinsam durch einige kleine Perlen ziehen.

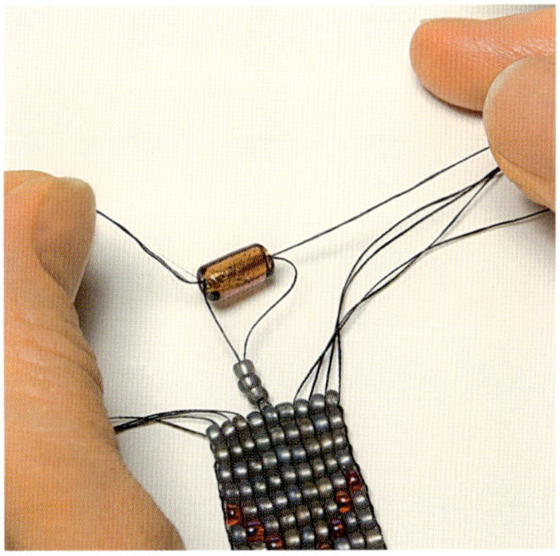

2 Die Fäden teilen, von entgegengesetzten Seiten durch die größere Perle und gemeinsam zurück durch die kleineren Perlen ziehen.

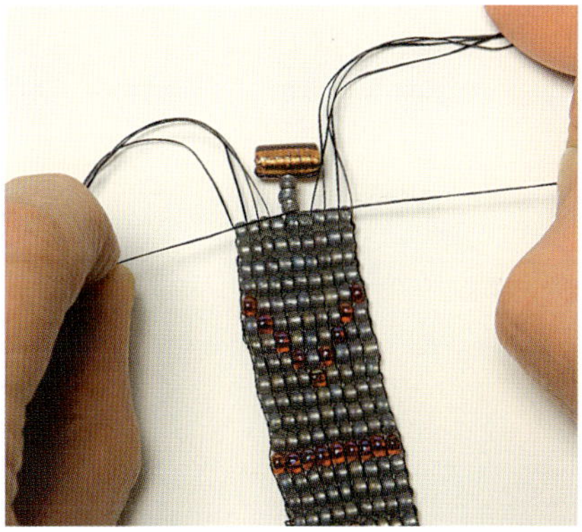

3 Die Fäden unter dem Verschluss verknoten und die Fadenenden im Perlengewebe vernähen.

Eine Perle als Verschluss kann sehr dekorativ aussehen.

EXPERTEN-TIPP

Für ein breites Werkstück mehrere schmale Streifen weben und nach dem Abnehmen vom Rahmen miteinander verbinden.

Gewebter Knebel

Anstelle eines Knopfs oder einer Perle eignet sich auch ein gewebter Knebel als Gegenstück zum Knopfloch.

1 Hat das Werkstück die gewünschte Länge, führen Sie die Nadel durch die Hälfte einer Perlenreihe und weben dann in der Mitte einige „Reihen“ mit jeweils nur einer Perle.

2 Den Arbeitsfaden durch alle Perlen zurück zum breiteren Gewebe führen.

Den Faden durch die einzelnen Perlen ziehen und beidseitig Perlen anfügen.

3 Das Werkstück vom Webrahmen nehmen und die äußeren Kettfäden vernähen. Nur rechts und links der einzelnen Perlenreihe je einen Faden hängen lassen. Mit diesen Fäden werden die Perlen für den Knebel aufgezogen.

4 Die Fäden so oft wie möglich durch die Perlen des Knebels ziehen, damit dieser möglichst steif und stabil wird.

Der fertige Knebel. Damit er flach liegt, dürfen die Fäden nicht zu straff gezogen werden.

Fransen sind eine sehr schöne Dekoration für ein Perlenband.

Fransen und Kantenverzierungen

Die Kanten von Perlenwebereien können auf verschiedene Weise während des Webens oder danach verziert werden. Das vergrößert die Bandbreite der kreativen Gestaltungsmöglichkeiten erheblich. Wie die Webmuster selbst können die Dekorationen auch im Vorwege auf Karopapier entworfen werden.

EINFACHE PERLENKANTE

Diese Kante wird nachträglich mit einer dünnen Perlennadel angefügt.

Das Ende des neuen Fadens im Perlenband vernähen.

1 Das Werkstück vom Webrahmen lösen und alle Fäden vernähen. Einen neuen Faden nehmen, eine kleine Perle aufziehen. Die Nadel hinter dem doppelten Kettfaden am Rand einstechen und nochmals durch die Perle ziehen.

Das Ende, das unter dem Knopfloch liegt, braucht nicht verziert zu werden.

2 Eine neue Perle aufziehen. Wieder hinter dem doppelten Kettfaden einstechen und den Faden erneut durch die Perle ziehen. So fortfahren, bis die ganze Kante der Weberei verziert ist.

DAS BRAUCHEN SIE

- dünne Perlennadeln
- Synthetiknähgarn

DREIFACHE PERLENKANTE

Für diese Kante gibt es zwei Arbeitstechniken. Sie können die Perlen wie bei der einzelnen Kante (links) an den äußeren Kettfäden befestigen oder die Nadel jeweils durch die Perlenreihen des Bands schieben und an den Enden zusätzliche Perlen aufziehen.

Befestigung an den Kettfäden

Zum Anbringen der Kante brauchen Sie eine feine Perlennadel.

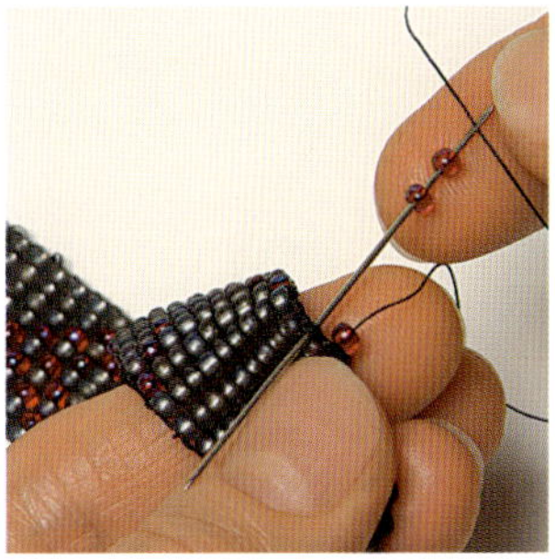

1 Das Werkstück vom Webrahmen lösen und alle Fäden vernähen. Einen neuen Faden nehmen und eine Perle aufziehen. Die Nadel hinter die beiden Kettfäden am Rand des Perlenbands stechen und wieder durch die Perle führen. Zwei weitere Perlen aufnehmen und hinter dem Kettfaden der nächsten Perlenreihe einstechen.

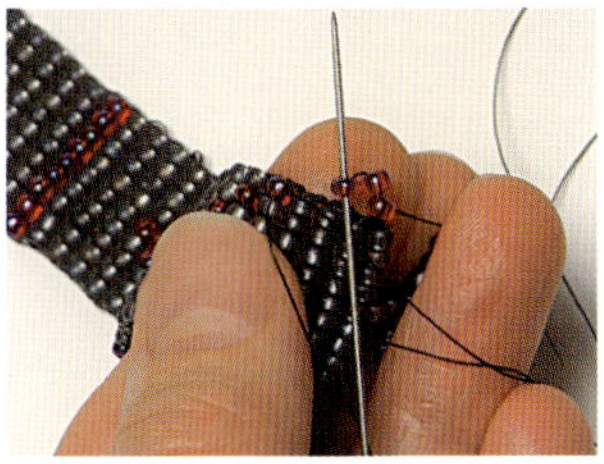

2 Die Nadel durch die zweite der neu aufgenommenen Perlen wieder ausstechen.

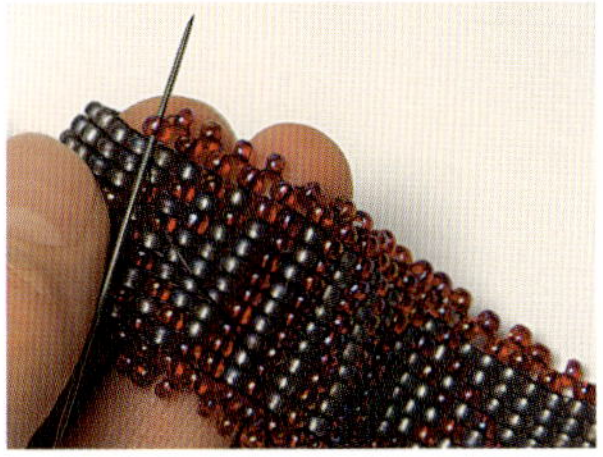

3 Fortlaufend wiederholen: Zwei Perlen aufnehmen, hinter dem doppelten Kettfaden ein- und durch die zweite Perle hindurch wieder ausstechen.

Befestigung durch die Reihen

Wenn Sie die Weberei füttern oder die Enden der Kettfäden flechten, also wenige Fadenenden in den Perlenreihen vernähen, können Sie die Längskanten der Weberei auch auf diese Weise verzieren. Zur Verzierung der Schmalkanten eignet sie sich nicht. Die Arbeit wird dadurch zusätzlich verstärkt.

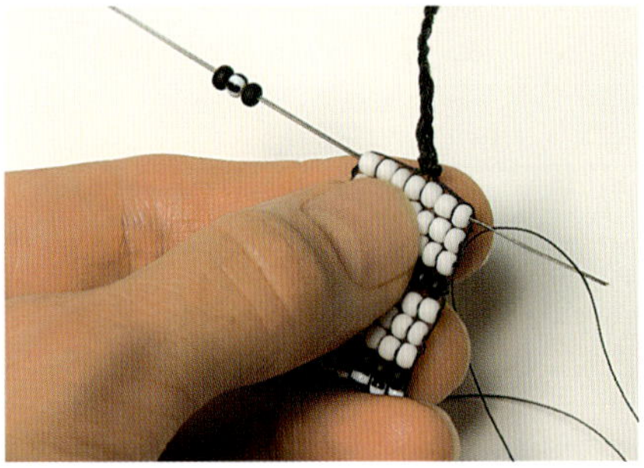

1 Einen neuen Faden mit einer langen, dünnen Perlennadel durch eine Endreihe des Perlenbands ziehen. Drei Perlen aufnehmen.

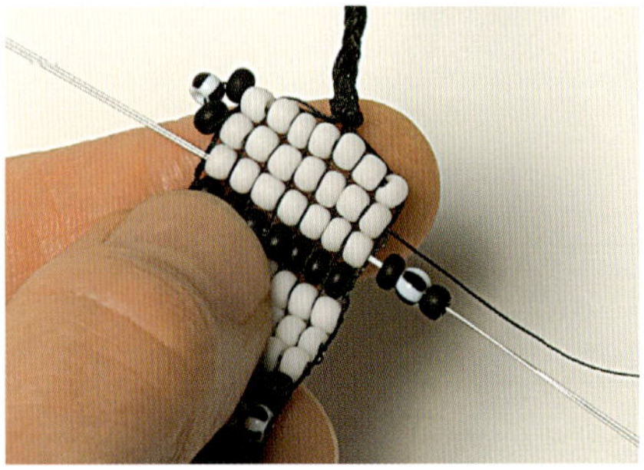

2 Die Nadel durch die nächste Perlenreihe ziehen und wieder drei Perlen aufnehmen. So fortfahren, bis beide Seiten verziert sind.

FRANSEN

Dekorative Fransen kann man während des Webens oder auch nachträglich anbringen.

Angesetzte Fransen

Zum nachträglichen Anbringen von Fransen kann das Werkstück auf dem Webrahmen bleiben oder abgenommen werden. Sie können Fransen auch in einem Arbeitsgang mit der Verzierung des Rands durch die Reihen (siehe links) arbeiten.

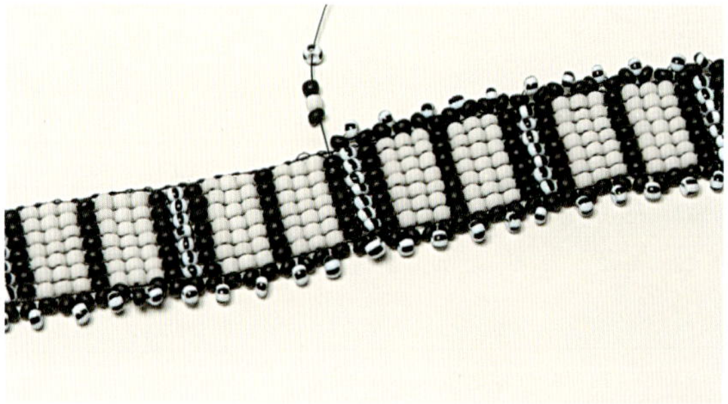

1 Einen neuen Faden an der Stelle befestigen, wo die erste Franse liegen soll. Die Perlennadel durch die Perlen der Reihe schieben und am Ende einige weitere Perlen für die Franse aufnehmen. Den Faden durchziehen.

2 Die Nadel zurück durch die Perlen ziehen, dabei aber die letzte überspringen, um die anderen zu fixieren.

3 Die Nadel durch die gleiche Perlenreihe zurückstechen, wenn die Fransen eng stehen sollen. Für etwas größere Abstände die Nadel durch die nächste Perlenreihe führen. Fortlaufend wiederholen.

Dekorative Schlingen

Eine Variante der Fransen sind diese Schlingen, die ebenfalls nachträglich angesetzt werden.

1 Einen neuen Faden an der Stelle befestigen, wo die erste Franse liegen soll. Die Perlennadel durch die Perlen der Reihe schieben und am Ende einige zusätzliche Perlen aufnehmen. Die Nadel einige Reihen weiter durch eine Perlenreihe schieben, sodass die zusätzlichen Perlen am Rand eine Schlaufe bilden.

2 In dieser Weise fortfahren, bis die gewünschte Anordnung – schlicht oder aufwändig – erreicht ist.

Eingewebte Fransen

Diese Fransen werden während der Webarbeit auf dem Rahmen eingearbeitet. Die Perlenreihen werden zweimal mit der Nadel durchstochen.

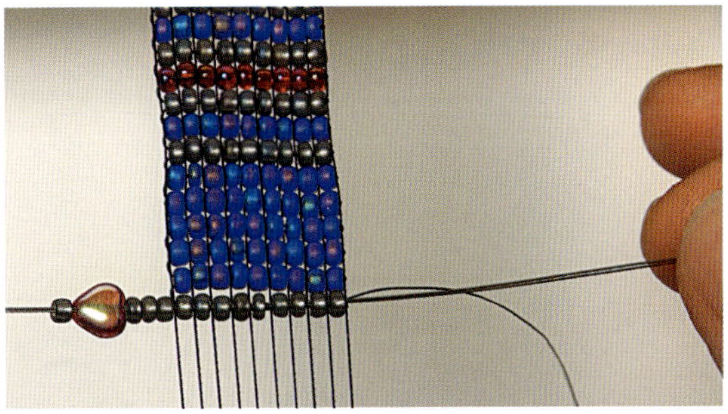

1 An der Position der ersten Franse nach der Fertigstellung der Perlenreihe zusätzliche Perlen aufnehmen. Sie können dafür die gleichen Perlen wie in der Weberei verwenden, aber auch andere.

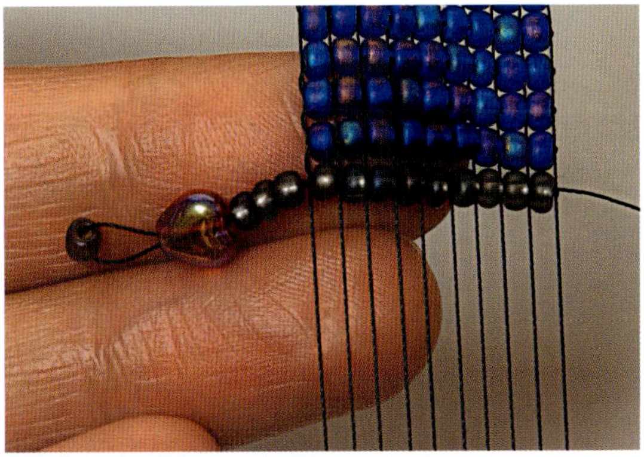

2 Die Nadel durch die Perlen der Franse zurückführen, nur die erste überspringen, weil sie die übrigen fixiert. Dann die Nadel nochmals durch die Perlenreihe auf dem Webrahmen stechen.

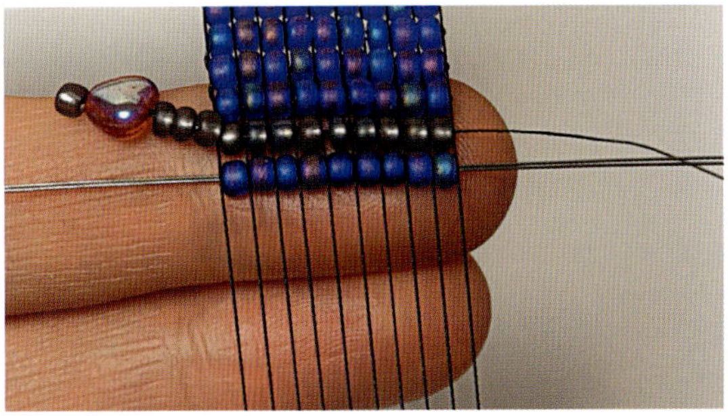

3 Eine neue Reihe weben und nach ihrer Fertigstellung wieder eine Franse anfügen. Fortlaufend wiederholen, bis die Fransenverzierung die gewünschte Breite hat.

SIEHE AUCH
⇨ FÄDEN VERNÄHEN SEITE 89

FREIES WEBEN

Die Tradition der freien Perlenweberei reicht zurück bis ins Alte Ägypten und erlebt zurzeit eine beachtliche Renaissance. In diesem Kapitel werden die beliebtesten Techniken vorgestellt. Beim freien Weben entsteht das Muster durch verschiedene Stichführungen mit Nadel und Faden. Zusätzlich lässt sich das Aussehen der Stiche verändern, indem man Perlen in unterschiedlichen Größen und Formen verwendet.

Parallelstich

Ein Armband aus einfachen Rechtecken in abgestuften Farben.

Der Parallelstich ist von Webereien, die auf dem Rahmen gearbeitet wurden, kaum zu unterscheiden. Er hat allerdings den Vorteil, dass das Vernähen der vielen Fadenenden entfällt, durch das die Weberei auf dem Rahmen manchmal etwas mühsam wird. Außerdem ist der Parallelstich eine der stabilsten Stichformen, weil der Faden mehrmals durch jede Perle geführt wird. Wegen der regelmäßigen Anordnung eignet sich dieser Stich ausgezeichnet für Webereien mit Mustern. Sie brauchen nur einen Entwurf auf Karopapier, können aber auch ein fertiges Zählmuster für Kreuzstich verwenden.

Die richtige Spannung

In Bezug auf die Fadenspannung ist dies einer der einfachsten Stiche. Wenn Sie den Faden in den ersten beiden Reihen angezogen haben, kann kaum noch etwas schief gehen.

Einfacher oder doppelter Faden?

Weil der Faden mehrmals durch jede Perle verläuft, braucht er nicht doppelt genommen zu werden.

DER GRUNDSTICH

Der Parallelstich wird aus zwei Gründen gern mit zylindrischen Perlen gearbeitet. Erstens liegen sie wegen ihrer einheitlichen Form perfekt nebeneinander, zweitens haben sie – gemessen an ihrer Größe – ein relativ großes Loch, durch das sich der Faden problemlos mehrmals führen lässt. Für dieses Beispiel wurden zylindrische Perlen in Größe 11 verwendet.

EXPERTEN-TIPP

Arbeiten Sie anhand der Anleitungen zuerst kleine Musterstücke, die zum späteren Nachvollziehen der Arbeit hilfreich sein können.

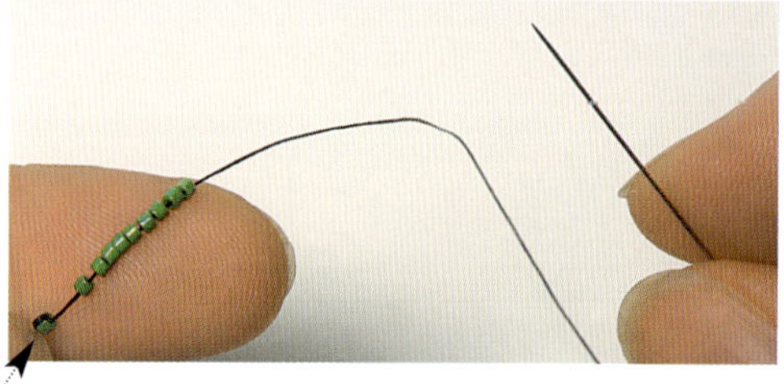

Stopperperle

1 1,5 m Perlenfaden in eine lange Perlennadel einfädeln. Eine Perle aufnehmen und bis 15 cm vor das Fadenende schieben. Die Nadel nochmals durch diese Perle stechen, sodass sie von einer Schlinge fixiert wird. Dies ist die so genannte Stopperperle. Neun weitere Perlen aufziehen.

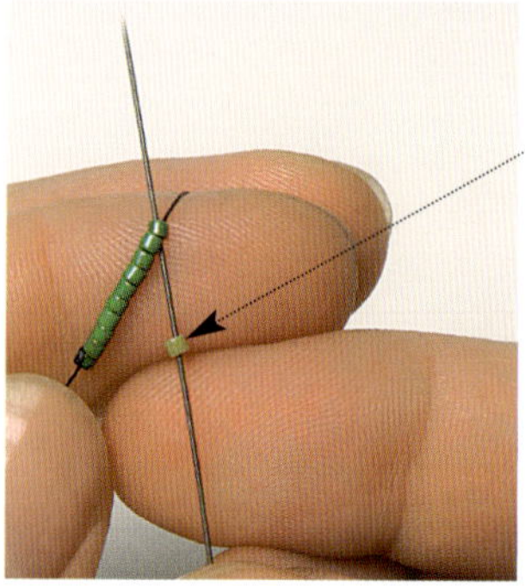

Anfänger sollten für die zweite Reihe eine andere Farbe nehmen. So sind die neu aufgenommenen Perlen besser zu erkennen.

2 Eine Perle aufnehmen und rückwärts durch die vorherige Perle stechen.

3 Die Nadel umdrehen und durch die gerade zugefügte Perle stechen.

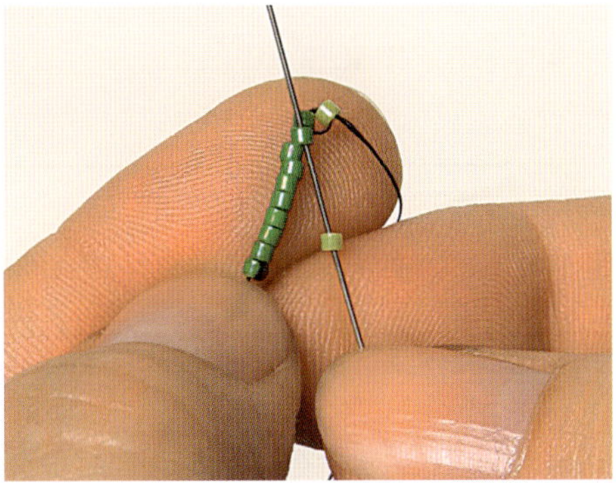

4 Eine neue Perle aufnehmen und die Nadel rückwärts durch die vorletzte Perle der Vorreihe stechen.

5 Die Nadel umdrehen und nochmals durch die neu zugefügte Perle stechen. Fortlaufend in dieser Weise einzelne Perlen durch Rückwärtsstiche an den Perlen in der gleichen Position in der Vorreihe befestigen.

Die Nadel jetzt durch alle Perlen der Reihe stechen.

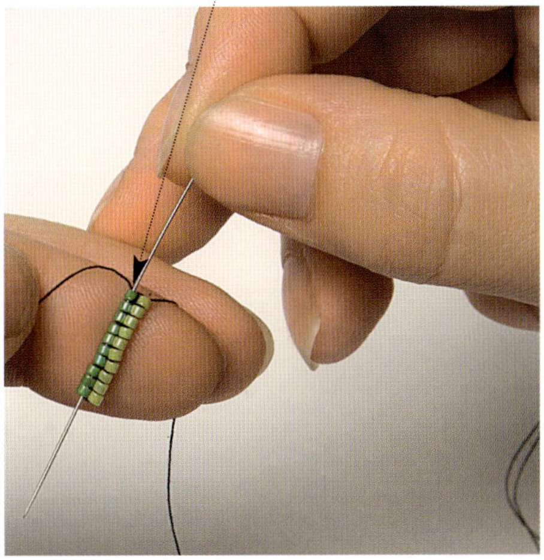

6 Am Ende der zweiten Reihe stehen die Perlen nicht exakt übereinander. Um das zu erreichen, den Faden nochmals durch die ganze erste Perlenreihe ziehen, dann wenden und durch die zweite Perlenreihe stechen. Die Schritte 2–6 fortlaufend wiederholen.

ZUNEHMEN AN DER AUSSENSEITE

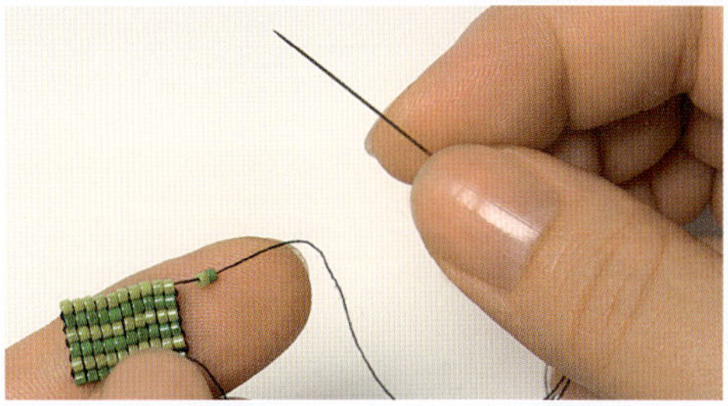

1 Um an einer Außenseite zuzunehmen, die Nadel aus der letzten Perle der betreffenden Reihe ausstechen. Eine weitere Perle und die erste Perle der nächsten Reihe aufnehmen.

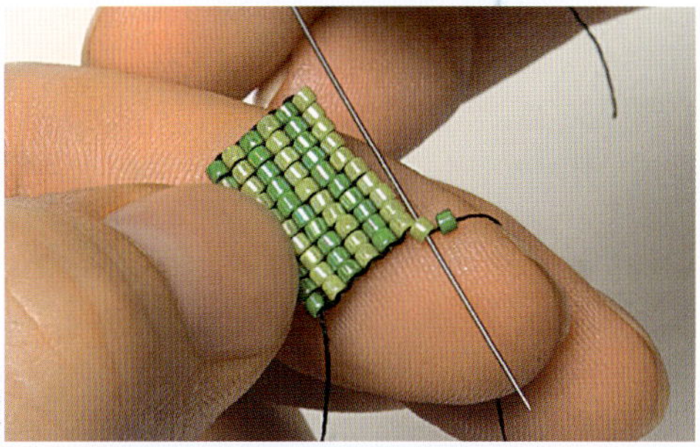

2 Zurück durch die aufgenommene Perle stechen.

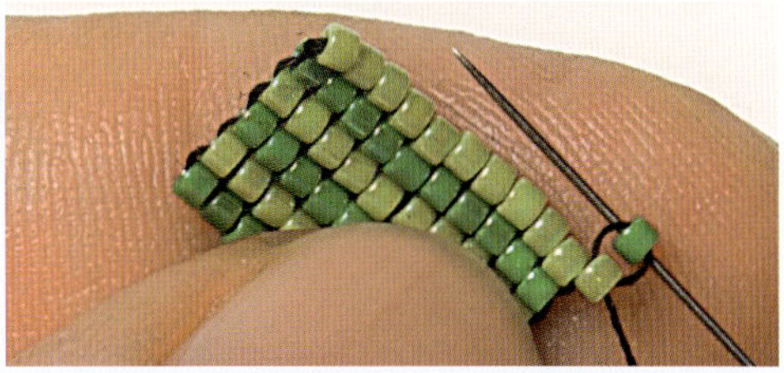

3 Nun durch die erste Perle der neuen Reihe stechen und in der üblichen Weise fortfahren. Werden mehrere Perlen in einer Reihe zugenommen, müssen alle mit Parallelstichen verbunden und am Hauptteil befestigt werden.

ABNEHMEN AN DER AUSSENSEITE

Die nächste Reihe beginnt hier: eine Perle vor dem Ende der vorigen.

1 Im Parallelstich bis zum Ende der Reihe arbeiten, in der die Abnahme liegt. Die Nadel wie üblich zurück durch die gesamte vorherige Reihe führen, dann durch die Perlen der letzten Reihe stechen – aber dort ausstechen, wo die Abnahme beginnen soll.

Jetzt ist die Abnahme gut zu erkennen.

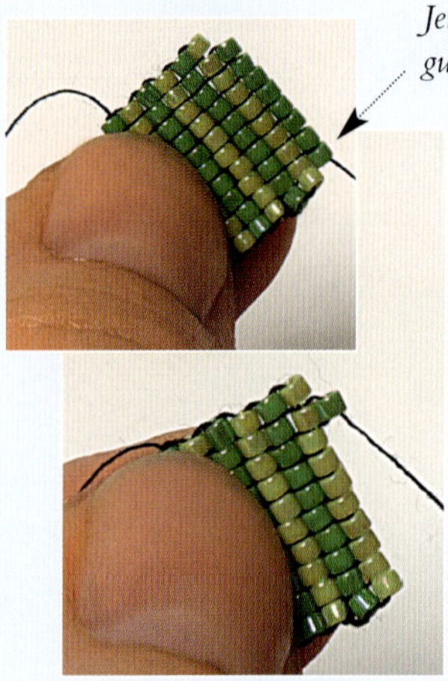

2 Eine Perle aufnehmen und rückwärts durch die Perle stechen, aus der der Arbeitsfaden kommt. Im Parallelstich weiter bis zu der Perle arbeiten, mit der die Reihe enden soll.

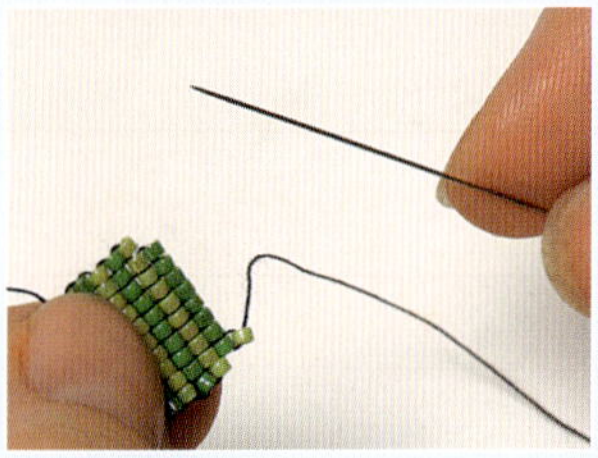

3 Die erste Perle der neuen Reihe aufnehmen und wie gewohnt fortfahren.

SCHLAUCH AUS PARALLELSTICH FÜR SCHMUCK UND GEFÄSSE

Um in freier Webtechnik einen Schlauch herzustellen, arbeitet man am besten auf einem Unterbau, etwa einem Trinkhalm, einer Kunststoffröhre oder einem Stift.

Die Runde mit einem Doppelknoten sichern.

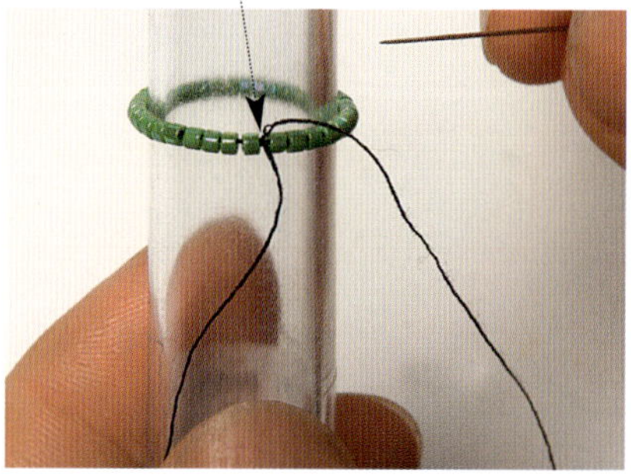

1 So viele Perlen aufziehen, dass sich ein geschlossener Ring um den Unterbau bilden lässt, und mit einem Doppelknoten im Faden zur Runde schließen.

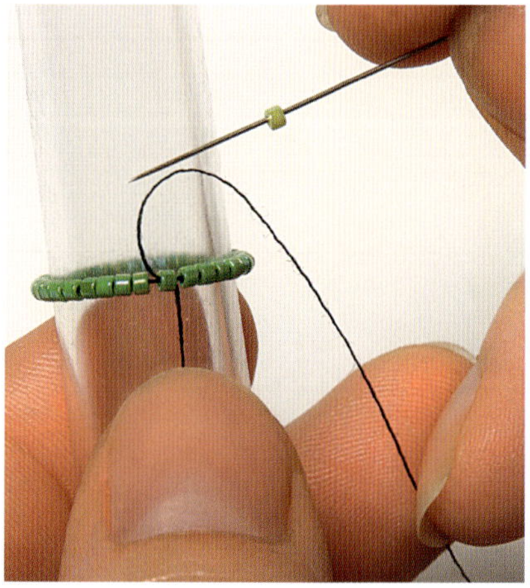

2 Durch die erste Perle der Runde stechen und die erste Perle der neuen Runde aufnehmen.

Reihe 2 entgegen dem Uhrzeigersinn arbeiten.

3 Rückwärts durch die erste Perle der Vorreihe stechen. Wie beim normalen Parallelstich fortfahren. In dieser Runde arbeiten Sie gegen den Uhrzeigersinn.

4 Ist die zweite Runde fertig, den Faden nochmals durch alle Perlen der Runde ziehen und nach der ersten Perle der zweiten Runde ausstechen. Nun die dritte Runde ebenso arbeiten – aber im Uhrzeigersinn.

Comanchenstich

Effektvolle Armbänder im Comanchenstich aus zweierlei Perlen.

Dieser Stich trägt den Namen des Indianervolks, durch das er bekannt wurde. Er ist wesentlich stabiler als viele andere freie Webtechniken. Auf der Fläche sieht man, dass die Perlenreihen gegeneinander versetzt sind, wie die Steinreihen einer Mauer.

Der Comanchenstich wird oft schlauchförmig gearbeitet, um beispielsweise Beutel für Amulette herzustellen. Weil er recht fest ist, eignet er sich sogar zur Gestaltung frei stehender Gefäße und dreidimensionaler Stücke.

Der Comanchenstich bietet sich zum Arbeiten mehrfarbiger Muster an. Dafür empfehlen sich vor allem zylindrische Perlen, die wegen ihrer einheitlichen Form akkurat nebeneinander liegen, sodass das Muster in dem regelmäßigen Stich gut zum Ausdruck kommt.

Einfacher oder doppelter Faden?

Normalerweise arbeitet man mit einfachem Faden, weil jede Perle zweimal durchstochen wird. Bei der Arbeit mit doppeltem Faden besteht Gefahr, dass Perlen mit relativ kleinem Loch „verstopfen“. Dann muss man Druck anwenden, um die Nadel durch das enge Loch zu schieben, und im schlimmsten Fall kann eine Perle dabei platzen.

Die richtige Spannung

Beim Comanchenstich darf man den Arbeitsfaden nicht zu stramm ziehen, sonst kann sich die gewebte Fläche durch die Spannung verziehen oder hässlich wellen.

DIE ERSTEN SCHRITTE

Zuerst muss eine Grundreihe gearbeitet werden. Je nach Projekt können Sie dafür Stiftperlen oder runde Perlen verwenden. Viele indianische Amulett-Beutel haben einen Rand aus Stiftperlen. Einsteiger sind gut beraten, mit Stiften zu beginnen, weil sie größer als Rocailles sind und sich etwas leichter handhaben lassen.

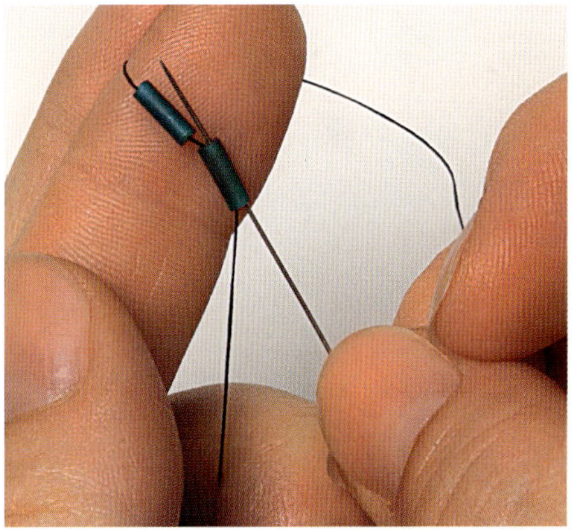

1 1,5 m Perlenfaden in eine lange Perlennadel einfädeln. Zwei Perlen aufziehen. Den Faden im Bogen führen und nochmals in der gleichen Richtung wie beim ersten Stich durch die erste Perle ziehen.

EXPERTEN-TIPP

Gelegentlich findet man eine Stäbchenperle mit unsauber geschnittenem oder abgestoßenem Rand. Werfen Sie solche Perlen weg, denn die scharfen Kanten scheuern sehr schnell den Faden durch und die Arbeit fällt auseinander. Bei hochwertigen Perlen ist das Ausschussrisiko geringer.

2 Arbeitsfaden und Fadenende in entgegengesetzten Richtungen durch die zweite Perle führen. Beim Anziehen der Fäden legen sich die Perlen sauber nebeneinander.

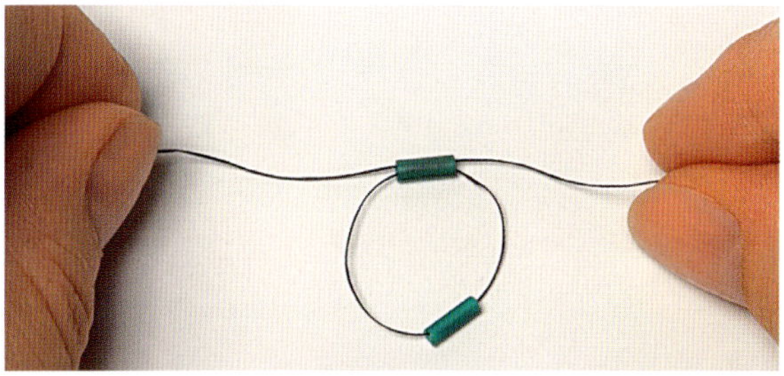

Das Fadenende hängt auf der linken Seite des Werkstücks.

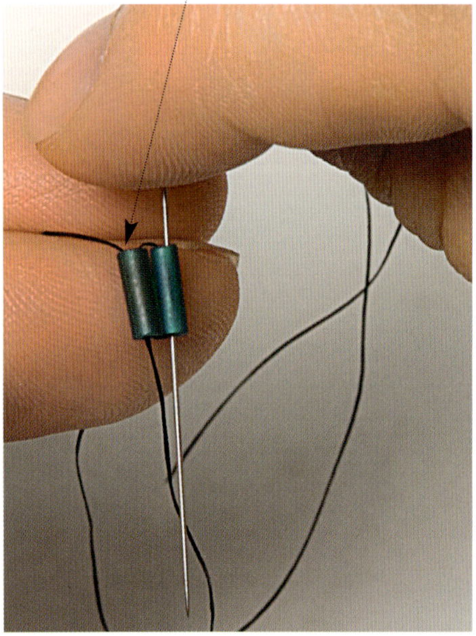

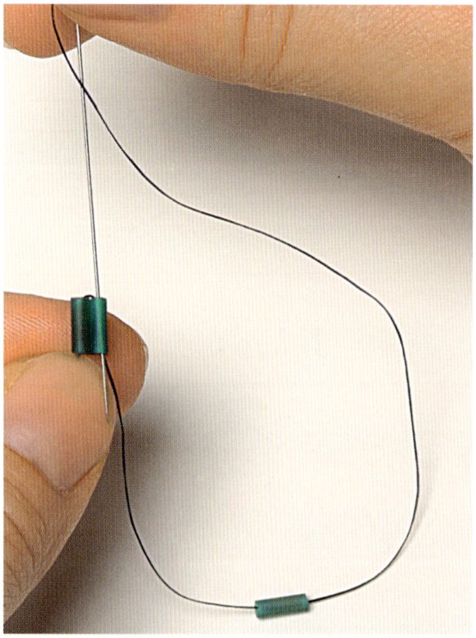

Die Nadel von unten nach oben durch die dritte Perle stechen. So gelangt sie in die richtige Position zum Aufnehmen der vierten Perle.

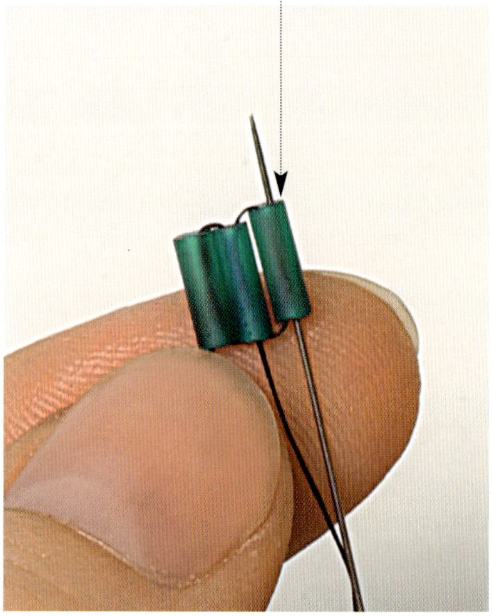

3 Die Perlen zwischen Daumen und Zeigefinger festhalten. Das Fadenende hängt links. Die Nadel von oben nach unten durch die rechte Perle schieben.

4 Eine dritte Perle aufnehmen und nochmals von oben nach unten durch die zweite Perle stechen.

5 Den Arbeitsfaden durchziehen, bis die dritte Perle glatt an der zweiten liegt. Dann von unten nach oben durch diese dritte Perle stechen.

6 In der gleichen Weise weitere Perlen anfügen, bis die Grundreihe die gewünschte Länge hat. Dabei stechen Sie abwechselnd von oben nach unten und von unten nach oben.

EXPERTEN-TIPP

Um die Spannung gleichmäßig zu halten, den Arbeitsfaden nach dem Durchziehen immer in Richtung des losen Fadenendes straffen. Zieht man ihn vom Werkstück weg (beispielsweise zum Körper hin), lockert sich die Spannung und es entstehen Lücken zwischen den Perlen.

REIHEN KLEINER PERLEN ANFÜGEN

An die fertige Grundreihe können nun kleine Perlen im Comanchenstich angefügt werden.

1 Für die erste Reihe im Comanchenstich zwei Rocailles auf die Nadel nehmen und von hinten nach vorn unter dem ersten Querfaden der Stiftperlen hindurchstechen. Die Rocailles sollen nebeneinanderliegen, sodass ihre Löcher senkrecht stehen.

2 Die Nadel durch die erste Rocaille nach oben führen.

Die Nadel abwärts durch die Perle und den Querfaden stechen.

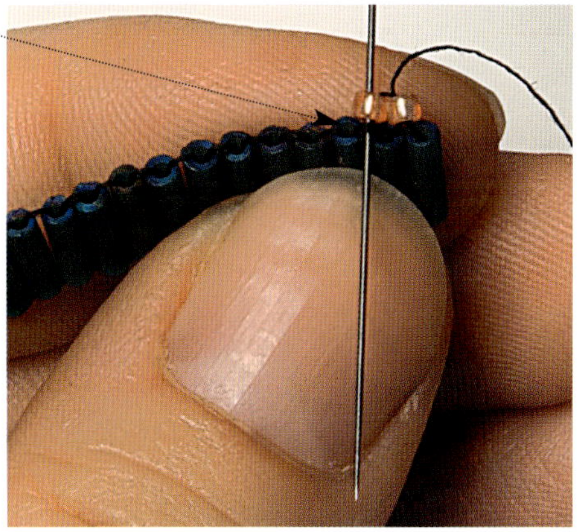

3 Dann durch die zweite Rocaille abwärts und nochmals unter dem gleichen Querfaden der Stiftperlen hindurchstechen.

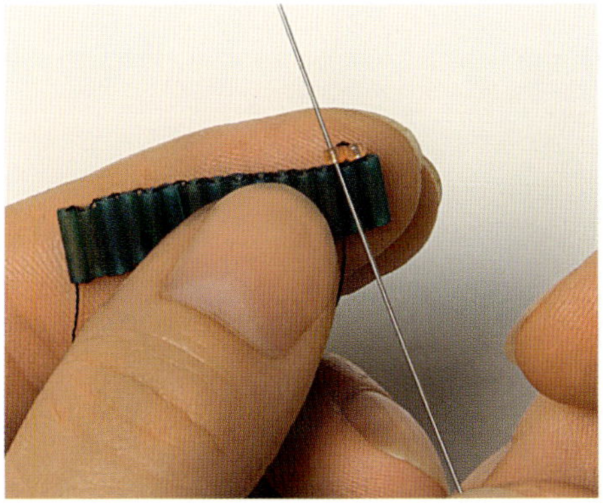

4 Aufwärts durch die zweite Perle stechen. Durch diese so genannten Verankerungsstiche wird verhindert, dass die ersten beiden Perlen nach innen kippen. Sie stehen senkrecht und die Perlenweberei bleibt glatt und ebenmäßig.

Nach dem Aufnehmen der Perle die Nadel durch den Querfaden der Grundreihe ziehen.

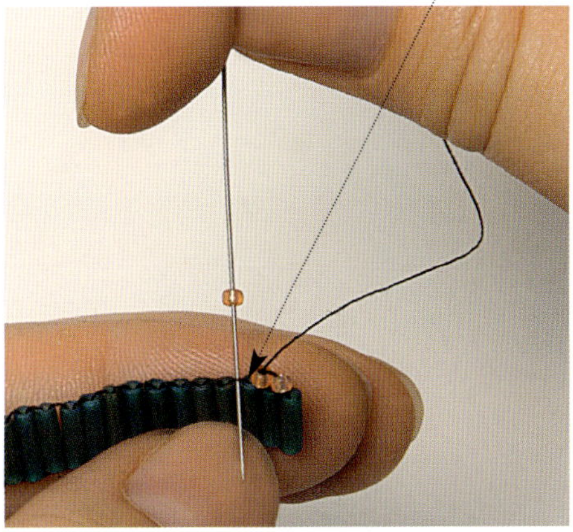

5 Eine dritte Rocaille aufnehmen und die Nadel durch den nächsten Querfaden der Grundreihe stechen.

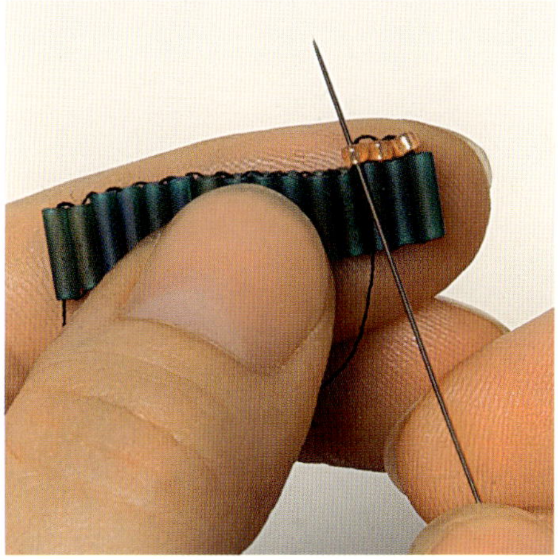

6 Den Faden durchziehen, bis die Perle senkrecht neben der vorherigen liegt. Aufwärts durch die Perle stechen und den Faden nach oben durchziehen, so dass alle drei Perlen eine saubere Reihe bilden. Die nächsten Perlen ebenso anbringen.

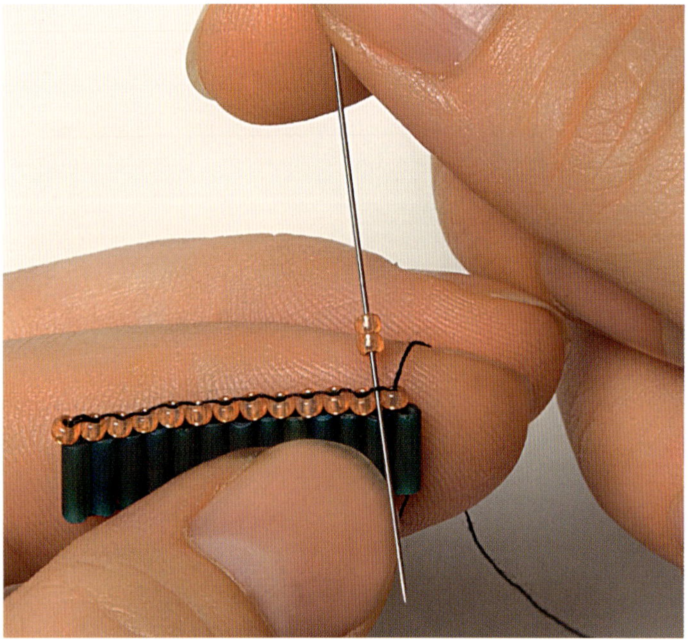

7 Am Ende der Reihe das Werkstück wenden und zwei neue Perlen aufnehmen. Unter dem Querfaden der Vorreihe hindurchstechen, den Faden durchziehen und die beiden neuen Perlen senkrecht stellen, sodass ihre Löcher nach oben zeigen.

8 Aufwärts durch die erste und abwärts durch die zweite Perle stechen, dann die Nadel nochmals unter dem ersten Querfaden hindurch und durch die zweite Perle aufwärtsziehen. Nun wie in der Vorreihe einzeln weitere Perlen anfügen.

9 Die folgenden Reihen ebenso arbeiten, bis die gewünschte Länge erreicht ist.

FADENWECHSEL

Zum Vernähen in der Reihe aus Stiftperlen genügt es, mit der Nadel durch drei oder vier Perlen rückwärts zu gehen, den Faden mit einem Doppelknoten zu sichern und danach durch weitere zwei oder drei Perlen zu ziehen.
Den neuen Faden durch einige Perlen ziehen und sechs oder sieben Perlen vor der Ansatzstelle mit einem Doppelknoten sichern, dann bis zur Ansatzstelle führen.

ZUNEHMEN AN DER AUSSENSEITE

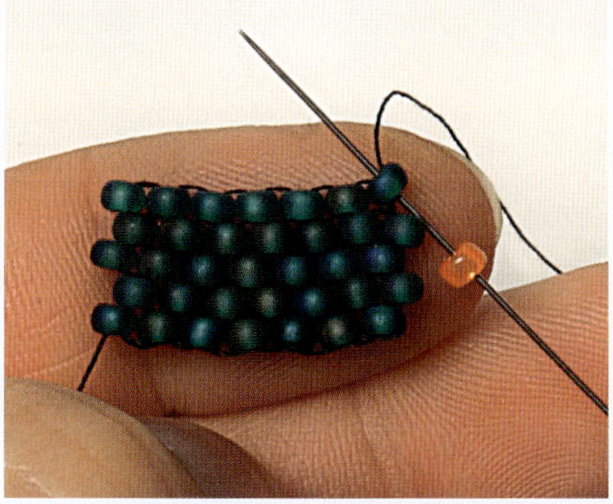

1 Ist eine Zunahme erforderlich, nehmen Sie am Reihenrand eine zusätzliche Perle auf und stechen dann von unten nach oben durch die zuletzt angebrachte Perle.

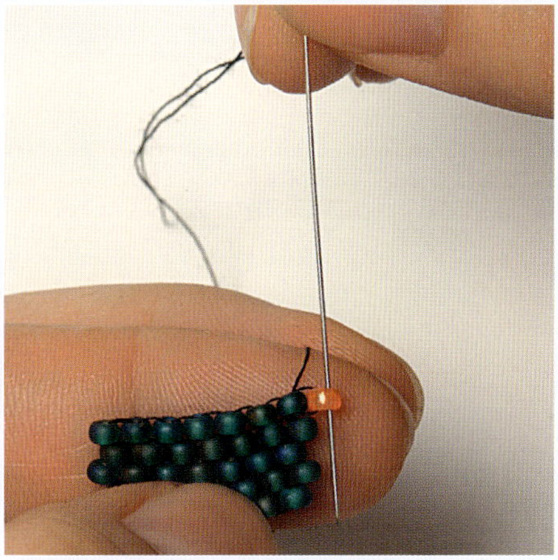

2 Die Nadel von oben nach unten durch die neu hinzugefügte Perle führen.

Zwei Perlen wurden zugenommen, darüber folgt die nächste Reihe.

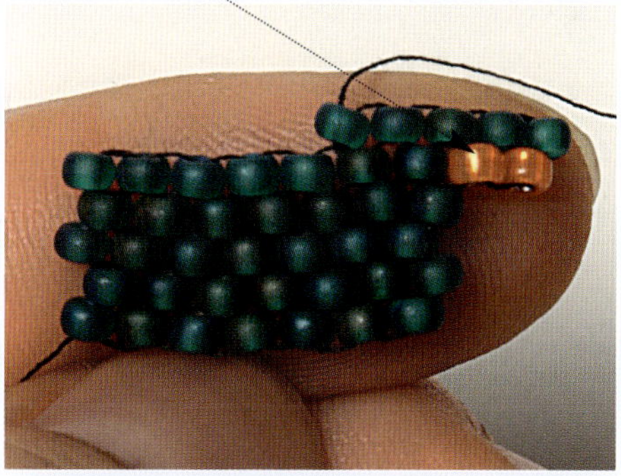

3 Auf diese Weise die benötigte Zahl von Perlen anfügen und die folgende Reihe im Comanchenstich über die zugenommenen Perlen arbeiten.

ABNEHMEN AN DER AUSSENSEITE

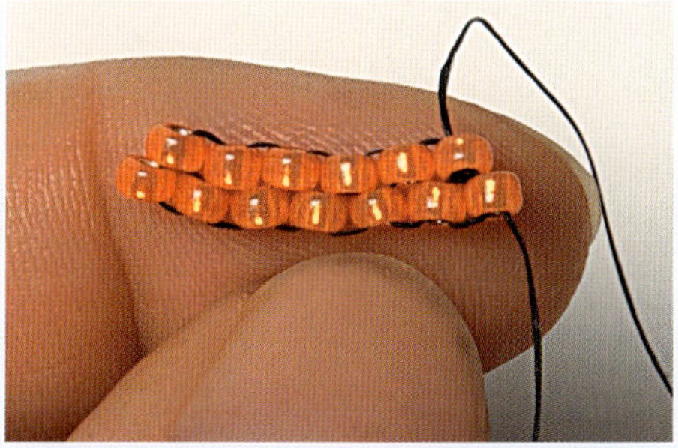

1 Um eine Reihe mit einer Abnahme zu beginnen, ziehen Sie zwei Perlen auf und stechen nun unter dem zweiten Querfaden der vorherigen Reihe hindurch. Von unten nach oben durch die erste Perle, von oben nach unten durch die zweite und nochmals unter dem zweiten Querfaden hindurchstechen. Die Reihe mit einzelnen Perlen beenden.

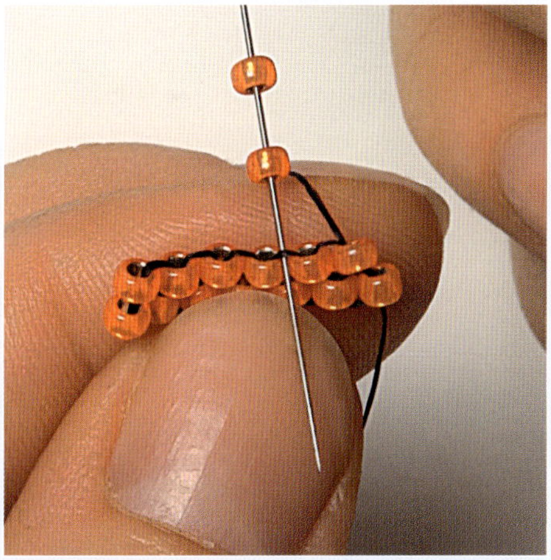

2 Zu Beginn der nächsten Abnahmereihe wieder zwei Perlen aufnehmen und unter dem zweiten Querfaden der Vorreihe hindurchstechen.

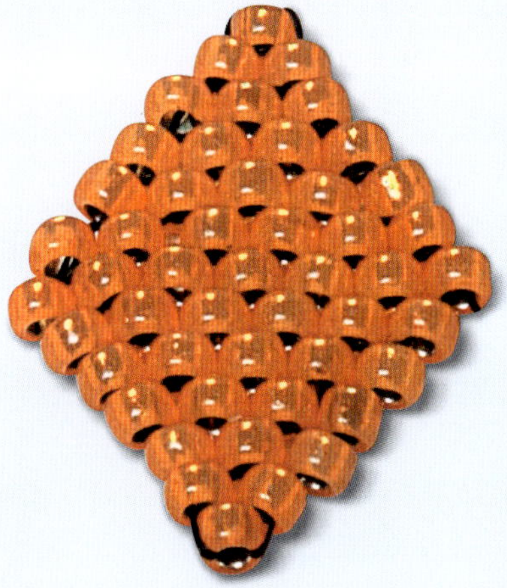

3 Wenn Sie weiterhin abnehmen, verjüngt sich die Form des Werkstücks von selbst zu einer Spitze. Wenn Sie nun den Faden zu einer Randperle der Grundreihe durchziehen, können Sie auch in die andere Richtung eine Spitze arbeiten und erhalten eine Raute.

COMANCHENSTICH IN RUNDEN

Ist die Grundreihe angelegt, kann der Comanchenstich auch in Runden gearbeitet werden, um einen stabilen Schlauch zu erhalten.

1 Zuerst die Grundreihe gemäß der Anleitung auf Seite 101 arbeiten. Verwenden Sie so viele Perlen, wie für den gewünschten Schlauchdurchmesser nötig sind. Damit die Grundreihe stabiler wird, können Sie den Faden ein weiteres Mal auf und ab durch alle Perlen führen.

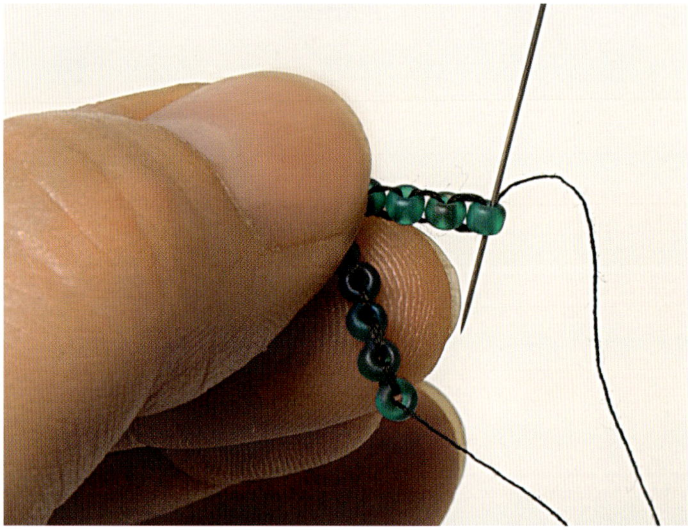

2 Die Grundreihe flach auf den Tisch legen, die Löcher der Perlen zeigen nach oben. Die Nadel abwärts durch die erste und danach aufwärts durch die letzte Perle ziehen, um die Runde zu schließen. Den Faden nochmals durch beide Perlen ziehen.

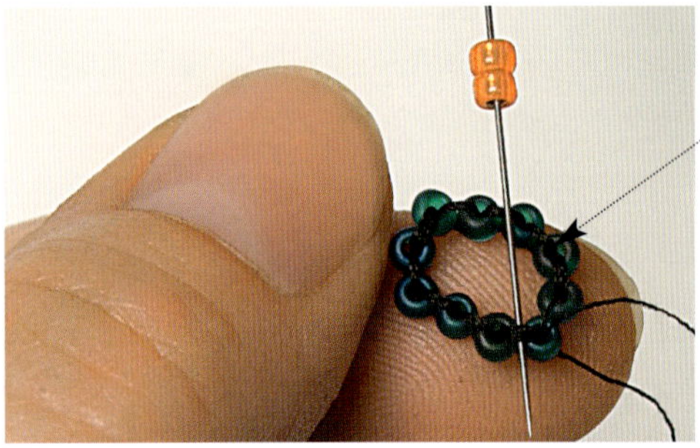

Alle Löcher müssen nach oben zeigen.

3 Der Arbeitsfaden zeigt nun nach oben, während das Fadenende nach unten hängt. Für die neue Runde zwei Perlen aufnehmen. Die Nadel unter dem nächsten Querfaden hindurchführen, durch die erste neue Perle aufwärts, durch die zweite abwärts und noch einmal unter dem Querfaden hindurchstechen. Nochmals aufwärts durch die zweite Perle stechen, dann die Runde mit einzelnen Perlen beenden.

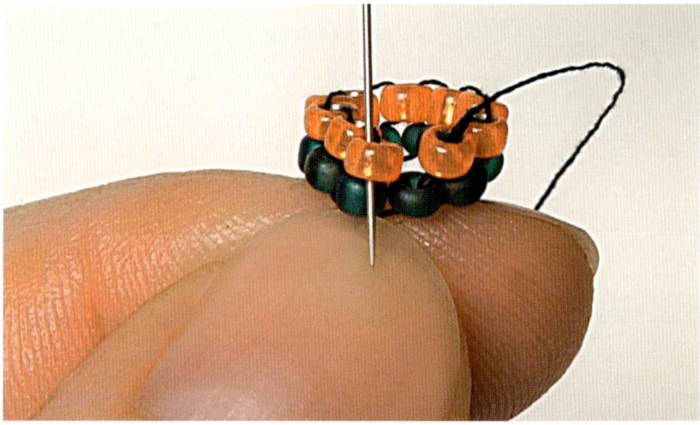

4 Am Ende der Runde die Nadel abwärts durch die erste Perle der Runde und aufwärts durch die letzte stechen, um die Runde zu schließen. Nun kann eine neue Runde begonnen werden, wie immer mit zwei Perlen.

Grätenstich mit dreieckigen Perlen, in Runden gearbeitet, ergibt eine faszinierende Struktur.

Grätenstich

Wie vielseitig diese freie Webtechnik ist, werden Sie an den Beispielen auf den nächsten Seiten sehen. Durch Ab- und Zunahmen ergeben sich interessante Formen und Strukturen. Experimentieren Sie mit unterschiedlichen Perlen, um die Bandbreite der Möglichkeiten zu entdecken.

Einfacher oder doppelter Faden?

In den meisten Fällen genügt ein einfacher Faden. Ist aber eine feste Fadenspannung nötig, etwa für ein dreidimensionales Werkstück, ist ein doppelter Faden empfehlenswert.

Die richtige Spannung

Je intensiver Sie diesen Stich üben, desto besser wird Ihr Gefühl für die richtige Fadenspannung. Ist sie zu lose, hängen die Perlen schlaff und die richtige Position für den nächsten Einstich ist nur schwer zu erkennen. Ist sie zu straff, wellt sich die Fläche und die Grätenstruktur ist nicht zu erkennen. Mit der Zeit werden Sie das nötige Fingerspitzengefühl entwickeln.

GRUNDREIHE IM LEITERSTICH

Für die Grundreihe des Grätenstichs gibt es zwei Möglichkeiten. Die erste, eine Reihe im Leiterstich, empfiehlt sich für Einsteiger, weil sie recht fest und stabil ist. Wir haben die folgenden Beispiele mit Perlen in Größe 8 und zwei Farben gearbeitet, damit Faden und Perlenanordnung gut zu erkennen sind.

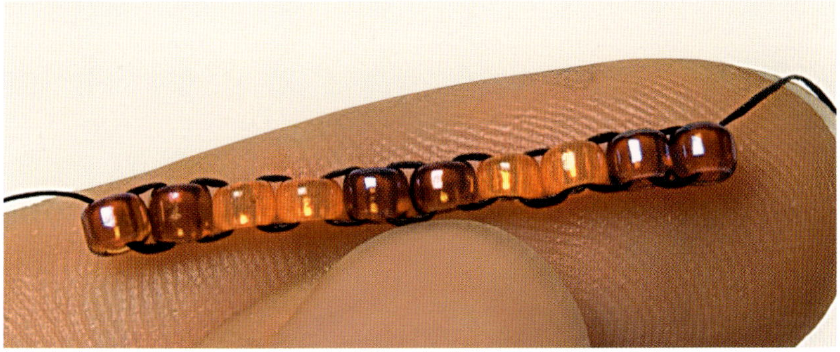

1 Die Grundreihe im Leiterstich gemäß der Anleitung auf Seite 101 arbeiten. In diesem Fall verwenden Sie nur acht Perlen, paarweise in zwei Farben angeordnet. Diese Größe genügt für ein anschauliches Probestück.

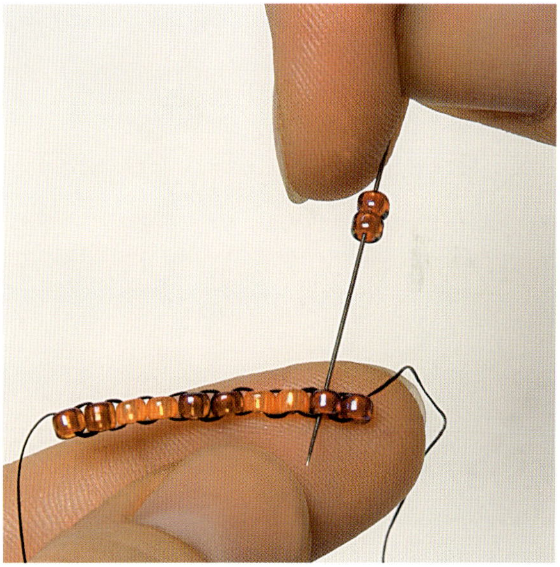

2 Die nächste Reihe mit zwei Perlen der Reihe beginnen, mit der die vorige Reihe endete. Die Nadel abwärts durch die zweite Perle der Grundreihe stechen und die beiden neuen Perlen so drehen, dass sie mit aufwärts zeigenden Löchern nebeneinander liegen.

Die Perlen sitzen jeweils paarweise übereinander, die Löcher zeigen nach oben.

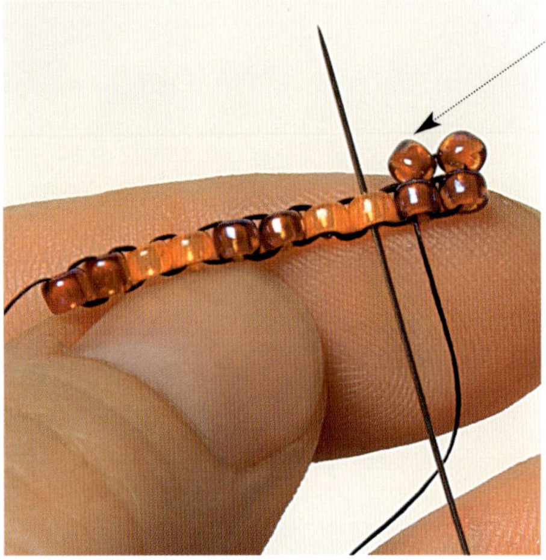

3 Die Nadel durch die dritte Perle der Grundreihe nach oben stechen.

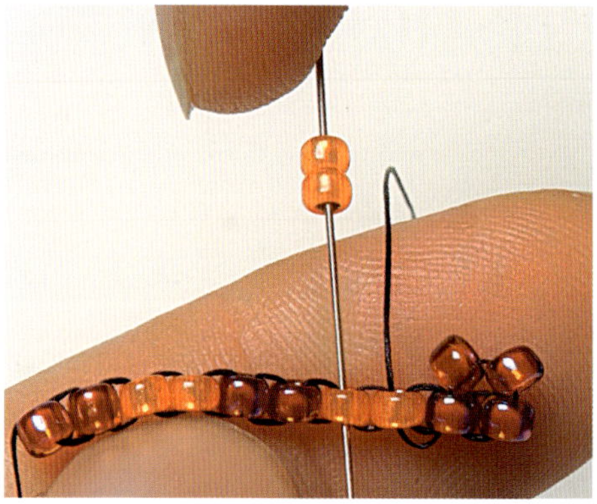

4 Zwei Perlen in der zweiten Farbe aufnehmen und abwärts durch die vierte Perle der Grundreihe stechen. Die beiden neuen Perlen wieder so drehen, dass sie mit aufwärts zeigenden Löchern nebeneinander liegen.

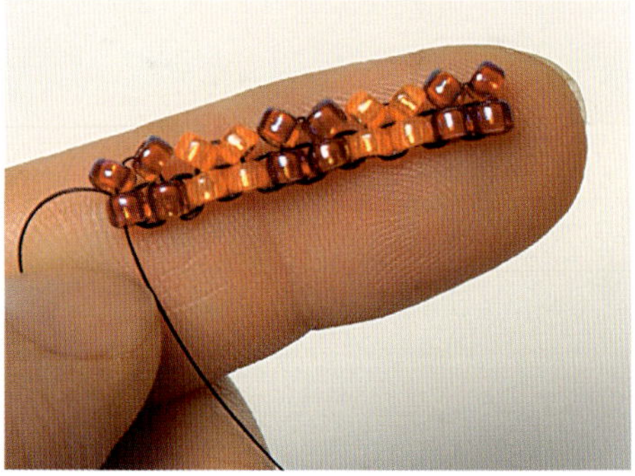

5 Am Ende der Reihe ist der Gräteneffekt bereits zu erkennen, weil die Perlenpaare jeweils leicht zueinander geneigt stehen. Perlen gleicher Farben liegen jeweils übereinander. In der nächsten Reihe werden diese Paare miteinander verbunden.

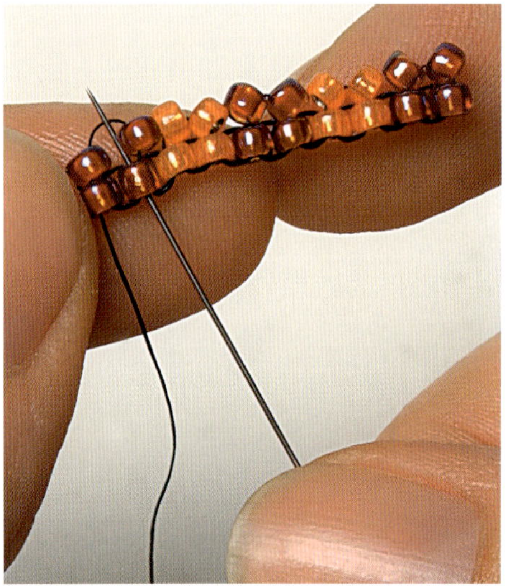

6 Der Faden hängt jetzt aus der ersten Perle der Grundreihe und muss zunächst an die richtige Position für die neue Reihe gebracht werden. Durch die zweite Perle der Grundreihe aufwärts stechen.

Den Faden schräg durchziehen, um die Nadel in die richtige Anfangsposition für Reihe 3 zu bringen.

7 Dann durch die daneben liegende Randperle der zweiten Reihe aufwärts stechen.

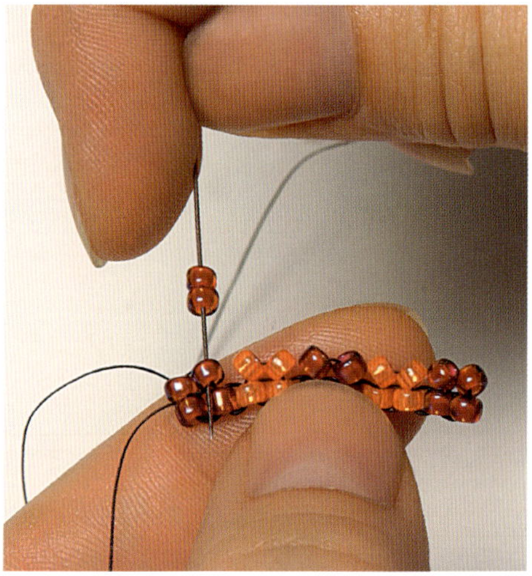

8 Für Reihe 3 zwei Perlen in der Farbe des darunter liegenden Paars aufnehmen. Abwärts durch die zweite Perle der Reihe 2 stechen.

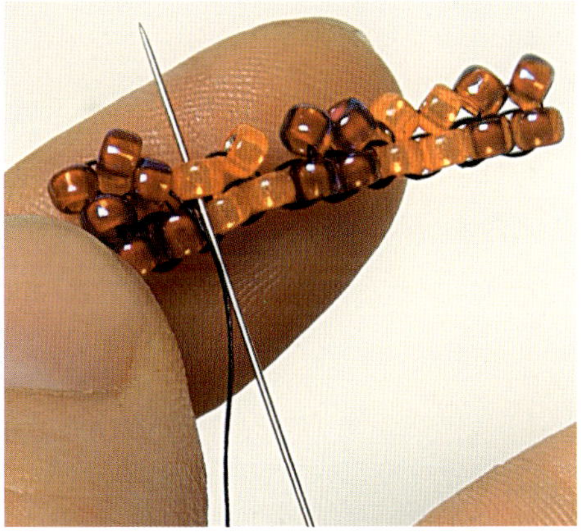

9 Durch die erste Perle des zweiten Paares in Reihe 2 aufwärts stechen. Dadurch werden diese beiden Paare miteinander verbunden.

Durch diesen Stich werden die Perlenpaare miteinander verbunden.

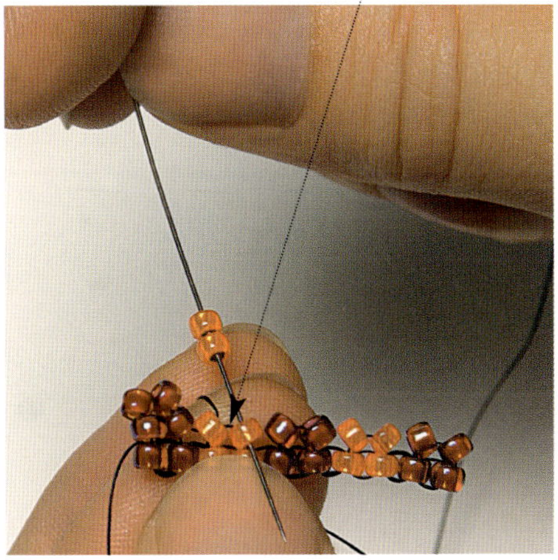

10 Zwei Perlen in der zweiten Farbe aufnehmen und durch die rechte Perle des zweiten Paars der Vorreihe abwärts stechen.

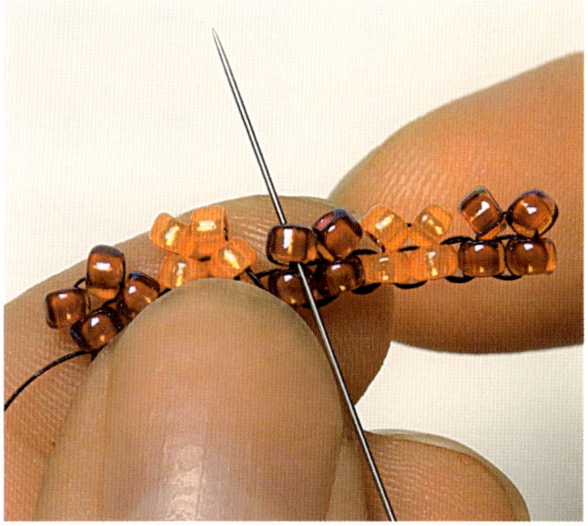

11 Durch die erste Perle des zweiten Paars der Vorreihe aufwärts stechen. Die Reihe in dieser Weise beenden.

Wieder den Faden schräg durchziehen, um die Reihe 4 zu beginnen.

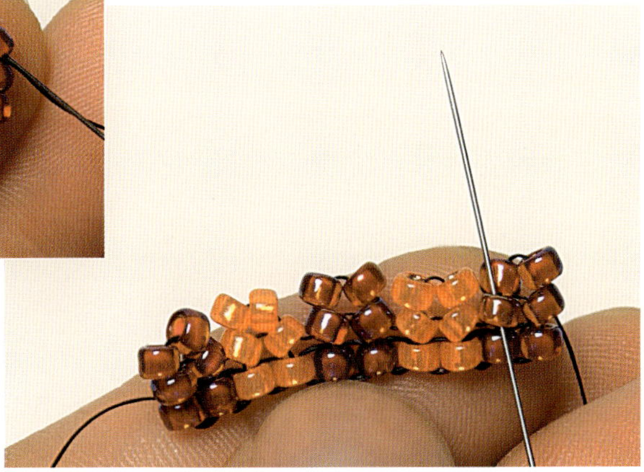

12 Am Ende der Reihe muss der Faden wieder in die richtige Startposition gebracht werden. Dazu aufwärts durch die nächste Perle in Reihe 2 und durch die Randperle in Reihe 3 stechen. Dann kann Reihe 4 begonnen werden.

13 Die folgenden Reihen ebenso arbeiten.

EXPERTEN-TIPP

Beim Verbinden der Paare wird immer nur durch die Perlen der aktuellen Reihe auf und ab gestochen. Stechen Sie nicht in die darunter liegenden Reihen.

DREIREIHIGER ANFANG

Bei der zweiten Anfangsmethode werden gleich drei Reihen auf einmal gearbeitet. Dadurch ist das Muster von Anfang an klarer ausgeprägt. Ungeübte haben oft einige Probleme mit der Fadenspannung, doch geben Sie nicht auf, das Ergebnis lohnt etwas Mühe. Verschiedenfarbige Perlen machen diesen Arbeitsschritt übersichtlicher.

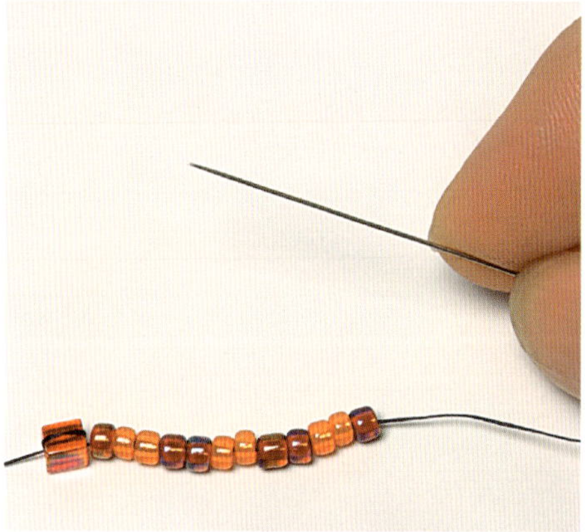

1 Einen 1 m langen Faden in eine lange Perlennadel einfädeln. Eine Perle aufziehen, bis 15 cm vor das Fadenende schieben und den Faden nochmals in der gleichen Richtung durchziehen. Diese „Stopperperle“ wird nach Fertigstellung des Werkstücks entfernt. Zwölf Rocailles aufziehen: zuerst eine einzelne Perle in Rot, dann paarweise abwechselnd braune und orangefarbene Perlen und zum Schluss wieder eine einzelne in Rot. Natürlich können Sie auch andere Farben verwenden.

Der Faden überspringt das erste Paar orangefarbener Perlen.

2 Eine weitere rote Perle aufziehen. Die Nadel durch die vorletzte rote Perle und dann durch die erste des nächsten roten Paares ziehen.

3 Zwei rote Perlen aufnehmen und die Nadel durch die zweite rote Perle des gleichen Perlenpaars der Vorreihe ziehen.

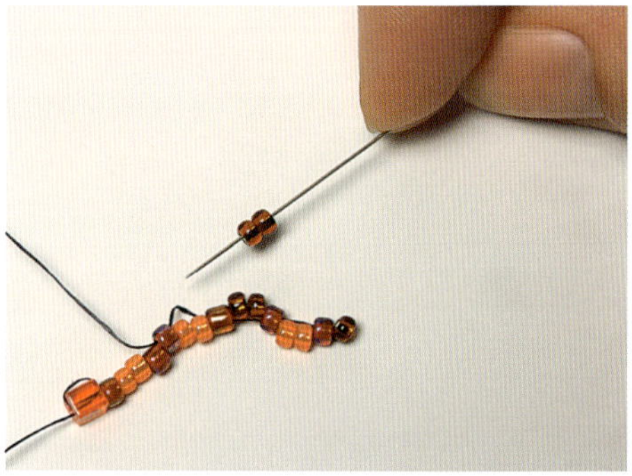

4 Nun durch die erste Perle des dritten roten Paars stechen und wieder zwei neue rote Perlen aufnehmen.

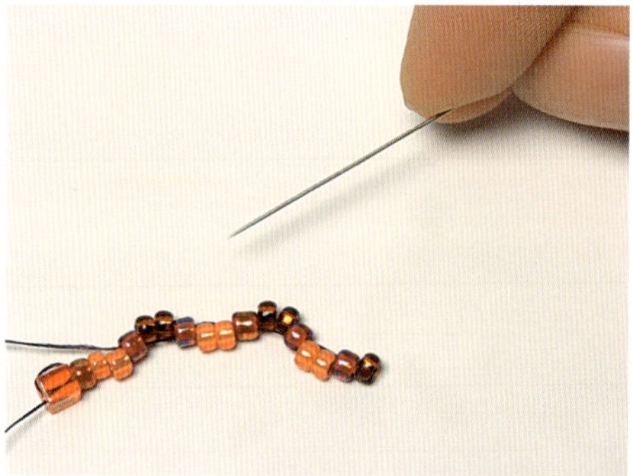

5 Durch die zweite Perle des gleichen Paares stechen. Fortlaufend wiederholen.

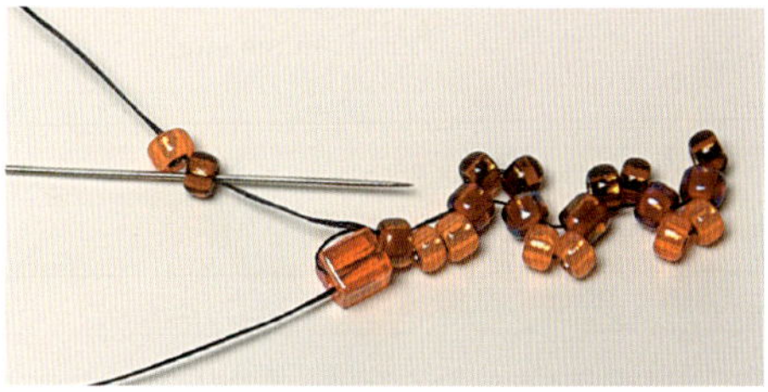

6 Am Ende der Reihe die Nadel durch die einzelne rote Perle führen. Eine rote und eine orangefarbene Perle aufnehmen und zurück nur durch die neu aufgenommene rote Perle stechen.

EXPERTEN-TIPP

Beim Wenden nehmen Sie gleichzeitig die letzte Perle der beendeten und die erste Perle der neuen Reihe auf.

Die orangefarbene Perle ist die erste Perle der neuen Reihe.

7 Die Nadel von unten nach oben durch die erste rote Perle des nächstgelegenen Paares stechen. Zwei orangefarbene Perlen aufnehmen.

8 Von oben nach unten durch die zweite Perle des darunter liegenden roten Paars stechen. Fortlaufend wiederholen.

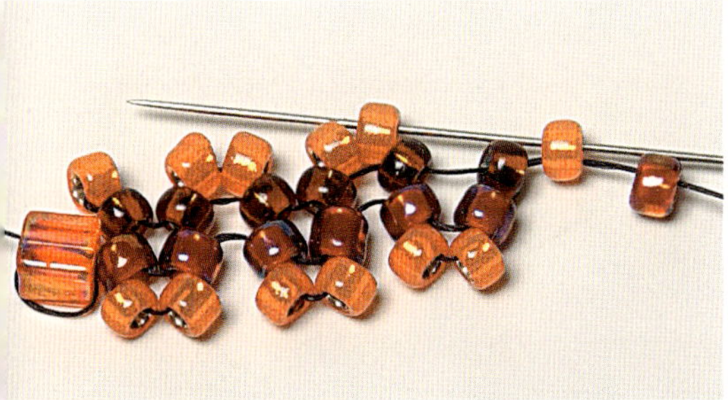

9 Nachdem der Faden durch die letzte rote Perle der Vorreihe gezogen ist, nehmen Sie eine orangefarbene und eine rote Perle auf. Wenden, die rote Perle überspringen. Durch die neu aufgenommene orangefarbene Perle und die erste Perle des nächsten Paars der Vorreihe stechen.

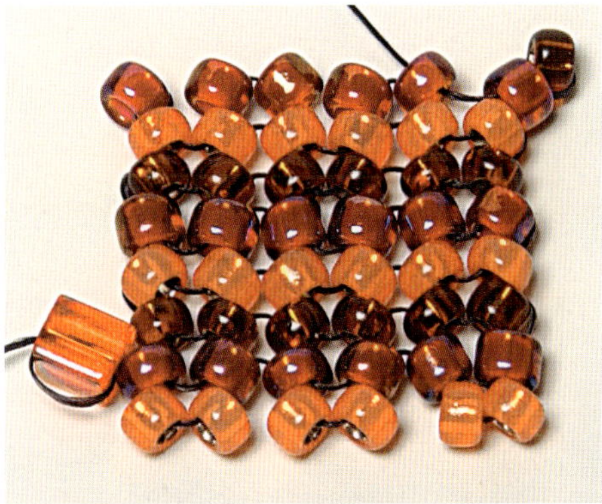

10 Nach dem gleichen Prinzip weitere Reihen aufbauen.

Der Grätenstich sieht besonders schön aus, wenn man Perlen mit verschiedenen Formen oder Oberflächen verwendet. Hier wurde mit 4 mm großen, eckigen Perlen gearbeitet.

ZUNEHMEN ZWISCHEN ZWEI PAAREN

Zunahmen können beim Grätenstich zwischen zwei Paaren oder innerhalb eines Paars gearbeitet werden.

Die orangefarbenen Perlen zeigen genau, wo zugenommen wurde.

Im Grätenstich arbeiten, bis die Reihe erreicht ist, in der die Zunahmen beginnen sollen. Auf dem Weg von einem Paar zum nächsten wird nun eine zusätzliche Perle aufgenommen, bevor Sie durch die erste Perle des zweiten Paars stechen. Nehmen Sie am besten zunächst nur eine Perle in der Mitte des Werkstücks zu. Einige Reihen später können Sie dann weitere Zunahmen neben der Randperle einfügen.

EXPERTEN-TIPP

Nach der ersten Reihe wird der Faden angezogen, damit sich die Perlen in ein gleichmäßiges Grätenmuster legen.

ZUNEHMEN IM PAAR

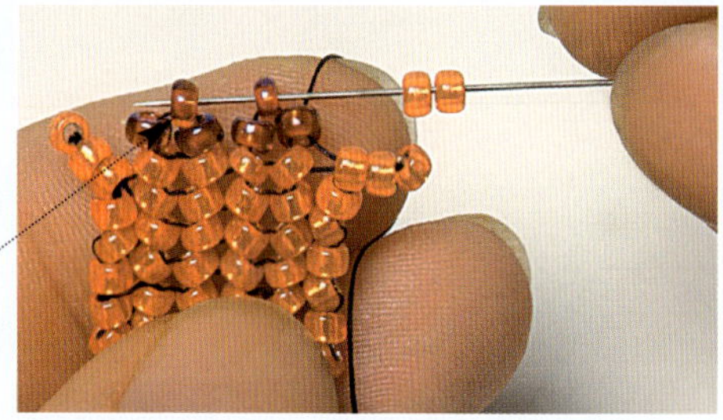

Statt der üblichen zwei Perlen werden drei aufgenommen.

In diesem Fall werden innerhalb eines Paars statt der üblichen zwei Perlen drei aufgenommen. In der Rückreihe beiderseits dieser drei Perlen je zwei neue aufnehmen, um zwei zusätzliche Perlenpaare zu erhalten.

ABNEHMEN ZWISCHEN PAAREN

1 Das Abnehmen zwischen Paaren ist ganz einfach: An der gewünschten Stelle durch beide Perlen eines Paars der Vorreihe stechen, ohne dazwischen Perlen einzufügen. Dann die Reihe wie üblich fortsetzen.

Der Abnahmepunkt: Hier werden keine Perlen aufgenommen.

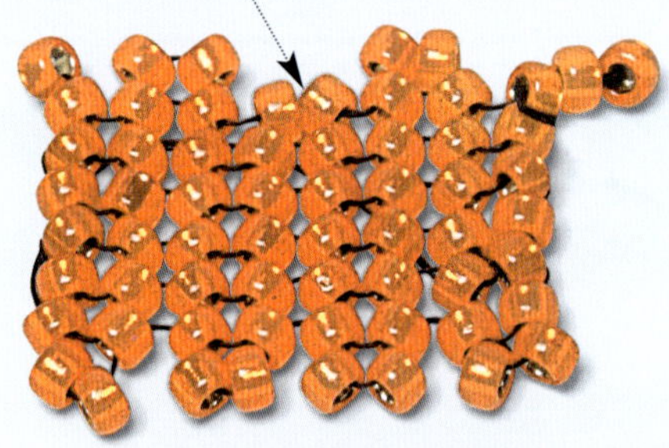

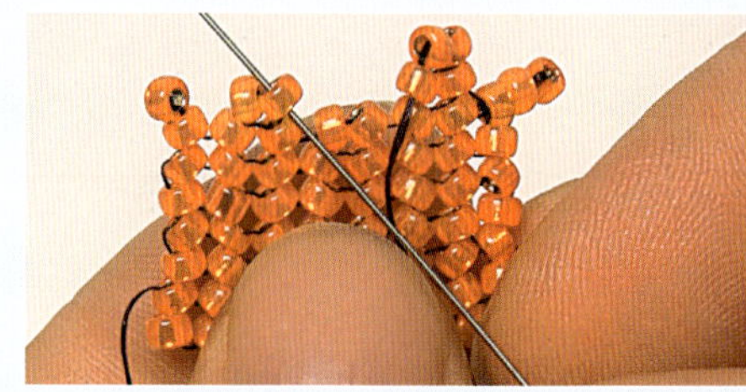

2 In der nächsten Reihe überspringen Sie das Paar ganz und ziehen den Faden fest an, damit keine Lücke entsteht.

ABNEHMEN IM PAAR

Bei dieser Methode ergibt sich eine gleichmäßige Abnahme.

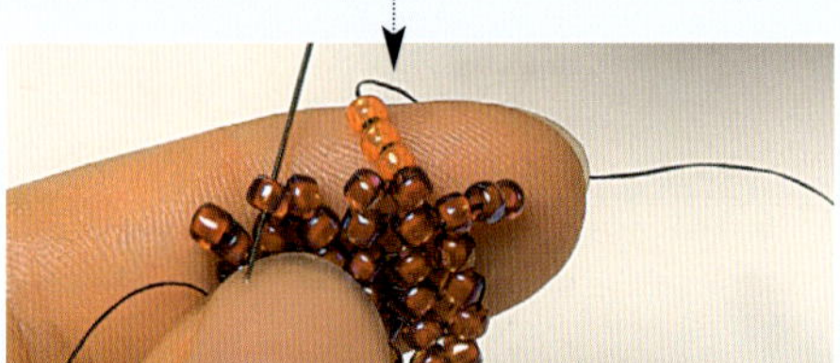

1 Am Punkt der Abnahme die Nadel aufwärts durch die erste Perle des Paars stechen. Drei Perlen aufnehmen und abwärts durch die zweite Perle des Paars stechen.

2 In der nächsten Reihe durch die erste der drei neuen Perlen aufwärts stechen, zwei Perlen aufnehmen und durch die dritte der drei neuen Perlen abwärts stechen. Die Reihe normal beenden.

3 Die beiden eingefügten Perlen wie ein neues Paar behandeln und die Reihe wie üblich arbeiten.

GRÄTENSTICH IN RUNDEN

Bei dieser Technik entsteht ein flaches, rundes Werkstück, das als Boden eines Gefäßes verwendet werden könnte.

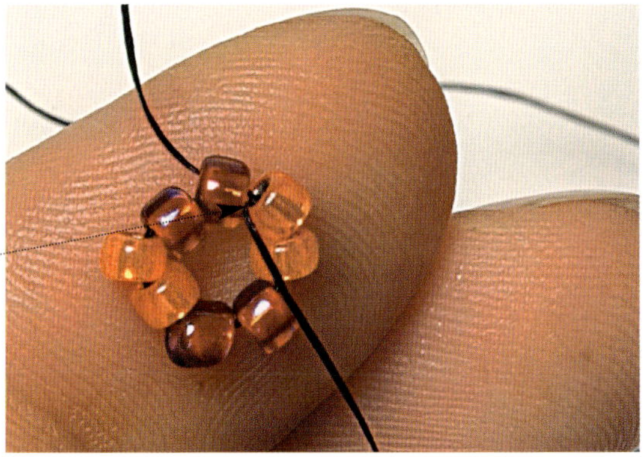

Mit einem Doppelknoten verbinden, aber den Faden nicht zu stramm ziehen.

1 Acht Perlen in Größe 8 in paarweise wechselnden Farben aufziehen, zur Runde schließen und den Faden zwischen der ersten und der letzten Perle doppelt knoten. Die Nadel durch die erste Perle des ersten Paars stechen.

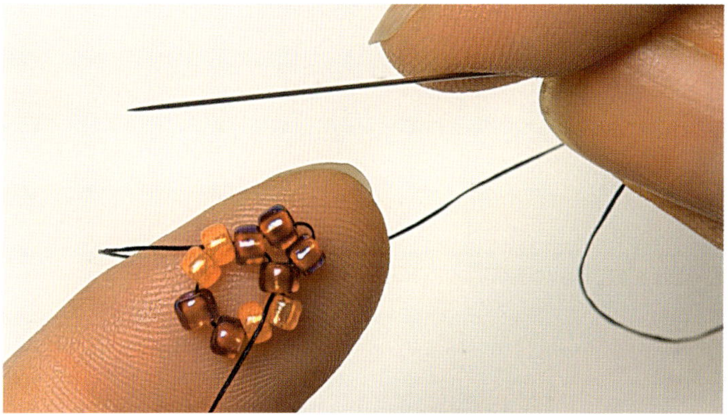

2 Zwei Perlen in der Farbe der gerade durchstochenen aufnehmen und durch die zweite Perle des ersten Paars stechen. Dann durch die erste Perle des nächsten Paars stechen.

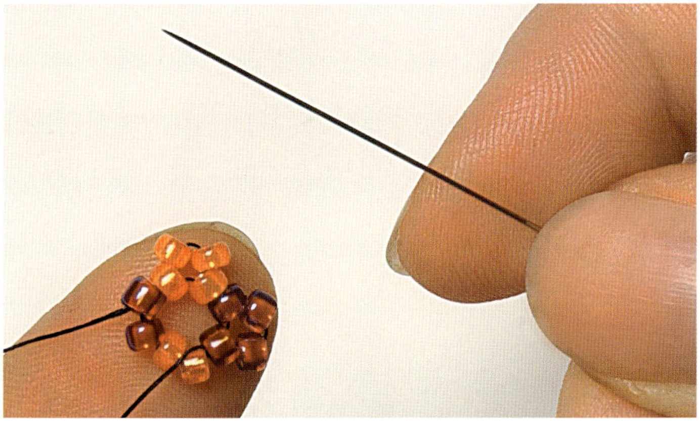

3 Zwei Perlen in der passenden Farbe aufziehen, durch die zweite Perle des zweiten Paars und die erste des dritten Paars stechen.

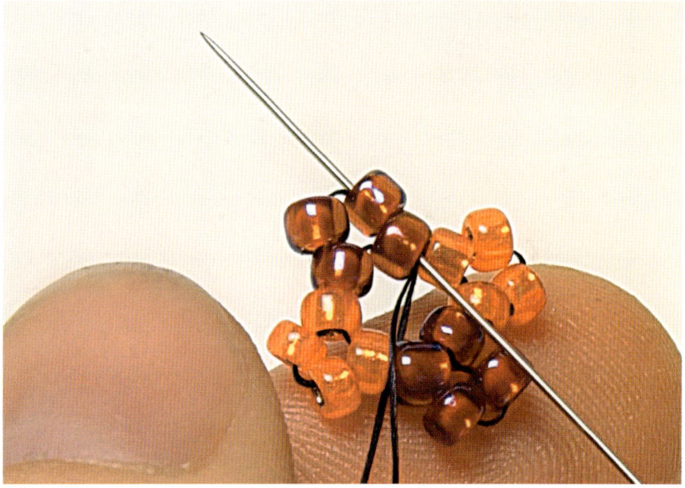

4 Nach der ersten Runde die Nadel durch die jeweils erste Perle der Paare in Reihe 1 und 2 ziehen. Zwischen den Paaren sind jetzt Lücken entstanden, die in den folgenden Reihen mit zusätzlichen Perlen aufgefüllt werden. Dadurch entsteht ein interessantes Muster. Natürlich können Sie auch mehr „Speichen“ arbeiten, indem Sie einen Grundkreis aus mehr Perlenpaaren bilden. Sehr zart sieht diese Technik aus, wenn man kleinere Perlen verwendet.

SCHLAUCH IM GRÄTENSTICH

Bei dieser Methode entsteht ein Schlauch, den man für eine Halskette oder ein Armband verwenden könnte. Probieren Sie es einmal mit dreieckigen Perlen in Größe 5 in zwei Kontrastfarben. Die Fadenspannung erfordert etwas Feingefühl, aber die Mühe lohnt sich.

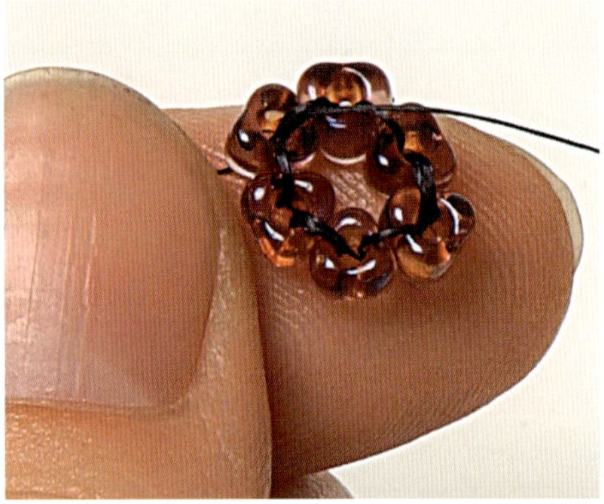

1 Mit dreieckigen Perlen in Größe 5 eine Grundreihe im Leiterstich arbeiten (siehe Anleitung auf Seite 107). Die Reihe zur Runde legen, sodass alle Löcher nach oben zeigen, und durch einige Stiche durch die erste und letzte Perle verbinden.

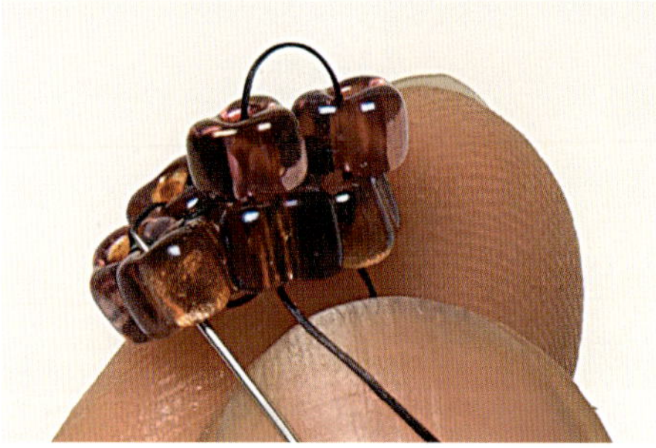

2 Zwei Perlen in einer Kontrastfarbe aufziehen. Durch die nächste Perle der Grundreihe abwärts und durch die dritte wieder aufwärts stechen. Wieder zwei Perlen aufnehmen. Bis zum Ende der Runde wiederholen.

3 Nun aufwärts durch die erste Perle der Grundreihe und die erste Perle des ersten Paars der zweiten Reihe stechen. Damit ist die Nadel in der Ausgangsposition für die dritte Reihe.

4 Zwei Perlen aufnehmen und abwärts durch die linke Perle des ersten Paars der zweiten Reihe stechen.

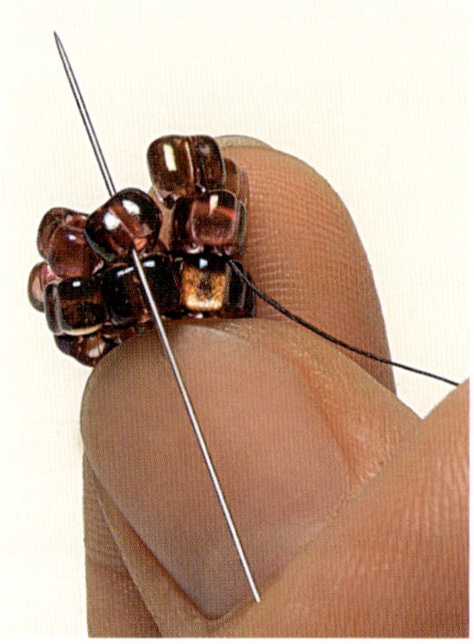

5 Aufwärts durch die erste Perle des nächsten Paares stechen, um die Paare zu verbinden. Fortlaufend wiederholen, bis die gewünschte Länge erreicht ist.

EXPERTEN-TIPP

Sobald der Schlauch lang genug ist, wird er zwischen Daumen und Zeigefinger gehalten. Den Arbeitsfaden immer nach oben ziehen, nicht seitlich oder zum Körper hin.

Ein schlichtes, aber dekoratives Halsband im Netzstich.

Netzstich

Im viktorianischen Zeitalter war der Netzstich ausgesprochen beliebt, tatsächlich war er aber schon im Alten Ägypten bekannt. Die durchbrochenen Bänder schmiegen sich schön an Hals oder Handgelenk an. Man kann den Stich auch fester arbeiten, um Schläuche zu erhalten. Er bietet nicht so viele Möglichkeiten wie andere Stiche, sieht aber sehr attraktiv aus.

Einfacher oder doppelter Faden?

Ein einfacher Faden reicht für diese Technik aus. Nur wenn Sie frei stehende oder plastische Werkstücke gestalten wollen, sorgt ein doppelter Faden für mehr Stabilität. Allerdings kann er sich auch leichter verheddern.

Die richtige Spannung

Am besten arbeitet man diesen Stich liegend auf einer weichen Unterlage, um die Spannung ständig überprüfen zu können. Ist sie zu lose, sieht man die Fäden. Ist sie zu fest, wellt sich das Werkstück. Versuchen Sie, die bereits durchgezogenen Fäden möglichst nicht zu durchstechen. Auch dadurch kann das Gitter sich wellen, statt flach zu liegen.

NETZSTICH MIT FÜNF PERLEN

Dies ist der Grundstich, der allein durch die Veränderung der Perlenzahl variiert wird. Wir haben mit roten und schwarzen Perlen in Größe 8 gearbeitet. Natürlich können Sie auch andere Farben verwenden.

1 Einen 1 m langen Faden in eine lange Perlennadel einfädeln. Eine schwarze Perle aufziehen und bis 15 cm vor das Fadenende ziehen. Die Nadel nochmals in der gleichen Richtung durch die Perle ziehen, um eine Schlaufe zu bilden. Dies ist die Stopperperle. Abwechselnd zwei rote und eine schwarze Perle aufziehen, bis insgesamt 24 Perlen (einschließlich der Stopperperle) auf dem Faden sind.

EXPERTEN-TIPP

Damit das Werkstück geschmeidig wird, darf der Arbeitsfaden nicht zu fest angezogen werden.

2 Wenden und durch die zwölfte (schwarze) Perle stechen. Den Faden anziehen, sodass eine Raute entsteht, deren vier Ecken von schwarzen Perlen gebildet werden.

Die Nadel durch die sechste Perle stechen.

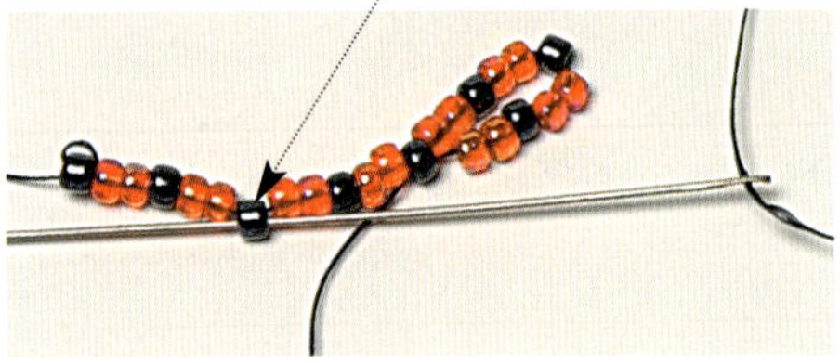

3 Zwei rote, eine schwarze und zwei rote Perlen aufnehmen. In der Vorreihe fünf Perlen abzählen und durch die sechste (schwarze) Perle stechen.

4 In der gleichen Weise wie in Schritt 3 noch eine Raute arbeiten. Zum Schluss den Faden durch die Stopperperle ziehen.

Schwarze Perlen bilden die vier Ecken jeder Raute. Jeweils die obere wird durchstochen.

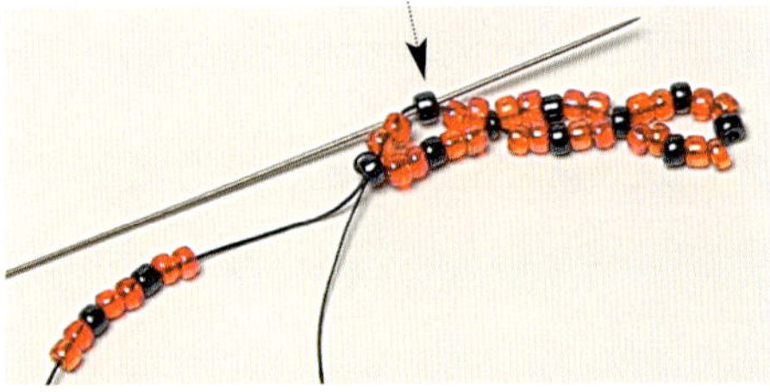

5 Wieder zwei rote, eine schwarze und zwei rote Perlen aufnehmen. Die Nadel durch die schwarze Perle in der Mitte der letzten Raute der vorigen Reihe ziehen.

6 Zwei rote, eine schwarze und zwei rote Perlen aufnehmen. Die Nadel durch die schwarze Perle in der Mitte der nächsten Raute ziehen, sodass eine neue Raute entsteht. Noch einmal wiederholen.

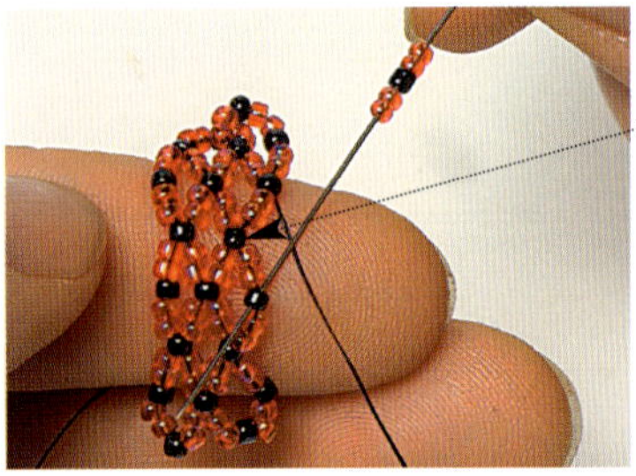

Die seitliche Perle der nächsten Raute, die gebildet wird.

7 Zwei rote, eine schwarze, zwei rote, eine schwarze und noch zwei rote Perlen aufnehmen. Durch die mittlere schwarze Perle der letzten Raute der Vorreihe stechen.

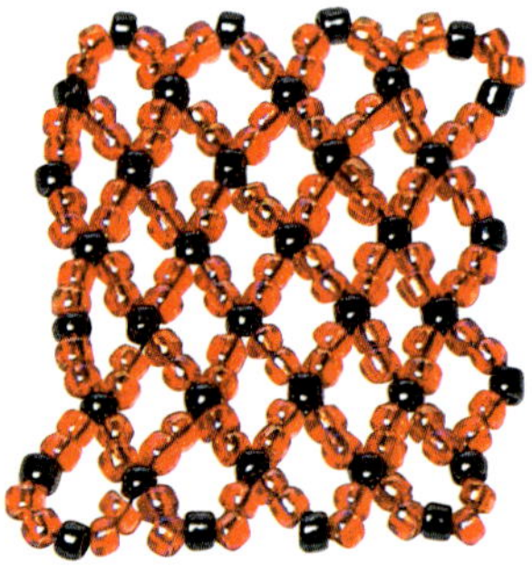

8 Allmählich wird das Netzmuster sichtbar. Fortlaufend wiederholen, bis die gewünschte Größe erreicht ist.

ZUNEHMEN

Zum Zunehmen braucht man nur die Zahl der Perlen in einer Raute zu erhöhen. In diesem Fall wurden zusätzliche Perlen in Schwarz eingefügt. Alternativ kann man auch die Zahl der Perlen an den Kreuzungspunkten erhöhen.

Zum Zunehmen einfach die Perlenzahl der Rauten erhöhen.

ABNEHMEN

Zum Abnehmen verwenden Sie für den Bogen einer Raute nicht fünf Perlen, sondern nur drei.

NETZSTICH IN RUNDEN

Flache Scheiben im Netzstich wurden früher zur Verzierung von Tannenbaumkugeln verwendet. Die Bögen werden von Runde zu Runde etwas vergrößert.

Durch die dritte schwarze Perle stechen.

Dreimal wiederholen.

1 16 Perlen, abwechselnd in Rot und Schwarz, aufnehmen. Zur Runde schließen, verknoten und den Faden nochmals durch die erste und letzte Perle der Runde ziehen.

2 Zwei rote, eine schwarze und noch zwei rote Perlen aufnehmen. Die zweite schwarze Perle des Grundkreises überspringen und die Nadel durch die dritte schwarze Perle stechen. Dreimal wiederholen.

3 Am Ende der Runde die Nadel durch die schwarze Perle stechen und dann durch die Perlen des ersten Bogens der Vorrunde ziehen. Nach der schwarzen Perle ausstechen. Drei rote, eine schwarze und drei rote Perlen aufnehmen und durch die schwarze Perle des nächsten Bogens stechen.

NETZSTICH ALS SCHLAUCH

Schläuche im Netzstich sehen als Hals- oder Armschmuck reizvoll aus. Man kann sogar einen Schlauch um einen anderen legen. Arbeiten Sie immer auf einem Unterbau, etwa einem Trinkhalm, um die Fadenspannung gut unter Kontrolle zu haben.

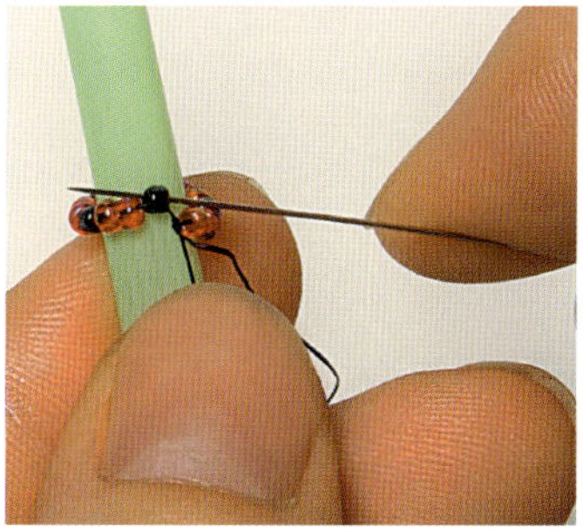

Die Nadel durch die zweite schwarze Perle stechen.

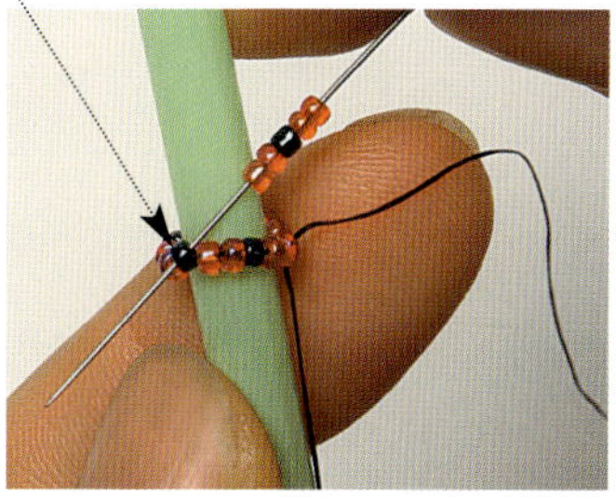

1 Abwechselnd eine rote und zwei schwarze Perlen auffädeln, bis 15 Perlen erreicht sind. Um einen Trinkhalm legen und mit einem Doppelknoten sichern. Nochmals durch die erste schwarze Perle stechen.

2 Zwei rote, eine schwarze und zwei rote Perlen aufnehmen, die erste schwarze Perle der Grundreihe überspringen und den Faden durch die zweite schwarze Perle ziehen – wie beim flachen Netzstich.

3 Beim Einarbeiten des dritten Bogens werden Sie feststellen, dass in dieser Runde nur noch eine schwarze Perle frei ist. Das liegt daran, dass Sie spiralförmig aufwärts arbeiten. Sie müssen also durch die schwarze Perle des ersten Bogens der aktuellen Runde stechen. Dadurch wird die nächste Runde eröffnet. Wiederholen, bis die gewünschte Länge erreicht ist.

Zwei Anhänger im Peyotestich.

Peyotestich

Dies ist weltweit eine der beliebtesten und vielseitigsten freien Webtechniken mit Perlen. Der Stich ist sehr flexibel und das fertige Werkstück fühlt sich fast so geschmeidig wie Stoff an.

Aussehen und Struktur hängen jedoch entscheidend von der Fadenspannung ab. Die Stopperperle dient nicht nur dazu, das Abrutschen der ersten Perlenreihe vom Faden zu verhindern. Sie kann auch zum Regulieren der Fadenspannung benutzt werden.

Einfacher oder doppelter Faden?

Der Peyotestich wird normalerweise mit einfachem Faden gearbeitet. Nur für frei stehende Werkstücke könnte man einen doppelten oder dickeren Faden verwenden, der allerdings leichter verheddert. Experimentieren Sie mit einigen Musterstücken.

Die richtige Spannung

Die ersten beiden Reihen im Peyotestich sind nicht ganz einfach. Am besten arbeiten Sie von Anfang an in der Hand, um ein Gefühl für die Spannung zu bekommen. Halten Sie die erste Reihe zwischen Daumen und Zeigefinger und wickeln Sie das Fadenende um den kleinen Finger, um es in der Richtung zu spannen, in der Sie arbeiten. Dabei wird auch die Stopperperle gegen das Werkstück geschoben.

Wird Peyotestich als Schlauch gearbeitet, muss die Fadenspannung von Anfang an fest sein, vor allem, wenn das fertige Werkstück frei stehen soll.

PEYOTESTICH MIT GERADER PERLENZAHL

Anfänger sollten diesen Stich zuerst mit einer geraden Zahl von Perlen üben. Bei ungerader Perlenzahl muss man Nadel und Faden jeweils durch einige Perlen führen, um in die Ausgangsposition für die nächste Reihe zu gelangen. Bei einer geraden Perlenzahl ist das nicht notwendig. Für die Beispiele wurden Perlen in Größe 8 und zwei Farben verwendet, damit die Arbeitsschritte gut zu erkennen sind.

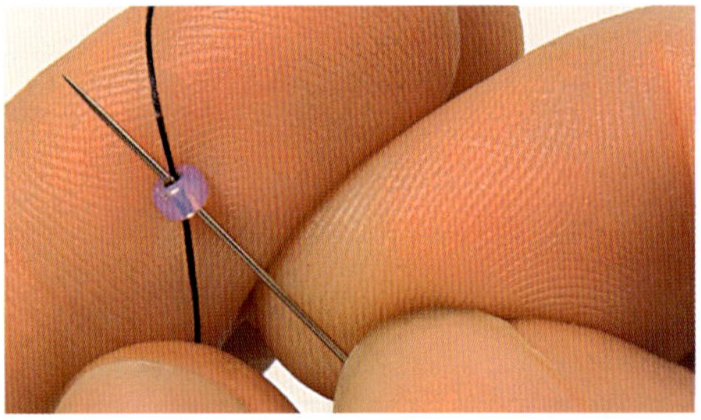

1 Einen 1 m langen Faden in eine lange Perlennadel einfädeln. Eine Perle bis 15 cm vor das Fadenende schieben und den Faden nochmals in der gleichen Richtung durchziehen, um eine Schlaufe um die Perle zu bilden. Dies ist die Stopperperle. Sieben weitere Perlen in der gleichen Farbe aufziehen.

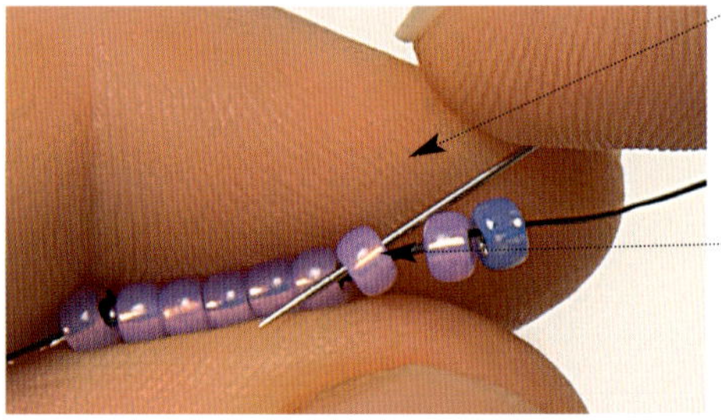

2 Eine Perle in einer anderen Farbe aufnehmen und neben die letzte Perle der ersten Reihe schieben. Die Nadel durch die zweite Perle der ersten Reihe stechen. Dadurch liegt die neue Perle oberhalb der ersten Perle der Vorreihe und ist als Anfangsperle der neuen Reihe gut zu erkennen. Eine neue Perle aufnehmen und durch die übernächste Perle der Vorreihe stechen. Insgesamt vier Perlen so aufnehmen.

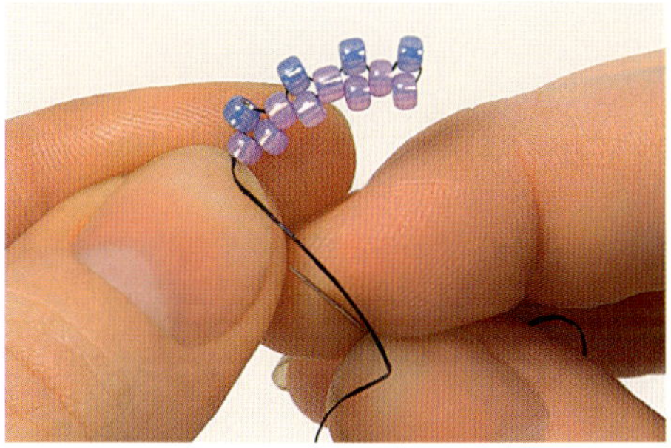

3 In der gerade gearbeiteten Reihe sind deutliche Lücken zu sehen. In diese werden die Perlen der nächsten Reihe eingefügt. Wenn Sie am Ende der zweiten Reihe feststellen, dass die Fadenspannung zu lose ist und die Perlen nicht sauber nebeneinander liegen, schieben Sie einfach die Stopperperle mit dem Daumennagel fest gegen die anderen Perlen.

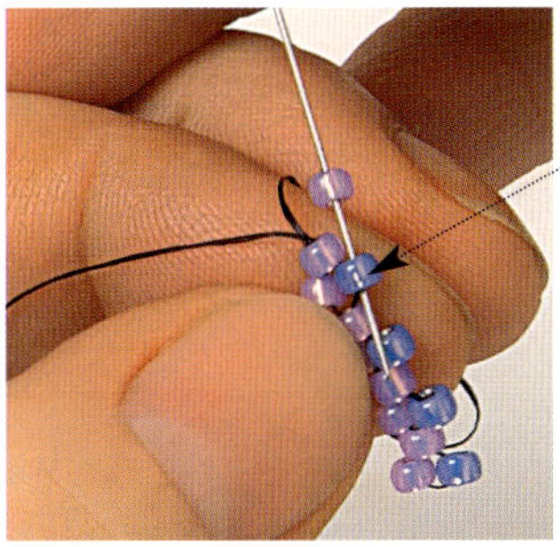

Durch die nächste Perle der Vorreihe stechen.

4 Eine Perle in der ersten Farbe aufnehmen und über die Stopperperle schieben. Die Nadel durch die nächste Perle der Vorreihe ziehen, die etwas über die Perlen der Grundreihe hinaus steht. Fortlaufend bis zum Reihenende wiederholen.

Die Perle steht etwas über die Vorreihe hinaus.

5 Wer möchte, kann das Werkstück jetzt umdrehen. Eine Perle aufnehmen und über die erste Perle der Vorreihe schieben. Die Nadel durch die nächste, leicht vorstehende Perle der vorigen Reihe stechen. Fortlaufend bis zum Reihenende wiederholen. Weitere Reihen arbeiten, bis Sie ein Gefühl für die Technik entwickelt haben.

ANFANG MIT ZWEI NADELN

Wenn Sie den Anfang des Peyotestichs schwierig finden, probieren Sie es einmal mit zwei Nadeln.

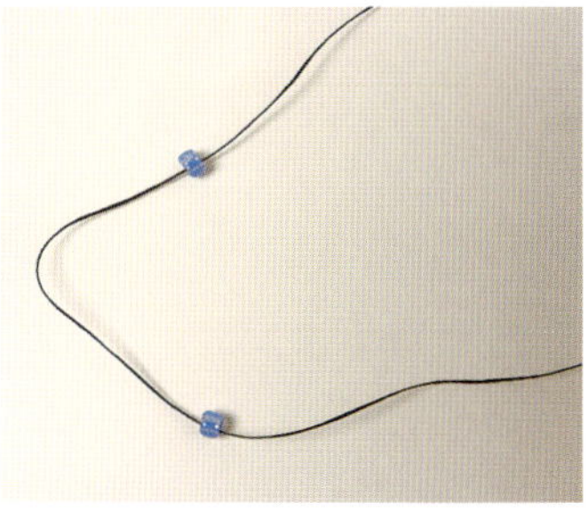

1 1,5 m Faden abschneiden und jedes Ende in eine Perlennadel einfädeln. Zwei Perlen bis zur Mitte des Fadens ziehen.

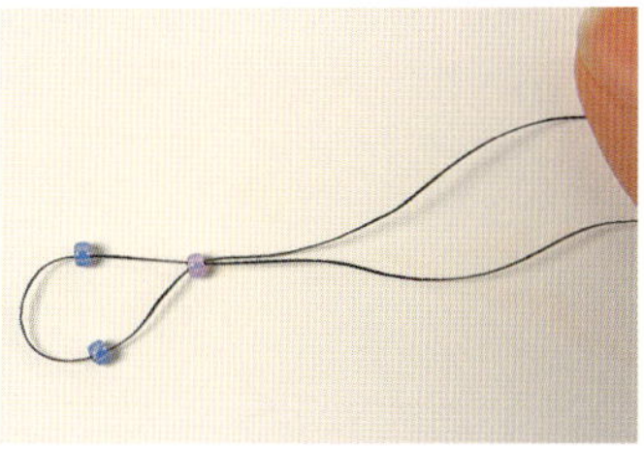

2 Eine neue Perle nehmen und zuerst die eine, dann die andere Nadel durchziehen. Die Perle zu den ersten beiden schieben. Diese liegen nun übereinander, die neue Perle seitlich daneben.

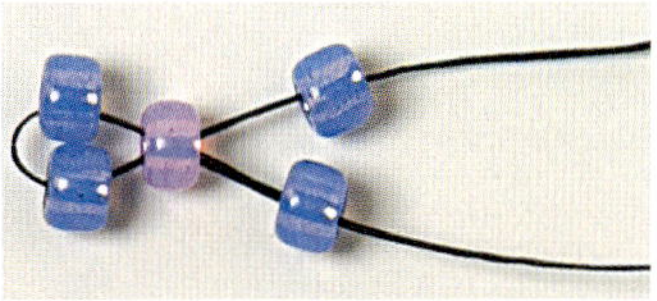

3 Mit jeder Nadel eine neue Perle aufnehmen und beide zu den ersten drei Perlen schieben. Langsam wird das Muster erkennbar. Fortlaufend wiederholen, bis die gewünschte Länge erreicht ist. Von der nächsten Reihe an wird mit einem Faden gearbeitet. Den anderen können Sie hängen lassen und verwenden, wenn der erste zu Ende geht.

FADENWECHSEL

Vor dem Vernähen des ersten Fadens wird der neue in Arbeit genommen. Nadel einfädeln; ausgehend von der Perle, aus der der Faden hängt, schräg rückwärts durch etwa sechs Perlen stechen. Den zur Neige gehenden Arbeitsfaden durch drei Perlen ziehen, sodass ein Rest von etwa 10 cm bleibt. Zwischen den nächsten zwei Perlen mit dem neuen Faden doppelt verknoten. Den neuen Faden durch die nächsten zwei oder drei Perlen ziehen (einschließlich der, aus der der alte Faden kommt), vorsichtig ziehen. Den alten Faden einfädeln, in entgegengesetzter Richtung schräg durch einige Perlen ziehen, doppelt verknoten. Das Ende durch weitere zwei oder drei Perlen ziehen und abschneiden.

UNGERADE PERLENZAHL

Mit ungerader Perlenzahl arbeitet man den Peyotestich, wenn ein Werksstück eine mittige Spitze erhalten soll. Am Anfang jeder neuen Reihe muss man ein bisschen aufpassen.

Diese Perle wird auf der Stopperperle in der Grundreihe liegen.

1 Wie beim Peyotestich mit gerader Perlenzahl zuerst eine Stopperperle (siehe Seite 118) und dann neun weitere aufziehen. Die Reihe im Peyotestich arbeiten, bis Sie die erste und zweite Perle der Grundreihe erreichen. Den Faden durch beide führen und die Spannung straff halten. Eine Perle aufnehmen (dies wird die letzte der dritten Reihe). Durch die zweite Perle der Vorreihe und die schräg darunter liegende Perle stechen.

EXPERTEN-TIPP

Probieren Sie den Peyotestich zuerst mit zylindrischen Perlen aus. Wegen ihrer geraden Form liegen sie sauber nebeneinander und es ist einfacher, das Reihen- und Stichmuster zu erkennen. Später werden Sie feststellen, dass Werkstücke aus runden Rocailles weicher und geschmeidiger werden.

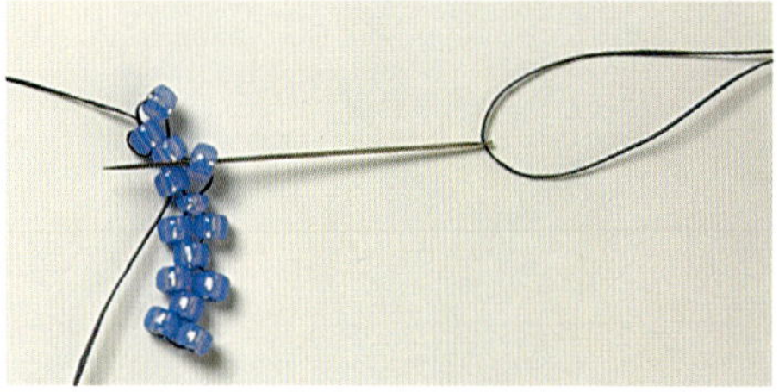

2 Wenden und durch die schräg darüber liegende Perle stechen. Die Nadelspitze zeigt dabei zur Stopperperle am Ende der Reihe.

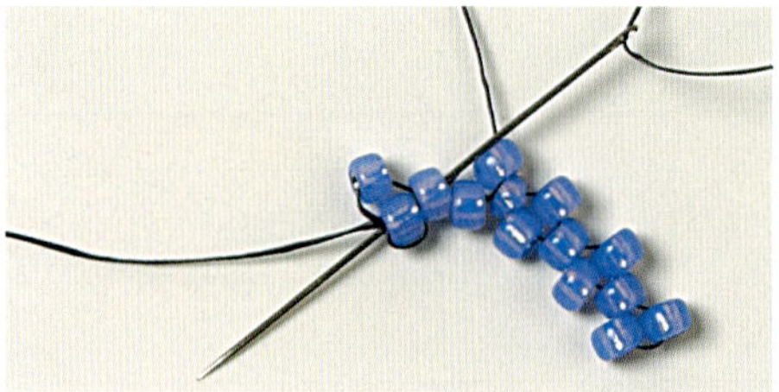

3 Durch die nächste einzelne Perle und durch die Stopperperle stechen.

Der Faden wurde durch die nächste einzelne Perle und die Stopperperle gezogen.

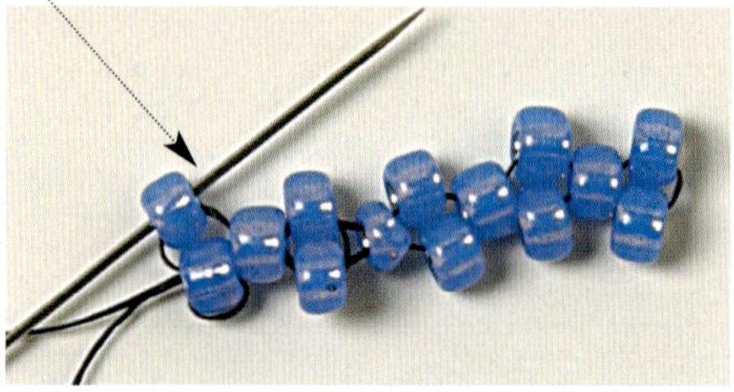

4 Die Nadel wenden und nochmals durch die letzte Perle der dritten Reihe stechen. Jetzt kann die nächste Reihe begonnen werden. Beim Fortfahren werden Sie feststellen, dass der Reihenwechsel nur auf einer Seite so kompliziert ist. Die andere Seite wird wie beim Peyotestich mit gerader Perlenzahl gearbeitet.

ZUNEHMEN IN DER REIHE

Zunahmen mitten in der Reihe fallen kaum auf. Weil Peyotestich so flexibel ist, eignet er sich ausgezeichnet, um Gegenstände oder Gefäße „einzuweben".

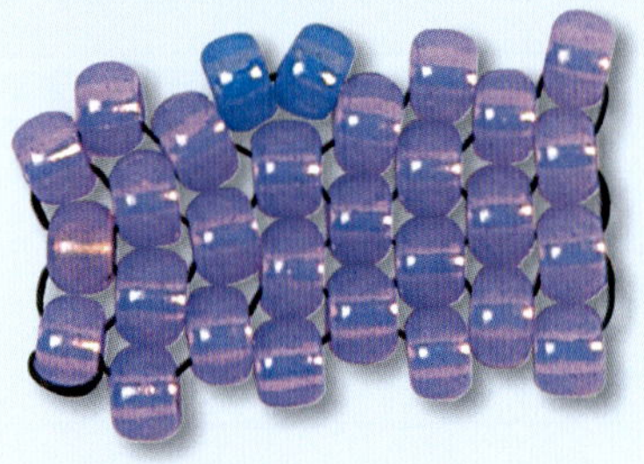

1 Normalen Peyotestich arbeiten, bis eine Zunahme nötig wird. Anstelle von einer Perle nun zwei aufnehmen und an die Stelle schieben, die sonst von einer eingenommen würde.

2 In der folgenden Reihe die erste der beiden neuen Perlen durchstechen, eine Perle aufnehmen und die nächste durchstechen. Die Reihe wie üblich beenden. Ist eine stärkere Zunahme nötig, fügen Sie über den beiden neuen Perlen der Vorreihe wiederum zwei Perlen ein. Sie können so oft zunehmen, wie es notwendig ist.

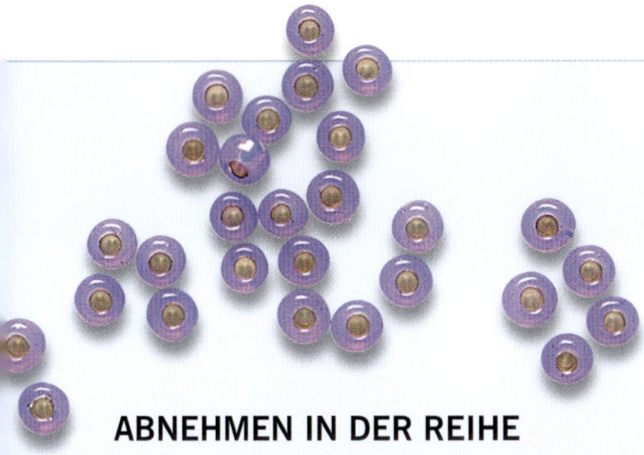

ABNEHMEN IN DER REIHE

Auch unauffällige Abnahmen sind im Peyotestich leicht möglich. Diese Formbarkeit ist es, die dafür sorgt, dass der Peyotestich sich so gut zur Gestaltung dreidimensionaler Werkstücke eignet. Durch Veränderungen der Fadenspannung lässt sich die Standfestigkeit zusätzlich verbessern.

Die Reihe in üblicher Weise arbeiten, bis der Punkt der Abnahme erreicht ist. Nun einfach eine Lücke überspringen, ohne eine Perle aufzunehmen, und durch die nächste Perle stechen. Den Faden anziehen, um die Lücke zu schließen. In der nächsten Reihe über der Abnahme eine Perle aufnehmen und wieder den Faden fest anziehen. Wenn eine starke Verjüngung des Werkstücks notwendig ist, können Sie problemlos mehrere Abnahmen innerhalb einer Reihe arbeiten.

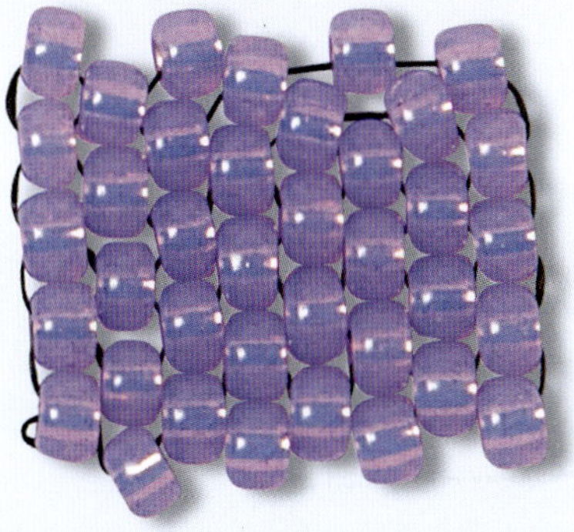

PEYOTESTICH ÜBER PAARE

Dies ist eine schnelle Variante des Peyotestichs, die ein interessantes Muster ergibt. Sie lässt sich auch in Runden als Schlauch arbeiten. Experimentieren Sie auch einmal mit Gruppen von drei oder vier Perlen. Einfacher und übersichtlicher wird die Arbeit, wenn Sie Perlen in zwei verschiedenen Farben verwenden.

1 Eine Perle aufziehen und den Faden nochmals durchziehen, um sie durch die Schlaufe zu befestigen. Eine Perle in der Farbe der Stopperperle aufziehen, danach vier weitere Paare in abwechselnden Farben.

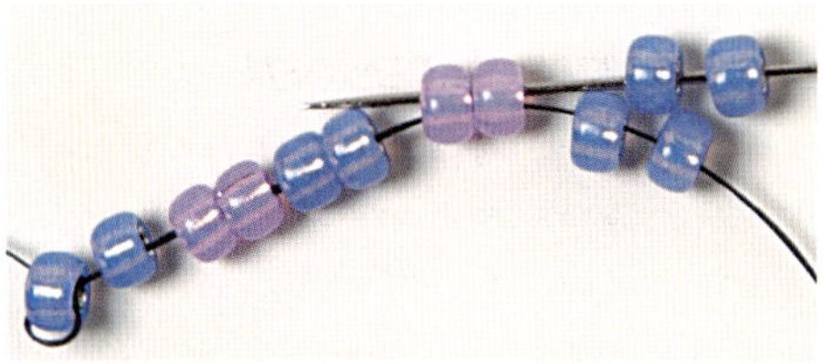

2 Zwei Perlen in der Farbe des ersten Paares aufnehmen. Die Nadel durch die nächsten beiden Perlen stechen, sodass die gleichfarbigen Paare aufeinander liegen. Wieder zwei Perlen aufnehmen und fortlaufend wiederholen.

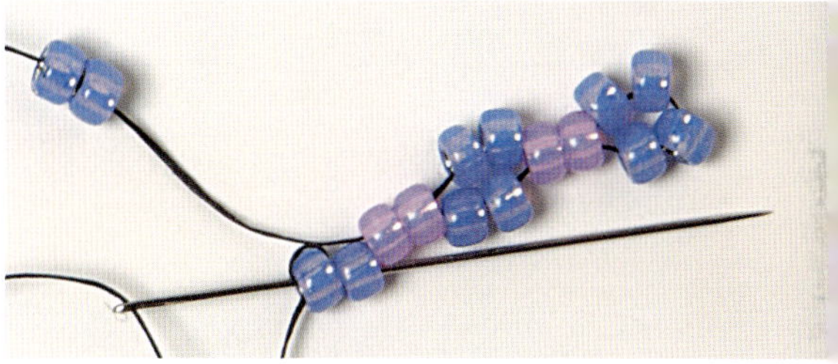

3 Am Ende der Reihe nochmals durch das erste Perlenpaar stechen, dann das erste Paar der neuen Reihe einfügen.

PEYOTESTICH MIT DREIERGRUPPEN

Es sieht interessant aus, wenn man das Muster durch andere Perlentypen auflockert. Einfach ausprobieren!

Sie arbeiten ebenso wie beim Peyotestich mit Paaren, diesmal aber mit jeweils drei Perlen. Bei diesem Beispiel haben wir Stiftperlen eingefügt, die in dem Werkstück in freier Webtechnik ein regelmäßiges, fast strenges Muster bilden.

PEYOTESTICH IN RUNDEN

Bei dieser Variante ergibt sich ein rundes, flaches Werkstück, das als Deckel oder Boden eines Gefäßes dienen kann. Üben Sie zuerst mit Perlen in zwei verschiedenen Farben, um die einzelnen Runden zu erkennen und den Überblick im Muster zu behalten.

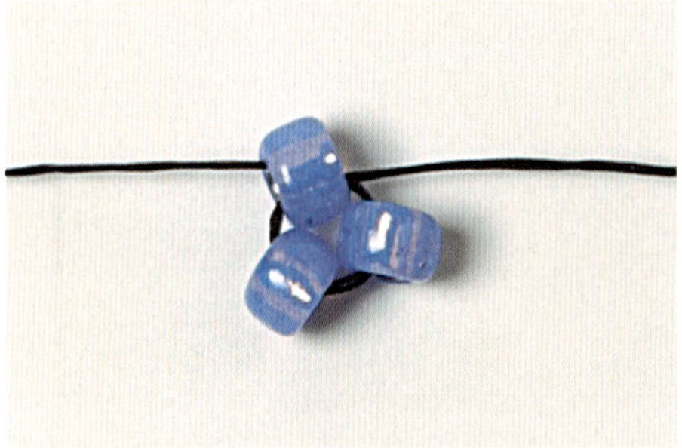

1 Drei Perlen aufziehen und bis 15 cm vor das Fadenende schieben. Den Faden nochmals durch alle drei ziehen, um sie zur Runde zu schließen.

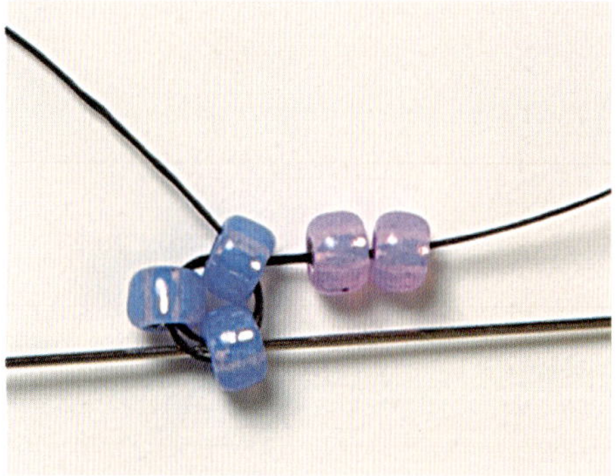

2 In der zweiten Runde jeweils zwei neue Perlen zwischen die Perlen der ersten Runde einfügen. Am Rundenende durch die erste Perle der Grundreihe und die erste Perle des ersten neuen Paars nach oben stechen.

3 In der dritten Runde jeweils zwischen zwei Perlen der Vorrunde – auch zwischen die der neu eingefügten Paare – eine Perle einfügen. Am Rundenende durch die erste Perle der Vorrunde und die erste Perle der aktuellen Runde nach oben stechen.

4 In der vierten Runde werden zwischen zwei Perlen der Vorrunde wieder Paare eingefügt. Am Rundenende durch die erste Perle der vorherigen Runde und die erste Perle des ersten neuen Paars stechen.

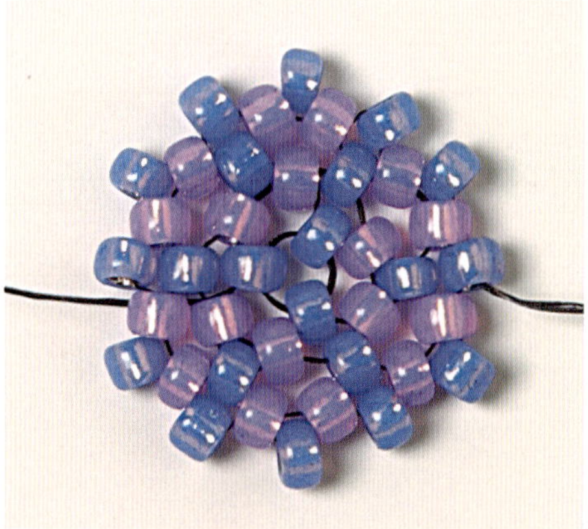

5 In der fünften Runde fügen Sie zwischen zwei Perlen der Vorrunde (einschließlich der Paare) wieder eine Perle ein. Am Rundenende durch die erste Perle der Vorrunde und die erste Perle der aktuellen Runde stechen. Weiterhin in abwechselnden Runden einzelne Perlen und Paare einfügen, bis die gewünschte Größe erreicht ist.

EXPERTEN-TIPP

Wenn Sie zu stark zunehmen, wird das Werkstück wellig. Natürlich kann man diesen Wunsch durch stärkere Zunahmen auch gezielt herbeiführen, um eine ungewöhnliche, organische Form zu erhalten.

PEYOTE-SCHLAUCH

Verwendet man einen Trinkhalm oder ein Rundholz als Unterbau, kann man im Peyotestich auch Schläuche arbeiten. Für Anfänger ist ein transparentes Rohr ideal, weil man darauf die Arbeitsschritte sehr gut sieht. Diese Technik wird gern zum Umhüllen von Nadelröhrchen und kleinen Anhängern in Beutelform eingesetzt.

Den Peyotestich in Schlauchform können Sie mit einer geraden oder ungeraden Perlenzahl arbeiten. Bei einer geraden Zahl müssen Sie an jedem Rundenende einen Schritt aufwärts stechen, bei einer ungeraden Zahl arbeiten Sie in fortlaufenden Spiralen.

Für das hier gezeigte Beispiel wurde eine gerade Zahl von Perlen verwendet. Gearbeitet wird wie beim normalen Peyotestich – nur in Runden.

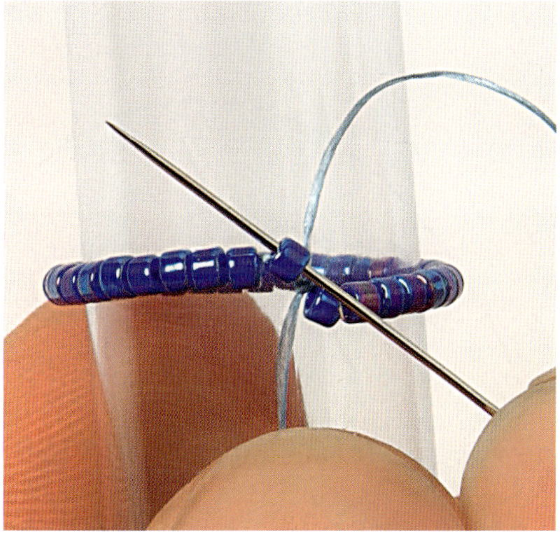

1 Eine gerade Zahl von Perlen aufziehen und mit einem Doppelknoten um einen runden Gegenstand binden. Zwischen der ersten und letzten Perle eine kleine Lücke lassen, sonst liegen die Perlen später nicht akkurat und der Stich lässt sich nicht sauber arbeiten. Die Nadel nochmals durch die erste Perle stechen.

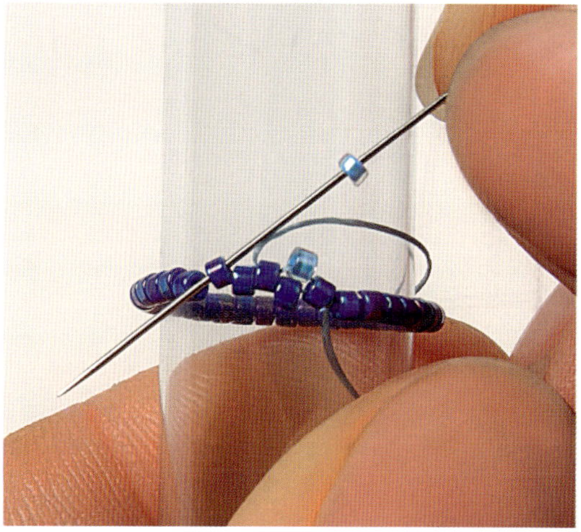

2 Eine Perle aufnehmen und auf die nächste Perle der Vorreihe schieben. Die Nadel durch die dritte Perle der Grundrunde schieben. Den Faden durchziehen und leicht straffen, damit die beiden Perlen sauber übereinanderliegen. Die Reihe in dieser Weise beenden, bis die erste neue Perle erreicht ist.

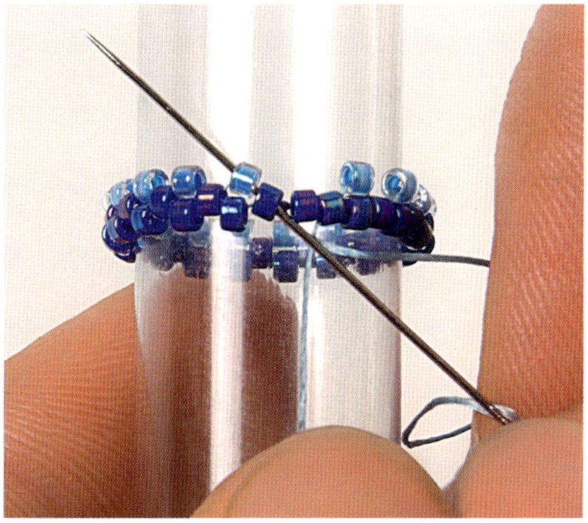

3 Um die dritte Runde zu beginnen, die Nadel durch die erste Perle der Grundrunde und die erste Perle der zweiten Runde ziehen. In der üblichen Weise weitere Runden zufügen, bis der Schlauch die gewünschte Länge hat.

EXPERTEN-TIPP

Um in dieser Technik Bilder zu weben, sollten Sie zylindrische Perlen verwenden, die akkurat übereinanderliegen. Mit rundlichen Rocailles bekommt die Oberfläche andererseits eine interessantere Struktur. Probieren Sie aus, welche Effekte Ihnen am besten gefallen.

Anhänger-Täschchen im Rasterstich mit würfelförmigen Perlen und Rocailles.

Rasterstich

Der Rasterstich ist vielseitig und für viele Projekte in freier Webtechnik gut geeignet. Weil sich die Form durch Zu- und Abnahmen sehr leicht anpassen lässt, wird er gern zum Einhüllen von Gegenständen verwendet. Seinen Namen trägt er, weil die Perlen im rechten Winkel zueinander stehen und so eine Art Raster bilden. Arbeitet man mit Vierergruppen von Perlen, entsteht ein Werkstück, das sehr weich und geschmeidig ist, weil der Faden in gegenläufigen Kreisen geführt wird. Hält man diese Fadenführung nicht ein, wird das Werkstück starrer und verliert seinen flexiblen Charakter.

Um ein offeneres Kettenmuster zu erhalten, kann man die vier Rasterseiten auch aus jeweils drei Stichen arbeiten.

Um die Vorgehensweise zu verdeutlichen, wird hier mit Perlen in Größe 8 gearbeitet. Wer etwas Übung hat, sollte es ruhig auch einmal mit kleineren Perlen probieren.

Der richtige Faden

Weil die Fadenführung recht komplex ist und jede Perle mehrmals durchstochen wird, arbeitet man mit einfachem Faden. So vermeidet man, die Perlen mit dem Faden zu „verstopfen".

Die richtige Spannung

Anfangs ist es schwierig, das Werkstück festzuhalten, doch nach der ersten Reihe wird es einfacher. Die Fadenspannung soll fest sein – aber nicht zu fest, sonst wellt sich die Fläche.

DER GRUNDSTICH

Der Rasterstich erfordert etwas Übung. Wenn man ihn aber beherrscht, kann man ihn vielseitig einsetzen.

EXPERTEN-TIPP

Ziehen Sie die Nadel immer nur durch eine Perle zur selben Zeit. So wird das Muster regelmäßiger und Sie behalten leichter den Überblick über die Fadenführung.

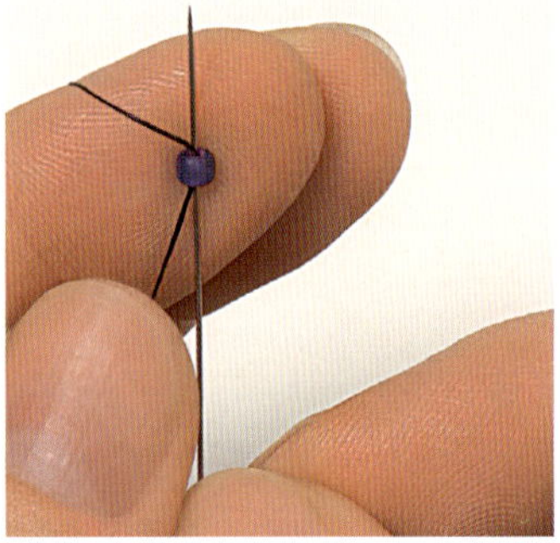

1 Einen 1 m langen Faden in eine Perlennadel einfädeln. Eine Perle aufnehmen, bis 15 cm vor das Fadenende schieben und den Faden nochmals in der gleichen Richtung durchziehen, um sie zu befestigen. Dies ist die Stopperperle.

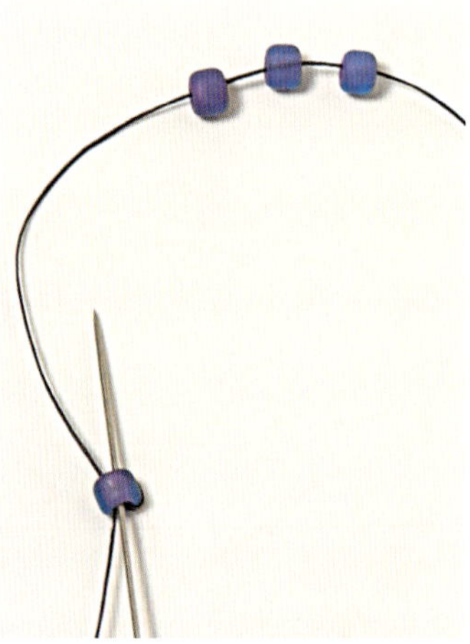

2 Drei Perlen aufziehen. Den Faden nochmals durch die erste (die Stopperperle), die zweite und die dritte ziehen. Die Perlen flach ausbreiten.

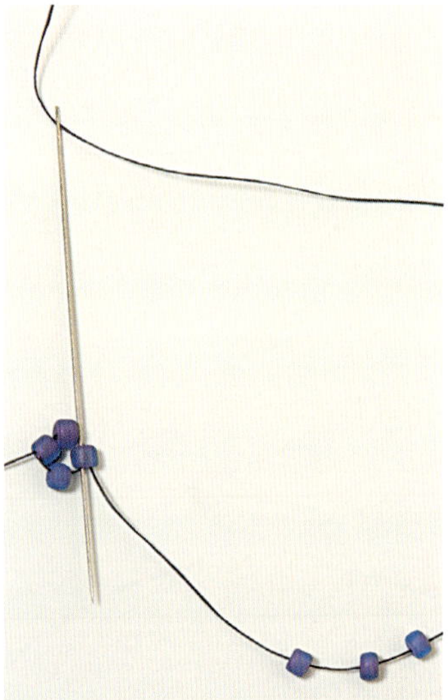

3 Drei Perlen aufziehen. Die Nadel zurück durch die Perle stechen, aus der der Arbeitsfaden kommt.

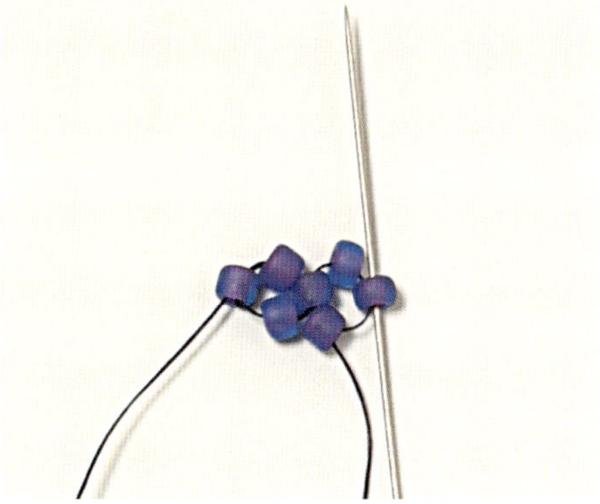

4 Die Nadel durch die nächsten beiden Perlen stechen und den Faden nachziehen, damit Sie die nächste Dreiergruppe anschließen können. Wenn Sie unsicher sind, schauen Sie nach, aus welcher Perle der Arbeitsfaden kommt. Dort schließt sich die nächste Gruppe an.

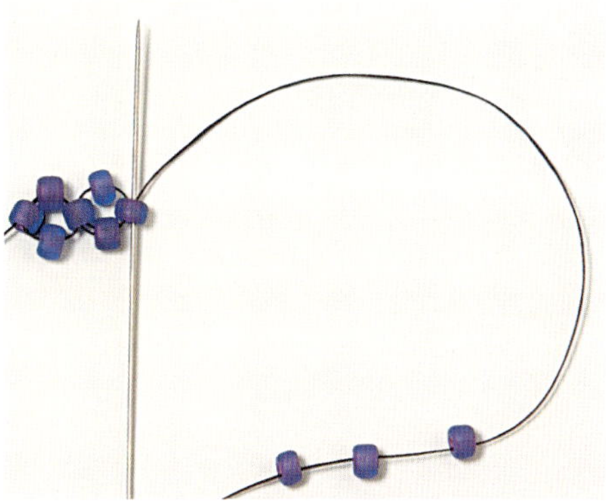

5 Drei Perlen aufnehmen und durch die Perle stechen, aus der der Arbeitsfaden kommt. Den Faden durch die nächsten beiden Perlen ziehen und in dieser Weise fortfahren, bis insgesamt sechs solcher „Kreise" gearbeitet sind.

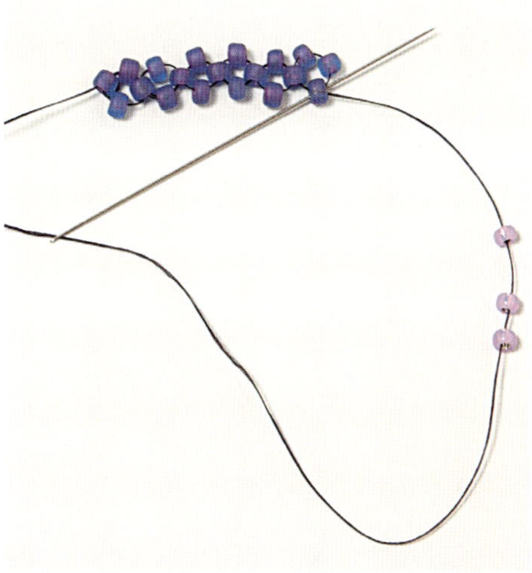

6 Für den Anfang der folgenden Reihe wieder drei Perlen aufnehmen und die Nadel durch die nächste Perle schieben. Drei Perlen aufnehmen und die Nadel durch die Perle ziehen, aus der der Arbeitsfaden kommt. Die Perlen zu einem flachen Kreis ziehen.

Zwei Seiten des nächsten Kreises sind bereits vorhanden.

7 Die Nadel durch die drei zuletzt zugefügten Perlen ziehen, dann durch die unterste Perle im nächsten Abschnitt der vorherigen Reihe.

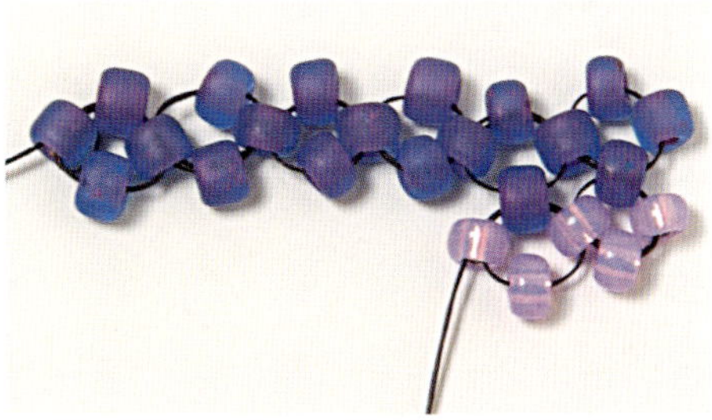

8 Zwei Perlen aufnehmen. Die Nadel durch die beiden nächsten Perlen der Vorreihe und die beiden neu aufgenommenen ziehen.

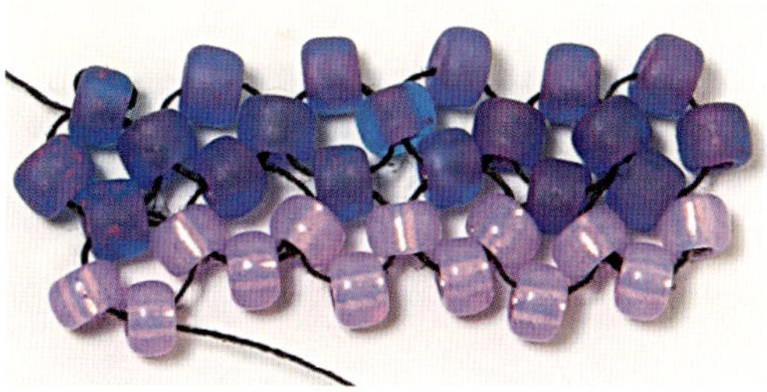

9 Fortlaufend bis zum Reihenende wiederholen. Jetzt werden in der ersten und zweiten Reihe kleine Rauten erkennbar. Wenn der Faden diese senkrecht oder waagerecht quert, läuft er falsch und verursacht, dass sich das Werkstück versteift. Der Faden muss immer in Kreisen verlaufen, niemals gerade auf- oder abwärts.

OFFENER RASTERSTICH

Diese Technik wird wie der Grundstich gearbeitet (siehe Seite 124–125), jedoch besteht jede Rasterseite nun aus drei Perlen.

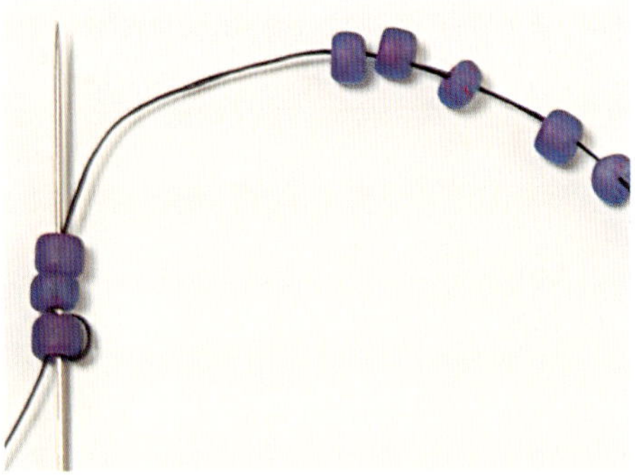

1 Eine Perle zum Fadenende schieben und doppelt umschlingen, um eine Stopperperle zu erhalten. 11 weitere Perlen aufnehmen und die ersten drei (einschließlich der Stopperperle) nochmals durchstechen.

Immer nur durch drei Perlen stechen, um die Bildung der Quadratform zu unterstützen.

2 Die nächsten und die übernächsten drei Perlen in zwei Etappen durchstechen, um die Bildung einer Quadratform zu unterstützen.

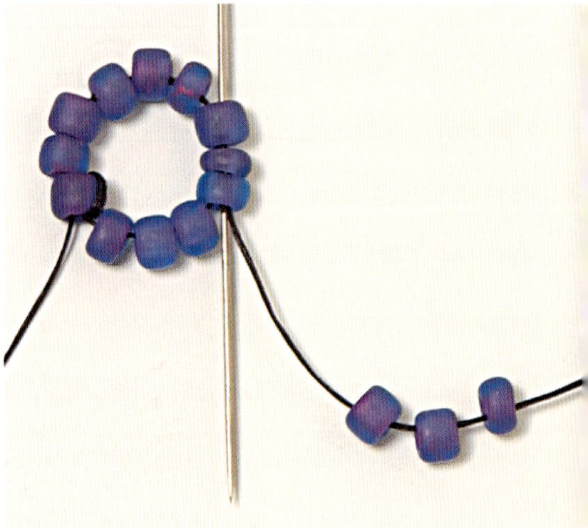

3 Neun Perlen aufnehmen, um das nächste Rasterfeld anzuschließen. Die Nadel nochmals durch die drei Perlen des vorherigen Feldes ziehen, die auch eine Seite dieses Feldes bilden.

4 Die nächsten sechs Perlen in zwei Dreiergruppen durchstechen, um in die Ausgangsposition für das nächste Feld zu gelangen. Fortlaufend wiederholen, bis die gewünschte Länge erreicht ist.

5 Für den Anfang der nächsten Reihe die Nadel nur durch die drei ersten Perlen des letzten Feldes ziehen. Neun Perlen aufnehmen und den Faden bis zu der Perle durchziehen, aus der der Arbeitsfaden hängt.

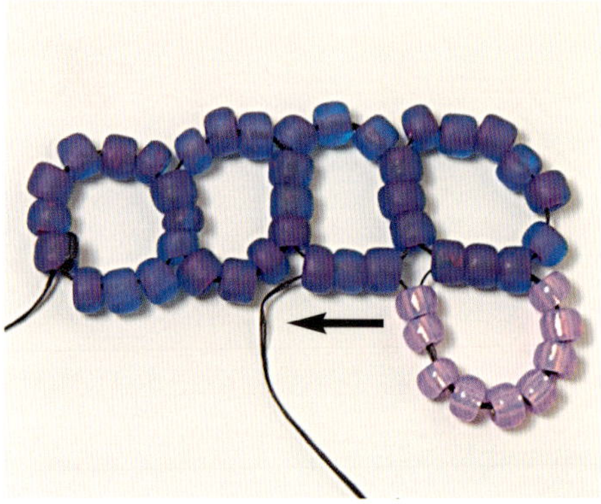

6 Den Faden durch alle neu aufgenommenen Perlen und danach durch die untersten drei Perlen der vorherigen Reihe ziehen. Fortlaufend bis zum Ende der Reihe wiederholen.

ZUNEHMEN AM ÄUSSEREN RAND

Den Rasterstich wie üblich arbeiten und am Rand, wo die Zunahme erfolgen soll, zur seitlichen Perle der letzten Gruppe durchstechen. Drei Perlen aufnehmen und den Faden bis zu der Perle durchziehen, aus der der Arbeitsfaden kommt. Sind ausreichend Perlen zugenommen, die nächste Reihe beginnen. Dazu die erste Perlengruppe an der untersten Perle der letzten Zunahme anfügen.

Die dunklen Perlen zeigen die Zunahme.

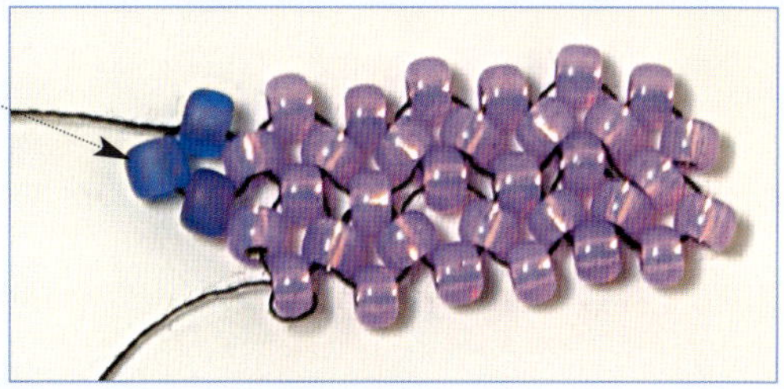

ABNEHMEN AM ÄUSSEREN RAND

Wie üblich die Reihe beenden. Die neue Reihe, in der die Abnahme erfolgen soll, wird einfach verkürzt, indem Sie sie an einer beliebigen der oberen Perlen beginnen.

ZUNEHMEN IN DER REIHE

Die Reihe wie üblich arbeiten, bis der Punkt der Zunahme erreicht ist. Anstelle von zwei Perlen für den nächsten Kreis nun drei aufnehmen, sodass zwei im unteren Bogen hängen. In der folgenden Reihe an jeder dieser beiden Perlen einen Kreis befestigen.

Statt einer wurden für die Zunahme zwei Perlen eingefügt.

ABNEHMEN IN DER REIHE

Diese Technik ist beim Umhüllen von Gegenständen nützlich. Der Rasterstich arbeitet sich zum „Einweben" von ganz unterschiedlich geformten Objekten.

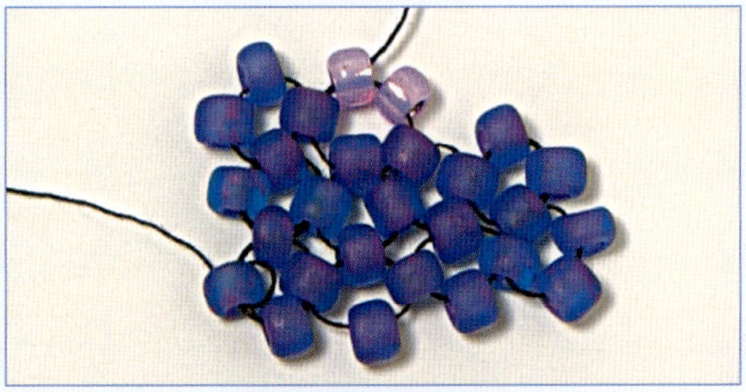

Die Abnahme ist sofort zu sehen.

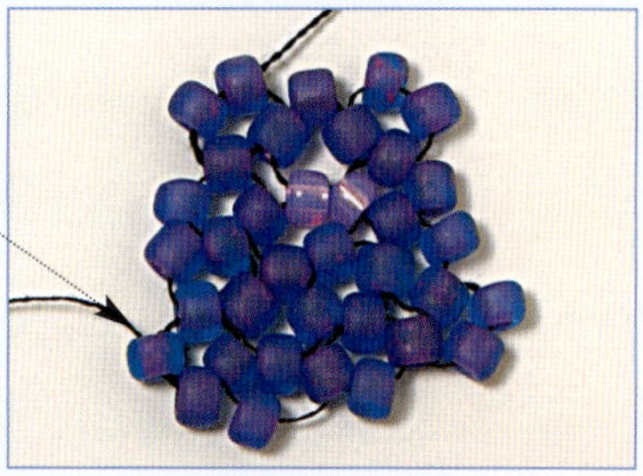

1 Wie üblich bis an den Punkt arbeiten, an dem die Abnahme erfolgen soll. Den Faden durch zwei Perlen ziehen (die wie eine einzige behandelt werden) und den Kreis vervollständigen. Den Faden vorsichtig anziehen und fortfahren.

2 Die nächste Reihe wie üblich arbeiten. Es ist gut zu erkennen, wie sich die Abnahme auf die Größe des Werkstücks auswirkt. Darum ist dieser Stich zum Einhüllen von ungewöhnlich geformten Stücken so nützlich.

SCHLAUCH IM RASTERSTICH

Dieses Beispiel wurde mit Perlen der Größe 11 über einem Stück durchsichtigem Kunststoffschlauch gearbeitet.

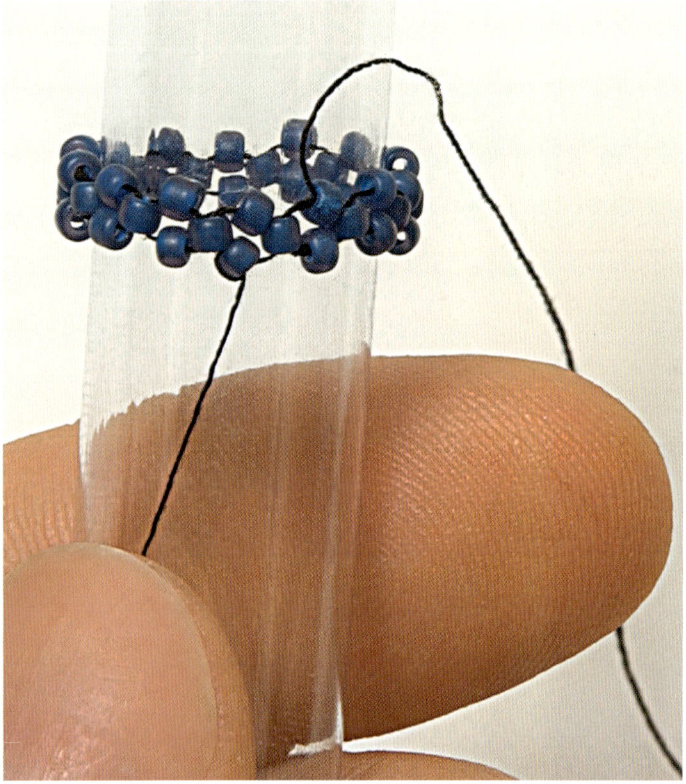

1 Zuerst eine Kette im Rasterstich arbeiten, die um den Unterbau (oder den Gegenstand, der umhüllt werden soll) herum reicht. Die Kette zur Runde schließen und dabei die Laufrichtung des Fadens beachten. Der Faden kann jetzt zur Sicherheit zwischen zwei Perlen doppelt verknotet werden.

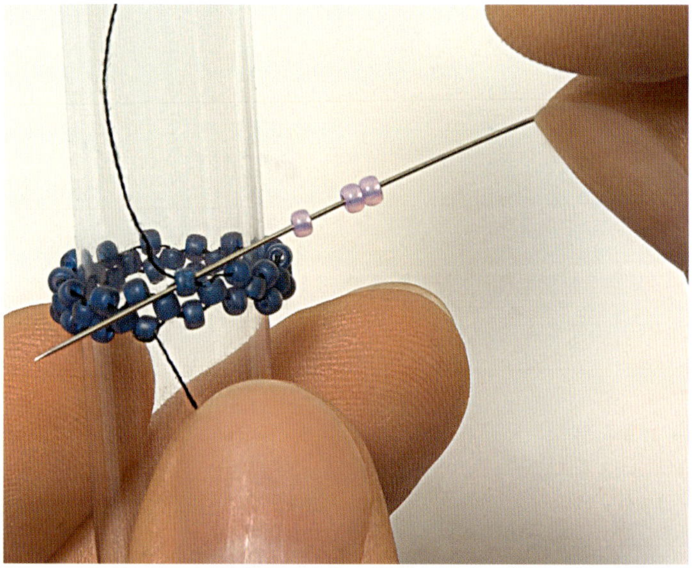

2 Das Fadenende hängt hinab, Sie arbeiten in Runden nach oben. Den Faden durch die obere Perle des nächsten Perlenkreises ziehen. Drei Perlen aufnehmen, nochmals durch die oberste Perle des unteren Perlenkreises stechen und den Faden danach durch die drei neu aufgenommen Perlen ziehen.

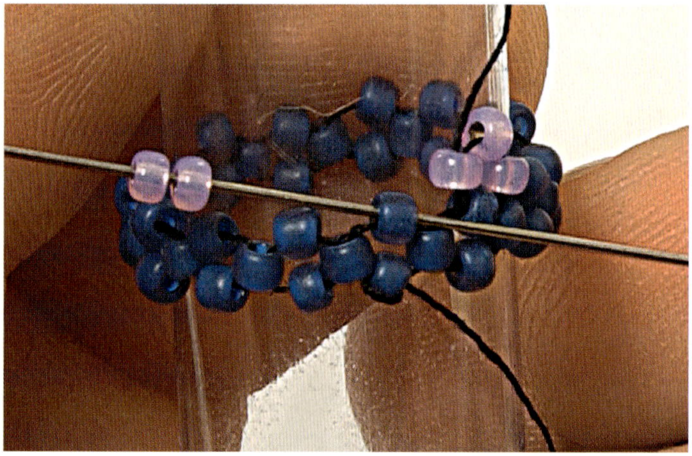

3 Zwei Perlen aufnehmen und den Faden durch die nächste Perle in der vorigen Reihe ziehen.

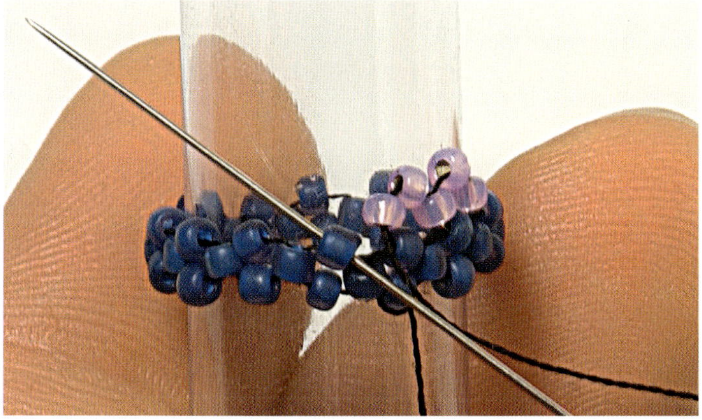

4 Die Nadel durch die nächsten drei Perlen der neuen Reihe und anschließend durch die folgende Perle der vorigen Reihe ziehen.

Am Ende jeder Reihe die Nadel schräg durch zwei Perlen schieben, um in die Ausgangsposition für die neue Reihe zu gelangen.

5 Zwei Perlen aufnehmen und die Nadel durch die Perle an der Seite des letzten Perlenkreises stechen.

6 Danach die Nadel durch die nächste Perle der vorigen Reihe und nochmals durch die erste der neuen Perlen ziehen, um die nächste Runde zu beginnen. Fortlaufend wiederholen. Das Muster wird bald erkennbar.

Teil 3: Galerie fertiger Arbeiten

Perlenkünstler aus aller Welt haben zu diesem Kapitel beigetragen, das Ihnen zeigen soll, welche eindrucksvollen Ergebnisse mit den vorgestellten Techniken möglich sind. Sie werden die Arbeitsweisen erkennen, aber auch sehen, dass sie sehr flexibel sind und eine sehr individuelle Herangehensweise erlauben. Lassen Sie sich inspirieren!

Perlenstickerei

Perlenstickerei ist schon wegen ihrer Vielseitigkeit nie aus der Mode gekommen. Aus gutem Grund, wie diese neuen und historischen Beispiele zeigen.

Natalie (Detail) ✧ Lesley George
Die Perlenverzierungen der Motive dieses bestickten Stoffs lenken den Blick zum Zentrum des Designs.

„Starbursts"-Bluse ✧ Aus der Sammlung von Kenneth D. King
Diese Bluse aus den 1940er Jahren ist von Hand mit transparenten Perlen mit Silbereinlage, transparenten Rocailles und silbernen Glitzerperlen in der Mitte der großen Sterne bestickt. Die Glitzerperlen haben eine Einlage aus echtem Silber, das aber im Lauf der Zeit nachgedunkelt ist und seinen Glanz verloren hat.

CREMEFARBENE STRICKJACKE
✧ AUS DER SAMMLUNG VON KENNETH D. KING
Diese klassische Kaschmir-Strickjacke aus den 1950er Jahren hat ein Seidenfutter. Das barocke Perlendekor ist von Hand aufgestickt. Es wurden transparente Rocailles mit Silbereinlage und goldfarbene Rocailles verwendet. Tropfenperlen sorgen für zarte Bewegung.

ORGANISM (DETAIL)
✧ LESLEY GEORGE
Die Künstlerin hat mit Maschinenstickerei, Perlenverzierungen und strukturierten Garnen auf handgefärbtem Stoff ein Meisterwerk in lebendigen Farben geschaffen.

Mit Draht und Faden

Die folgenden Beispiele zeigen, welche unterschiedlichen und attraktiven Schmuckstücke sich mit Draht, Knoten und aufgezogenen Perlen gestalten lassen. Jedes Modell sagt auch viel über den kreativen Geist des Menschen aus, der es geschaffen hat.

Farbkaskade ✧ Jane Olson-Phillips
Ein kompliziertes Makramee-Halsband bringt die große Perle von Karen Ovington und die anderen, kleineren Perlen perfekt zur Geltung. Sie erkennen den Flachplatting und den gewendelten Spiralplatting aus dem Kapitel über Knüpftechniken, andere sind in speziellen Büchern über Knoten nachzuschlagen.

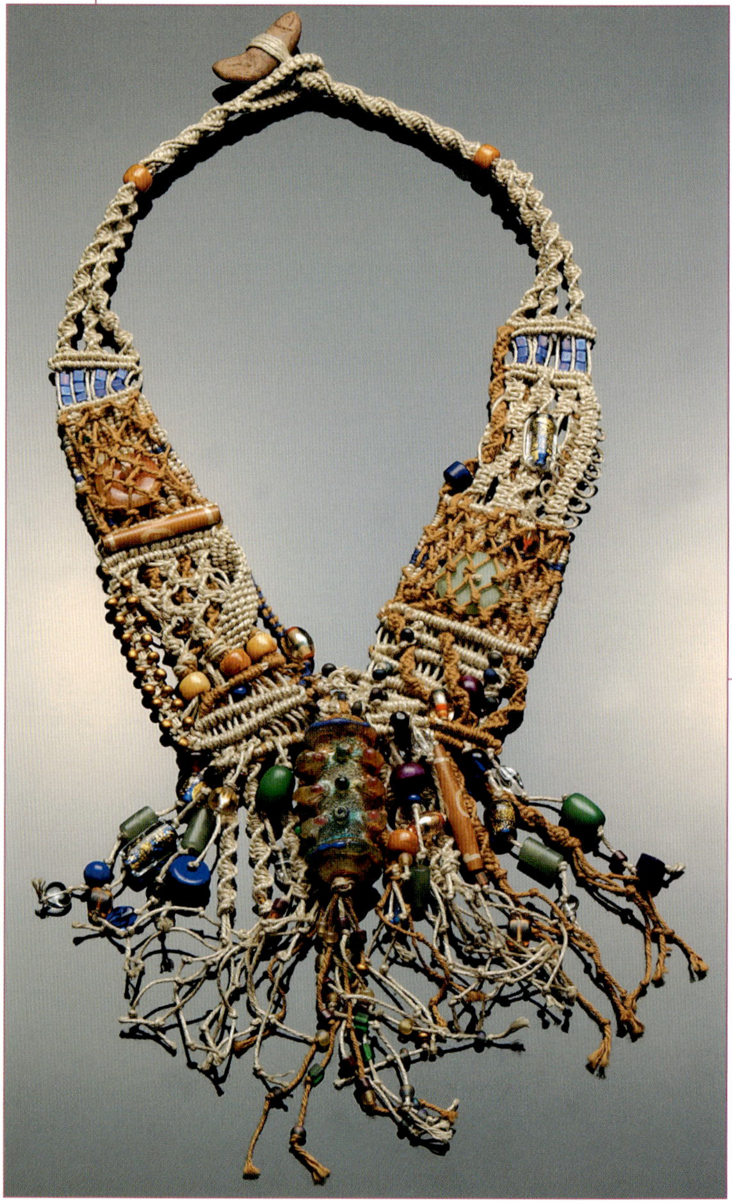

Stachelhalsband ✧ Amanda Glanville
Der Halsschmuck in freier Form wurde aus lackiertem Draht, neuen und antiken Glasperlen gestaltet. Durch die Bögen und Spiralen erhält er seine filigrane, kompliziert aussehende Struktur.

RANKEN-HALSKETTE
✧ DIANE FITZGERALD

Glasblätter und Bündel aus winzigen Granatperlen sind an einer Satinkordel befestigt, die spiralförmig umknotet ist. Dafür wurde ein stabiler Polyesterfaden verwendet, dessen lose herabhängende Enden ein Gestaltungselement des Schmuckstücks bilden.

1, 2, 3 MEHRSTRÄNGIGE HALSKETTEN ✧ MONICA BOXLEY

Verschiedene Glasperlen werden durch zweifach durchgeschlungenen Draht auf Abstand gehalten. An den Enden sind die Drähte in eine Perle geschoben, um einen sauberen Abschluss zu erhalten.

4 SOMMERGARTEN ✧ PAULINE HOLT

Verschiedene von der Künstlerin selbst hergestellte Schmelzperlen wurden auf stabile Schnur gezogen, deren Enden umknotet sind. Als Verschluss dient ein Knebel.

5 KINETISCHE KETTE ✧ KATI TORDA

Zwei Perlendrähte mit aufgezogenen, geblasenen Glasperlen sind in Abständen mit Quetschperlen verbunden.

6 KETTE MIT SCHILLERNDEN ANHÄNGERN ✧ SARA WITHERS

Kleine irisierende Glasplättchen wurden mit geschlossenen Schlaufen versehen und in mehrere Perlenschnüre eingehängt, die wiederum in einer dickeren Kette zusammengefasst sind.

7 SPIRALEN UND DREIECKE ✧ SARA WITHERS

Dekorative Spiralen, Dreiecke und Zickzackformen aus Draht wurden mit geschlossenen Schlaufen zwischen einfache Glasperlen gefädelt.

8 GESTRICKTE DRAHTKETTE ✧ ELISE MANN

Ein Schlauch, in den Perlen geschoben wurden, ist mit einer Strickliesel gestrickt. In der Mitte ist eine dekorative, große Glasperle befestigt.

Klunker-Armband ✧ Sara Bentley

Eine moderne Variante des Bettelarmbands mit Perlen und Gruppen von Perlen, die auf Nietpins gezogen und mit einfachen Schlaufen an den Kettengliedern des Armbands befestigt wurden.

Prinzessinnenhalsband ✧ Ann Biederman

Geschlossene Schlaufen aus 22-karätigem Gold wurden für Ketten mit Keishi-Perlen und geschliffenen Smaragden am Ende verwendet.

Ostereierkette ✧ Cyndi Lavin

Eine Variation der Fransentechnik mit Perlen aus antikem Lucite und anderem Kunststoff. Eine Reihe Perlen wurde auf Perlendraht gefädelt, dann wurde ein zweiter Draht eingezogen, zwischen den Perlen der ersten Reihe hervorgeholt, mit weiteren Perlen bestückt und wieder in die erste Perlenreihe geschoben. Der Effekt der Kette entsteht durch die vielfache Wiederholung dieser Technik.

Amethyst-Halskette und Armspange ✧ Sara Bentley
Drähte in verschiedenen Stärken wurden verdrillt, um die unregelmäßigen Amethystperlen auf Abstand zu halten. Die Armspange besteht aus mehreren miteinander verbundenen Drähten mit Perlen.

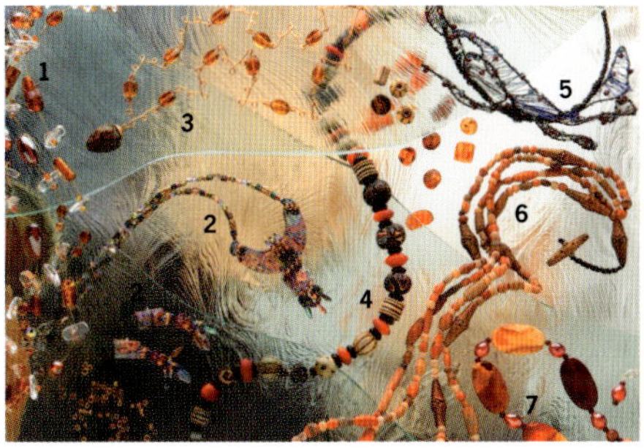

1 MEHRSTRÄNGIGE BERNSTEINKETTE ✧ MONICA BOXLEY
Glas- und Bernsteinperlen werden durch doppeltes Umschlingen mit feinem Perlendraht auf Abstand gehalten.

2 WIE GEMALT ✧ MISHA SEELHOFF
Von der Künstlerin hergestellte, größere Schmuckelemente wurden gebohrt, mit kleineren Perlen bestickt und dann in eine einsträngige Kette aus verschiedenen Perlen eingearbeitet.

3 BERNSTEINSCHATZ ✧ MANDY BEACHAM
Die Schlaufen zwischen den Perlen und dem großen Polymer-Anhänger in der Mitte wurden auf einem Steckbrett gebogen.

4 PERLENMIX ✧ SARA WITHERS
Verschiedene Perlen aus Polymer-Modelliermasse, Stein und Knochen, aufgezogen auf Perlendraht.

5 SCHWARZE TIARA ✧ AMANDA GLANVILLE
Ein aparter Kopfschmuck aus schwarz lackiertem Draht und Swarovski®-Kristallperlen.

6 HALSKETTE „QUEEN OF DJENNE“ ✧ KATI TORDA
Mehrere Stränge mit Tonperlen aus Mali und Messingperlen aus Ghana auf stabilem Faden. Die Enden sind spiralförmig umknotet.

7 HALSKETTE „BOHEMIAN RHAPSODY“ ✧ CYNDI LAVIN
Mookait (Regenbogenmondstein) und indische Glasperlen mit Silberdraht.

PERLENWEBEREI

Die hinreißenden Werkstücke auf den folgenden Seiten wurden mit einem Perlenwebrahmen gearbeitet. Auch sie zeigen deutlich, was mit Geduld, Geschick und Kreativität möglich ist.

MITTERNACHTSBLAUES HALSBAND ✧ GILLIAN ASHWELL
Das anliegende Halsband, auch Choker genannt, wurde mit blau schillernden Stiftperlen und Rocailles auf einem Perlenwebrahmen hergestellt. Als Verschluss dient ein „Knopf" mit Schlaufe.

LAVA-HALSKETTE ✧ SANDRA WALLACE
Die asymmetrische Halskette wurde auf einem Perlenwebrahmen mit Rocailles in Größe 11 gearbeitet. Auch auf die Kettfäden wurden Perlen gefädelt, die ins Design eingearbeitet sind, nach hinten die Verlängerung zum Verschluss und nach vorn die Fransen bilden.

DAS TAL DER KÖNIGE
✧ ELEYNE WILLIAMS

Der gewebte Wandbehang bildet einen interessanten Kontrast zur Aufhängung aus Holz. Die Unterkante ist mit aufwändigen Fransen verziert. Zusätzliche Schussfäden am Rand mit dicken Tonperlen geben dem Motiv einen passenden Rahmen.

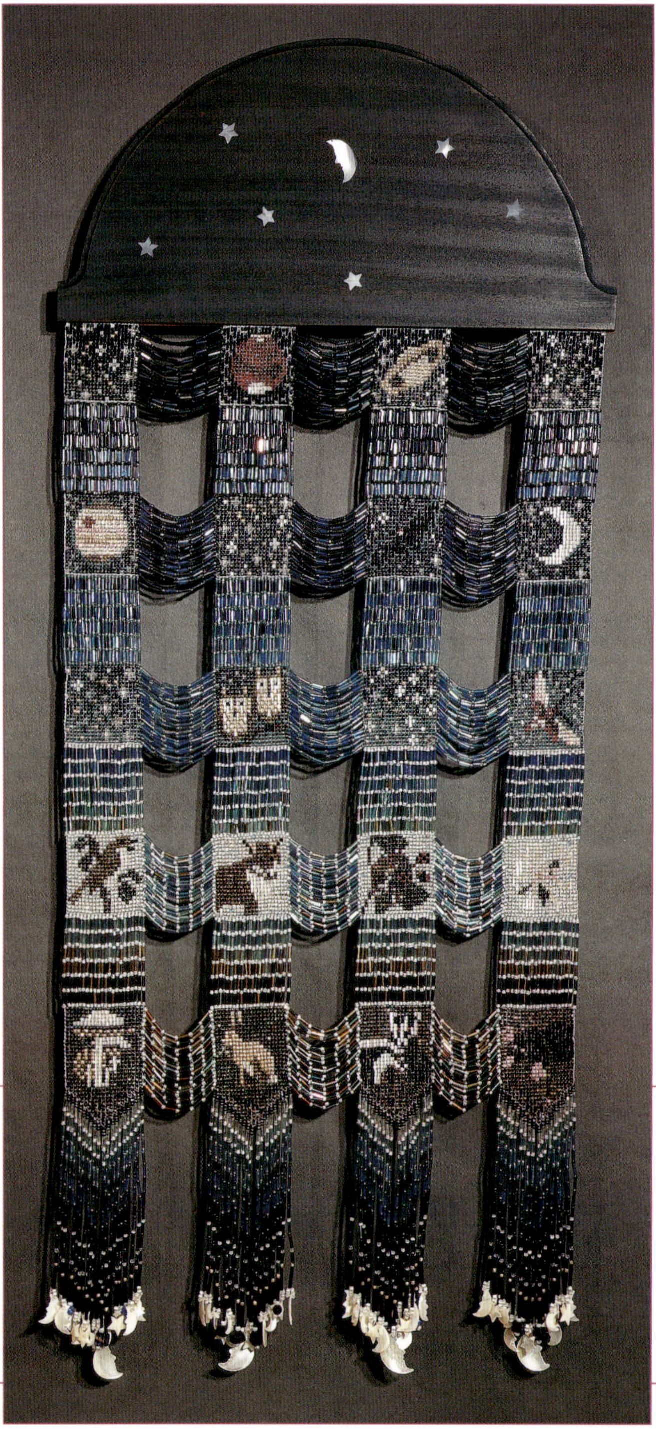

ERINNERUNG AN VICTORIA ✧ EVELYN COHEN
Rocailles in Größe 11 und antike Glasperlen sind das Material für diesen auf einem Rahmen gewebten Wandbehang, dessen Farben und Fransendekoration an das viktorianische Zeitalter erinnern.

MITTERNACHTSSTUNDE ✧ ELEYNE WILLIAMS
Dieser Wandbehang besteht aus Streifen, die auf einem Rahmen gewebt wurden und mit losen Querfäden verbunden sind. Die Unterkante hat eine Fransenverzierung. Die Künstlerin hat Stiftperlen, Rocailles und Perlmuttstücke eingesetzt, um eine Szenerie darzustellen, die vom Waldboden bis zu den Sternen reicht.

KELTISCHER GÜRTEL ✧ DEBBIE SINISKA

Das Muster für diese Webarbeit wurde auf Karopapier entwickelt und dann mehrfach wiederholt. Die Gürtelenden sind mit Stoff unterlegt, um den Verschluss anbringen zu können und die Enden der Kettfäden zu verbergen.

FREIE WEBTECHNIKEN

Dieser Teil der Galerie enthält eine Auswahl eindrucksvoller Werkstücke, die in verschiedenen Webtechniken hergestellt wurden. Wir haben diese Arbeiten ausgewählt, weil sie faszinierende Anregungen liefern und deutlich zeigen, welche Vielfalt an Resultaten durch den geschickten Einsatz von Farbe, Form und Textur und durch die Kombination verschiedener Techniken möglich ist.

KISSEN „PALÄSTINA" ✧ SUE MAGUIRE
Das Muster dieses Kissens lehnt sich an die traditionelle Tracht Palästinas an. Es ist im Parallelstich gearbeitet, sodass die Motive sehr klar zum Ausdruck kommen. Auch die Farbwahl entspricht dem historischen Vorbild. Die Enden der Quasten an den Ecken sind durch Perlen in leuchtenden Farben betont.

AFRIKA MEETS VENEDIG ✧ EVELYN COHEN
Der Hauptteil dieses Halsschmucks ist im Comanchenstich gearbeitet, der sehr stabil ist und den Fransen mit den venezianischen Millefiori-Perlen guten Halt gibt. Die Fransen haben unterschiedliche Längen, sodass die großen, farbigen Perlen nicht gegeneinander schlagen und ihre Muster gut erkennbar sind.

HALSKETTE „PARADISE ISLAND“
✧ STEPHANIE BURNHAM
Das Herzstück dieses Halsschmucks bildet eine wunderschöne mundgeblasene Orchideenblüte aus Glas, die zwischen zwei in Peyote-Technik gefertigten Schläuchen eingehängt ist. Die Schläuche sind zusätzlich mit Perlenkordeln umschlungen und mit Blättern aus Rocailles und „Blüten-“Perlen verziert.

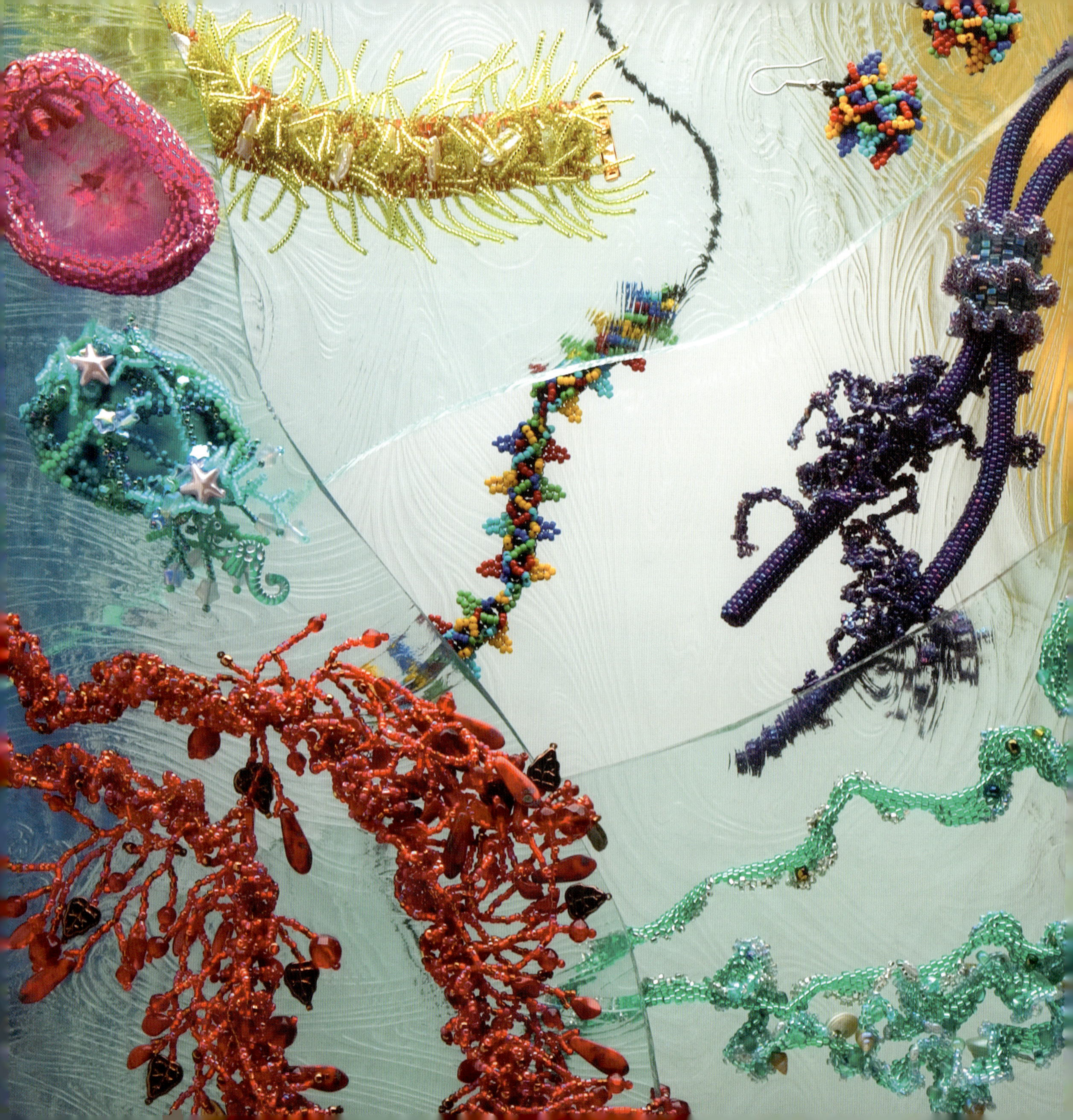

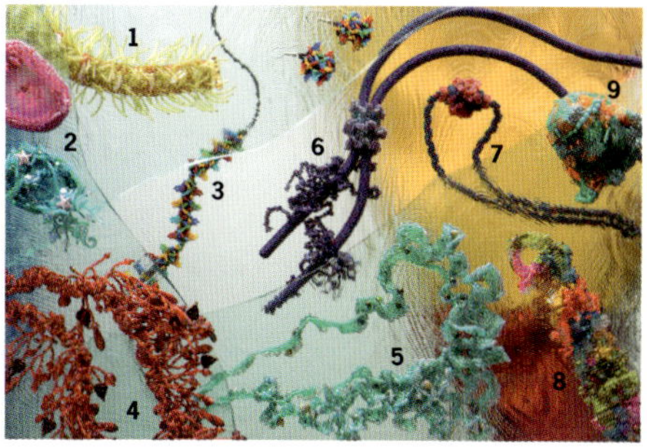

1 FRANSENARMBAND
✧ STEPHANIE BURNHAM
Ein Band, gefertigt im Peyotestich mit einer geraden Zahl von Perlen, ist mit vielen Perlenfransen verziert.

2 ACHATSCHEIBEN
✧ STEPHANIE BURNHAM
Peyotestich in Runden, zu den Enden verjüngt, hält die Scheiben.

3 BUNTE ZACKEN ✧ EVELYN COHEN
Dreiecke im Comanchenstich, verbunden in einer Technik, die die Künstlerin selbst entwickelt hat.

4 WILDER WEIN ✧ SANDRA WALLACE
Eine Variation des Netzstichs, ausgehend von einem mittleren Strang, bildet lockere Schlaufen und Spiralen.

5 OZEANWELLEN
✧ CHRISTINE BLOXHAM
Der Peyotestich verursacht die Drehungen und Wellen.

6 LASSOKETTE ✧ LYNN FIRTH
Kurze Stiftperlen und Peyotestich in Runden mit einer Kordel als Kern.

7 KORALLENKETTE ✧ LYNN FIRTH
Das Mittelstück dieser Kette wurde im Peyotestich mit einigen Abnahmen gearbeitet.

8 BUNTE BONBONS ✧ GILLIAN LAMB
Parallelstich in freier Form mit Perlen in verschiedenen Größen, Formen und Farben.

9 TREIBGUT ✧ SANDRA WALLACE
Ein glockenförmiges Gebilde in Comanchenstich mit einem Rand in Peyotestich.

„BLAUE SPITZE" HALSKETTE UND OHRHÄNGER

✧ GILLIAN ASHWELL

Diese vorn verbreiterte Kette in vier abgestuften Farben schmiegt sich elegant an den Hals an. Der hellere Bereich in der Mitte des vorderen Zackens bildet den Blickfang dieses Modells.

YAO-KETTE ✧ DIANE FITZGERALD
Für diese Kette stand der Schmuck des ostafrikanischen Yao-Volkes Pate. Gearbeitet wurde im Parallelstich mit Verbindungen im Leiterstich. Die interessante Farbkombination führt den Blick zu dem Mittelstück mit den waagerechten Streifen und der Fransenquaste.

HEIDELANDSCHAFT ✧ TESSA HALFPENNEY
Die Inspiration für diesen Wandschmuck lieferte ein Spaziergang in den Hochmooren von Yorkshire. Auf die Grundfläche im Comanchenstich über drei Perlen wurden einzelne Oberflächenverzierungen und ein Heidekraut-Strauch aus verzweigten Fransen gesetzt. Die plastisch wirkenden Steine wurden in Peyotestich in Runden gearbeitet und in Form gedrückt.

1 TULPEN-HALSKETTE
✧ VARVARA KONSTANTINOV
Peyotestich in Runden auf Draht bildet die Grundlage dieses Schmuckstücks. Die Blütenblätter sind in flachem Peyotestich mit Zu- und Abnahmen gearbeitet.

2 SCHLAUCH-KETTE
✧ MISHA SEELHOFF
Peyotestich in Runden, über einer Kordel gearbeitet, gibt dem „Schlauch“ Stabilität. Der Behang aus Fransen mit Perlen in verschiedenen Größen, Formen und Strukturen bildet einen reizvollen Kontrast zu der kompakten Kette.

3 PATCHWORKTASCHE ✧ ISOBELLE BUNTING
Die Front der geometrisch gemusterten Tasche wurde im Peyotestich gearbeitet und durch eine Fransenkante aus unterschiedlichen Perlen aufgelockert.

4 „ABALONE“ KETTE UND ARMBAND
✧ CHRISTINE BLOXHAM
Diese Arbeit aus Perlen in verschiedenen Größen, Formen und Texturen in freiem Peyotestich wirkt sehr organisch.

5 SPIRAL-ARMBAND ✧ SUE MAGUIRE
Der Peyotestich wurde in Runden gearbeitet und die Perlen wurden in jeder Reihe um eine Position versetzt, um diese spiralförmige Drehung zu erhalten.

6 ALI BABA-KRÜGE
✧ STEPHANIE BURNHAM
Freier Peyotestich wurde in Runden mit vielen verschiedenen Perlen um Glasgefäße gearbeitet.

7 ACHATSCHEIBEN ✧ STEPHANIE BURNHAM
Peyotestich wurde in großen Runden direkt um die Scheiben gearbeitet. Abnahmen geben den Perlenrändern Halt.

PERLENRING ✧ FRANÇOISE GOIS

Kristall-Rocailles bringen das quadratische Oberteil dieses Rings zum Glitzern.

HALSKETTE „GOLDENES TRIO" ✧ VARVARA KONSTANTINOV

Drei schlichte, große Blätter in Peyotestich mit feinen Adern bilden den Blickfang dieses Halsschmucks. Die Kette selbst wurde im Peyotestich in Runden gearbeitet.

SEETANG ✧ JUDI WOOD

Freier Parallelstich mit Überlappungen gibt diesem Set seine interessante Struktur. Die Verzierung aus Halbedelsteinen und japanischen Rocailles sorgt für Farbe und Lebendigkeit.

COOL ✧ MANDY BEACHAM

Dieses Modell ist komplett aus kurzen Stiftperlen gearbeitet. Das Mittelstück im Peyotestich wird durch Zu- und Abnahmen in Form gebracht. Die Kette selbst ist in spiralförmigem Hexenstich gearbeitet, in den für den Verschluss eine größere Holzperle eingelegt wurde. Am anderen Ende teilt sich die Kette und bildet eine Schlaufe, die genau über die Verschlusskugel passt.

DANK

Dank der Autorinnen

Sara Withers: Ich danke meiner Mit-Autorin Stephanie Burnham. Auch die Unterstützung der Designer und Designerinnen weiß ich sehr zu schätzen. Es ist uns eine Freude, ihre Arbeiten im Galeriekapitel vorzustellen, weil sie so viele Anregungen geben können. Die Zusammenarbeit mit dem Verlag war wieder ein Vergnügen. Auch die Zusammenarbeit mit dem Fotoatelier von Paul Forrester verlief sehr angenehm. Colin Bowling bewies enorme Geduld beim Produzieren großartiger Fotos von schwierigem Material – besonders, weil er der Meinung ist, dass Perlen nicht kleiner als Erbsen sein sollten.

Stephanie Burnham: Ich danke meiner Mit-Autorin Sara Withers für ihre Unterstützung beim Schreiben dieses Buches. Vielen Dank auch an meine Familie, die an mich geglaubt hat. Außerdem möchte ich „The Bead Scene" für die Perlen danken, die wir im Kapitel über Perlenweberei zeigen.

Der Verlag dankt den folgenden Designern und Designerinnen für die Bereitstellung von Arbeiten, die in diesem Buch abgebildet sind:
Kati Torda (1), Mandy Beacham (2, 131), Sandra Wallace (4, 130) und Sue Maguire (160).
Halskette „Paradise Island" (147): Glasperlen von Carol Fonda und Monty Clarke www.dichroic~glass.com
Perlenring (154): Originalentwurf von Marielle Eloy www.cristaligne.com

Alle Designer sind außerdem in den Bildunterschriften zu den Werken namentlich genannt.

HERSTELLER-VERZEICHNIS

Perlen, Werkzeuge und Materialien

Hobbygross Erler GmbH

KnorrPrandell GmbH

Pracht Creatives Hobby

Ranbit Deutschland GmbH

Rayher Hobby GmbH

Fimo

Eberhard Faber GmbH

(alle über Hobby- und Bastelfachhandel)

Infos

Unter www.perlentreff.de finden Sie eine Liste von Läden, die zum Teil auch Kurse und Erfahrungsaustausch anbieten. Einige der hierunter genannten Firmen liefern auch Material zum Herstellen eigener Perlen.

REGISTER

Redaktionsleitung: Liz Pasfield
Art Editor: Claire van Rhyn
Art Director: Moira Clinch
Assistant Art Director: Penny Cobb
Designer: Jill Mumford
Fotografien: Colin Bowling und Paul Forrester
Bildrecherche: Claudia Tate
Indexerstellung: Pamela Ellis
Herausgeber: Paul Carslake

Rechte der deutschen Ausgabe:
OZ-Verlags-GmbH, Rheinfelden
Buchverlag OZ creativ, Freiburg i. Br.

Übersetzung: Wiebke Krabbe
Fachlektorat: Frauke Watson
Redaktion: Erika Schuler-Konietzny
Umschlag: Antje Sartorius
Herstellung: Mario Hühn
Satz: art und weise, Freiburg

Farblitho: Universal Graphics, Singapur
Druck: SNP Leefung Printers Ltd., China

ISBN 978-3-89858-962-8
Art.-Nr. 962